全国高职高专教育土建类专业教学指导委员会规划推荐教材

工程建设法规与合同管理

（工程监理专业）

本教材编审委员会组织编写

主　编　战启芳

主　审　赵来彬

中国建筑工业出版社

图书在版编目（CIP）数据

工程建设法规与合同管理/本教材编审委员会组织编写；
战启芳主编. —北京：中国建筑工业出版社，2006
全国高职高专教育土建类专业教学指导委员会规划推荐
教材. 工程监理专业
ISBN 978-7-112-08579-8

Ⅰ. 工… Ⅱ.①本…②战… Ⅲ.①建筑法-中国-高等
学校：技术学校-教材②建筑工程-经济合同-合同法-中国-
高等学校：技术学校-教材 Ⅳ.①D922.297 ②D923.6

中国版本图书馆CIP数据核字（2006）第089396号

全国高职高专教育土建类专业教学指导委员会规划推荐教材

工程建设法规与合同管理

（工程监理专业）

本教材编审委员会组织编写

主　编　战启芳

主　审　赵来彬

＊

中国建筑工业出版社出版、发行(北京西郊百万庄)

各地新华书店、建筑书店经销

北京密云红光制版公司制版

北京盈盛恒通印刷有限公司印刷

＊

开本：787×1092毫米　1/16　印张：15¼　字数：370千字

2006年11月第一版　2011年8月第九次印刷

定价：27.00元

ISBN 978-7-112-08579-8

(20939)

本书是建设部"十一五"规划教材，是全国高职高专教育土建类教学指导委员会组织编写的工程监理专业系列教材之一。

全书共分十一章，主要内容包括：建设法规概论、工程建设程序与工程建设执业资格法规、建设工程质量管理法规、工程建设安全生产及环境保护法规、城市及村镇建设规划法规、建设工程承发包法规、建设工程监理法规、合同法律基础、建设工程合同、FIDIC土木工程施工合同条件、建设工程施工索赔等。

本书可作为高等职业教育工程监理专业、工程造价专业、建筑工程技术和管理类专业的教材，亦可供工程建设监理、技术和管理人员学习参考。

* * *

责任编辑：朱首明　牛　松
责任设计：赵　力
责任校对：张景秋　张　虹

教材编审委员会名单

主　任：杜国城

副主任：杨力彬　胡兴福

委　员：（按姓氏笔画排序）

华　均　刘金生　危道军　李　峰　李海琦

武佩牛　战启芳　赵来彬　郝　俊　徐　南

序　言

我国自 1988 年开始实行工程建设监理制度。目前，全国监理企业已发展到 6200 余家，取得注册监理工程师执业资格证书者达 10 万余人。工程监理制度的建立与推行，对于控制我国工程项目的投资、保证工程项目的建设周期、确保工程项目的质量，以及开拓国际建筑市场均具有十分重要的意义。

但是，由于工程监理制度在我国起步晚，基础差，监理人才尤其是工程建设一线的监理人员十分匮乏，且人员分布不均、水平参差不齐。针对这一现状，近四五年以来，不少高职高专院校开办工程监理专业。但高质量教材的缺乏，成为工程监理专业发展的重要制约因素。

高职高专教育土建类专业教学指导委员会（以下简称"教指委"）是在教育部、建设部领导下的专家组织，肩负着指导全国土建类高职高专教育的责任，其主要工作任务是，研究如何适应建设事业发展的需要设置高等职业教育专业，明确建设类高等职业教育人才的培养标准和规格，构建理论与实践紧密结合的教学内容体系，构筑"校企合作、产学结合"的人才培养模式，为我国建设事业的健康发展提供智力支持。在建设部人事教育司的具体指导下，教指委于 2004 年 12 月启动了"工程监理专业教育标准、培养方案和主干课程教学大纲"课题研究，并被建设部批准为部级教学研究课题，其成果《工程监理专业教育标准和培养方案及主干课程教学大纲》已由中国建筑工业出版社正式出版发行。通过这一课题的研究，各院校对工程监理专业的培养目标、人才规格、课程体系、教学内容、课程标准等达成了广泛共识。在此基础上，组织全国的骨干教师编写了《建筑工程质量控制》、《建筑施工组织与进度控制》、《建筑工程计价与投资控制》、《工程建设法规与合同管理》、《建筑设备工程》5 门课程教材，与建筑工程技术专业《建筑识图与构造》、《建筑力学》、《建筑结构》、《地基与基础》、《建筑材料》、《建筑施工技术》、《建筑工程测量》7 门课程教材配套作为工程监理专业主干课程教材。

本套教材的出版，无疑将对工程监理专业的改革与发展产生深远的影响。但是，教学改革是一个不断深化的过程，教材建设也是一个推陈出新的过程。希望全体参编人员及时总结各院校教学改革的新经验，不断吸收建筑科技的新成果，通过修订完善，将这套教材做成"精品"。

全国高职高专教育土建类专业教学指导委员会

2006 年 6 月

前　言

工程建设法规与合同管理是工程监理专业的专业技术课。本课程着重讲述工程建设方面的法律知识、建筑工程招标投标和合同管理等知识，是一门专业性、实践性和政策性均很强的课程。

本书在充分体现《中华人民共和国建筑法》、《中华人民共和国招标投标法》和《中华人民共和国合同法》基本思想和主要内容的基础上，较系统地阐述了建筑工程有关法律法规、建筑工程招标投标与合同管理三部分内容。全面介绍了我国有关工程建设程序、工程建设执业资格法规、建设工程质量管理和安全生产法规、工程建设监理法规、招标投标法、建筑法、合同法等在工程建设领域中的法律常识和建设合同管理、FIDIC 土木工程施工合同条件、工程索赔等知识。

本书根据全国高职高专教育土建类专业教学指导委员会制定的工程监理专业教育标准、培养方案和本课程教学的基本要求组织编写。在编写中力求内容全面、充实，方法新颖、实用，并采用当前工程建设领域最新颁布的法律、法规和行政性规章制度。为使理论能更好地联系实际，便于读者理解和掌握，本书每章的最后都编有相关内容的实际案例及分析，并结合本章内容提出了复习思考题。

本书由石家庄铁路职业技术学院战启芳主编。其中第一章、第七章、第十章及附录部分由战启芳编写，第二章、第三章、第四章、第五章由大连水产学院职业技术学院王照雯编写，第六章、第十一章由内蒙古建筑职业技术学院张国辉编写，第八章、第九章由湖北城建职业技术学院曾立吾编写。全书由山西建筑职业技术学院赵来彬主审。

本书在编写过程中，参考了大量的文献资料，在此谨向其作者表示衷心感谢。

由于编者水平有限，书中缺点和错误之处在所难免，恳请广大读者批评指正。

目　录

第一章　建设法规概论

本章主要介绍工程建设法规的概念、调整对象、作用和基本原则，阐述了建设法规的立法原则和立法概况，重点介绍了工程建设法律体系的构成和工程建设法规的实施。

第一节　建设法规概述

一、建设法规的概念及调整对象

（一）建设法规的概念

建设法规即规范建设工程的法律规范，它是调整建筑工程、土木工程、线路管道和设备安装及装修工程等建设活动中发生的建设管理及建设协作关系的法律规范的总称。

建设法规是由国家权力机关或其授权的行政机关制定的，由国家强制力保证实施的，旨在调整国家机关、社会机构和公民之间在建设活动中或建设行政管理活动中所发生的各种社会关系的法律规范。建设法规在国家法律体系中占有重要地位，是国家现行法律体系中不可缺少的重要组成部分。建设法规覆盖面广，涉及到国民经济各个行业的基本建设活动，是运用综合的手段对行政的、经济的、民事的社会关系加以规范调整的法规，其法律规范性质主要属于行政法或经济法的范畴。

国家立法机关颁发的调整建设活动的法律规范及相关的法律规范有《中华人民共和国城市规划法》、《中华人民共和国建筑法》（以下简称建筑法）、《中华人民共和国城市房地产管理法》、《中华人民共和国土地管理法》、《中华人民共和国招标投标法》（以下简称招标投标法）、《中华人民共和国文物保护法》、《中华人民共和国合同法》等；国家颁发的调整建设活动的行政法规有《工程建设勘察设计管理条例》、《建设工程质量管理条例》、《城市房屋拆迁管理条例》等；国家建设行政主管部门颁发的规范建设活动的规章包括建筑工程质量管理、建设市场管理、建设活动主体资质管理、建设活动从业人员资质管理、工程建设标准化管理、房地产开发经营管理、城市建设等方面约400多个。

（二）建设法规的调整对象

建设法规的调整对象主要是指建设行政管理关系以及与之密切联系的建设经济协作关系。

1. 建设工程行政管理关系

建设活动的内容包括建设工程的计划、立项、资金筹措、设计、施工、验收等，必须对其进行严格的监督管理。

建设活动的行政管理关系是国家及其建设行政主管部门与建设单位、设计单位、施工单位、建设监理单位及其他有关单位之间的管理与被管理关系。它包括两个相关联的方面：一方面提供指导、协调与服务；另一方面进行检查、监督、控制与调节。建设法规规范了建设活动管理中建设行政主管部门的权力和职责；各经济活动主体的权利和义务关系，也应由建设法规来加以调整和规范。

2. 经济协作关系

在建设活动中，各个经济活动主体为自身的经济利益，在建设法规允许的范围内建立建设经济协作关系。这种经济协作关系是平等、自愿、互利的横向协作关系，是通过法定的合同形式来确定的，如勘察设计单位与建设单位的勘察、设计合同关系；建筑安装企业与建设单位的工程施工合同关系等。

二、建设法规的作用

建设法规是国家组织和管理建设活动、规范建设活动行为、加强建设市场管理、保障城乡建设事业健康发展的重要工具。主要体现在三个方面：

1. 规范、指导建设行为

建设行为只有在建设法规许可的范围内进行，才能得到承认并受到法律的保护。规范指导建设行为包括建设活动组织管理、建设活动市场管理、建设活动的技术标准等。建设实体法规规范了设立企业的程序和资质等级标准；建设市场法规规范了勘察设计、施工、建设监理、房地产开发等市场行为；建设技术法规规范了勘察设计、施工、验收、维修等技术标准。

2. 保护合法建设行为

建设法规对符合法规的建设行为予以确认和保护。建设程序法规对建设活动必须遵守的行为作了详细具体的规定；建设技术法规中的强制性标准是建设活动中必须严格执行的技术规范。认真贯彻执行工程建设法规是建设活动主体的责任和基本义务，国家保护和鼓励合法建设行为，在建设法规规范性文件中有许多保护和鼓励合法建设行为的内容。

3. 处罚违法建设行为

要实现建设法规对建设行为的规范、指导和制约作用，必须对违法建设行为给予及时、应有的处罚。建设法规规范性文件中对违法建设行为制定了具体的处罚条款。处罚违法建设行为是一种强制性手段。通过对违法建设行为的处罚，客观上起到保护和鼓励合法建设行为的积极性作用。处罚违法建设行为的手段包括建设行政处罚和司法处罚。

第二节　建设法规体系

一、建设法规立法原则

建设法规的制定应当由有关机关在各自的权限范围内，依照法定的程序进行。应当有利于规范和加强建设活动的管理，规范和维护建设市场秩序；有利于新科技的推广与利用，提高建设科技水平；有利于加强建设工程质量管理和安全管理；有利于城乡建设事业的发展；有利于保护国家利益、社会组织和公民的权利。

《中华人民共和国立法法》规定了立法的基本原则，即"立法应当遵循宪法的基本原则"；"以经济建设为中心，坚持社会主义道路，坚持人民民主专政，坚持共产党的领导，坚持马克思列宁主义毛泽东思想邓小平理论，坚持改革开放"；"坚持从国家整体利益出发，维护社会主义法制的统一和尊严"；"立法应当体现人民的意志，发扬社会主义民主，保障人民通过多种途径参与立法活动"；"应当从实际出发，科学合理地规定公民、法人和其他组织的权利和义务，国家机关的权力和责任"。这些都是建设立法必须遵循的基本原则。

建设立法还应当遵循市场经济规律。市场经济是指市场对资源配置起基础性作用的经济体制。我国实行的社会主义市场经济体制就是与社会主义基本制度相结合的、市场在国家宏观调控下对资源配置起基础性作用的经济体制。遵循市场经济规律，就是要规定各种建设市场主体的法律地位，对他们在建设活动中的权利和义务做出明确的规定；确立具有统一性、开放性和多元化的建设活动大市场以及确立以间接手段为主的宏观调控体系。

二、建设法规立法概况

建国以来，我国的建设法规立法工作经历了一个曲折的发展过程，大体可分为三个发展时期。

（一）初步发展时期（1949～1956 年）

新中国成立以后，我国为恢复国民经济进行了大规模的基本建设，建设立法工作也逐步开展。1950 年 12 月，政务院颁发了《关于决算制度、预算审核、投资施工计划和货币管理的决定》，这是我国最早颁布的有关建筑业生产经营的建设行政法规。这个文件规定了建筑工程必须先设计后施工的工作程序。1951 年 3 月，政务院财经委员会发布了《基本建设工作程序暂行办法》；8 月，又颁布了《关于改进与加强基本建设设计工作的指示》；1952 年 1 月，政务院财经委员会颁布了《基本建设工作暂行办法》，该文件对基本建设的范围、程序等作了全面规定。

1954 年 6～7 月，当时的建筑工程部相继颁布了《建筑安装工程包工暂行办法》，并制定了一批设计、施工标准规范。1955 年，国务院颁布了《基本建设工程设计任务书审查批准暂行办法》和《基本建设工程设计和预算文件审核批准暂行办法》。同期，国家建设委员会和建筑工程部相继颁发了 11 个建筑方面的法规性文件。

1956 年 6 月，国务院颁发了《关于加强和发展建筑工业的决定》和《关于加强设计工作的决定》。这些文件科学地总结了"一五"期间的建设经验，明确了我国建筑业的方向、任务和实施步骤，适应了国家大规模建设和"156 项重点工程"建设需要，推动了我国建筑业的发展，对于建立新的建筑关系，保证第一个五年计划建设项目的完成，起了重大作用。

（二）曲折发展时期（1957～1978 年）

这个时期大致分为三个阶段。

1. 1957～1959 年为"大跃进"时期，由于受"左"的思想影响，我国建筑方面的规章制度受到严重冲击。当时有关建筑工程质量和安全作业的规章制度共 81 项，废除了 38 项，即使未废除而保留下来的也未认真执行。

2. 20 世纪 60 年代初，国民经济处于调整时期，建筑法规得到逐步恢复和发展。从 1961～1965 年，国家计委、国家建委等陆续颁发了《建筑安装工程及验收标准规范修订原则》等法规性文件和一系列综合性规定，并制定了施工组织设计、现场管理等 13 个规定。

3. 1966 年"文化大革命"开始以后，建设法规遭到了严重破坏，许多法规、制度没有贯彻实施。为了扭转工程建设上的混乱状况，尽量减少经济损失，"文化大革命"后期，国务院和建设行政主管部门陆续制定了许多建筑方面的管理办法和规定。1973 年，国务院颁发了《关于基本建设项目竣工验收暂行规定》等，所有这些法规性文件，对当时工程建设管理起到了一定的促进、整顿和制约作用，对于恢复建设活动管理、明确职责关系、提高投资效益起到了重要作用。

（三）蓬勃发展时期（1978年至今）

十一届三中全会后，党的工作重点转移到以经济建设为中心。随着改革开放政策的贯彻实施，国家法制建设进入一个新时期，建设法制工作也纳入了国家建设行政主管部门的重要日程，我国建设法规进入了蓬勃发展时期。

自1978年迄今，建设立法工作逐步加强，制定并颁布了城市规划、建设监理、建设市场管理、勘察设计、建筑施工管理、建设工程质量管理、房地产开发与管理、土地管理等法律、法规及一大批部门规章。同时，各省、自治区、直辖市人大及其常委会和人民政府，制定了为数众多的地方性法规和政府规章，它们的颁布和施行，对于促进建设领域的改革、开放，维护建设活动秩序，保证建设事业的顺利发展，起到了重要作用。

为了有计划、有步骤地开展建设立法工作，使我国的建设立法更具有科学性、规范性、系统性，减少盲目性，1989年初，建设部决定把研究和编制《建设法律体系规划方案》（其中包括建设法律体系规划）作为建设部的重点工作之一。

1995年底，结合当时和今后的立法任务，建设部制定了"九五"立法计划，以保证建设立法的有序进行。

改革开放20多年，是我国建设立法硕果累累的时期，据统计，从1978年到现在，已制定和颁发并现行有效的建设法律3部，建设行政法规15部，建设行政规章88部，地方性建设法规、规章则有400多项。一些新的建设法规、规章也正按规划加速制定，将会陆续颁发执行。

三、建设法规体系

（一）建设法规体系的概念

所谓建设法规体系，是指已经制定和需要制定的建设法律、建设行政法规和建设部门规章构成的一个相互联系、相互补充、相互协调的完整统一的框架结构。广义的建设法规体系还包括地方性建设法规和建设规章。

建设法规体系是国家法律体系的重要组成部分。它与国家的宪法和相关法律保持一致，同时又相对独立、自成体系。它覆盖建设活动的各个行业、各个领域以及工程建设的全过程，使建设活动的各个方面都有法可依。

（二）建设法规体系的构成

我国建设法规体系，是以建设法律为龙头，建设行政法规为主干，建设部门规章和地方建设法规、地方建设规章为支干而构成的。建设法规按其立法权限可分为五个层次：

1. 建设法律

指全国人民代表大会及其常务委员会审议发布的属于国务院建设行政主管部门主管业务范围的各项法律。建设法律在建设法规体系框架中位于顶层，其法律地位和效力最高，是建设法规体系的核心和基础。

2. 建设行政法规

指国务院依法制定并颁布的属于国务院建设行政主管部门主管业务范围的各项法规。建设行政法规的法律地位和效力低于建设法律。

3. 建设部门规章

由国务院建设行政主管部门根据国务院规定的职责范围，依法制定并发布的规章，或由国务院建设行政主管部门与国务院有关部门联合制定并发布的规章，其地位和效力低于建设行政法规。

4. 地方性建设法规

指在不与宪法、法律、行政法规相抵触的前提下，由省、自治区、直辖市人民代表大会及其常委会制定并发布的建设方面的法规。包括省会城市和经国务院批准的较大的市人民代表大会及其常务委员会制定的，报经省、自治区人民代表大会或其常委会批准的各种法规。地方性法规只在本地区适用。

5. 地方性建设规章

指省、自治区、直辖市以及省会城市和经国务院批准的较大城市的人民政府，根据法律和国务院的行政法规制定并颁布的建设方面的规章。

此外，与建设活动关系密切的法律、行政法规和部门规章，也起着调整一部分建设活动的作用，其所包含的内容或某些规定，也是构成建设法规体系的内容。

第三节　建设法规施行

建设法规的施行是指国家机关及其公务员、社会组织、公民实现建设法律规范的活动，主要包括以下几个方面。

一、建设行政执法

建设行政执法，是指建设行政主管部门和被授权或被委托的单位，依法对各项建设活动和建设行为进行监督检查，并对违法行为执行行政处罚的行为。具体包括：① 建设行政决定，包括行政许可、行政命令和行政奖励；② 建设行政检查，包括实地检查和书面检查；③ 建设行政处罚，包括财产处罚、行为处罚和惩戒；④ 建设行政强制执行。

（一）建设工程项目执法监察

建设工程项目执法监察是为了加强对建设工程项目的管理，规范建筑市场，纠正和查处建设领域中存在的不正之风和腐败行为，促进经济和社会健康发展。

1. 范围和重点

范围为已竣工、在建及新开工项目，根据需要确定检查范围。重点是检查建设工程项目的立项、报建、招标投标、工程质量与竣工验收五个方面及工程建设中的严重违法违纪和不正当竞争行为。

2. 目标

调查核实本地区、本部门建设工程项目的基本情况，加强对建设规模的有效控制；培育并完善规范的建筑市场，促进建筑业健康发展；严格资金管理，防止国有资产流失；健全监督机制，加强廉政建设，遏制不正之风和腐败现象的滋生蔓延。

3. 方法步骤

一般分为以下四个阶段：

（1）准备发动阶段

各地区各部门组织力量研究制定方案，动员部署工作。

（2）摸底调查阶段

组织建设单位或施工企业填写"建设工程项目登记表"，全面掌握工程项目总数和投资底数，了解立项、报建、招投标、工程质量、竣工验收和执行有关规定的情况。

（3）重点检查阶段

在各地区、各部门、各单位自查自纠并写出情况报告的基础上，组织力量进行重点检查，其比例不低于40%。

（4）整改验收阶段

督促建设主管部门、建设单位和施工企业整改存在的问题，建立健全规章制度和监督制约机制，加强建设工程的管理，规范建筑市场行为，写出整改报告。确定具体验收标准，组织对整改情况进行检查验收，验收比例不低于60%。

（二）建设行政执法监督检查的内容

建设行政执法监督检查的内容包括抽象行政行为和具体行政行为。其中具体内容是：

1. 规范性文件的合法性；

2. 建设行政主管部门的具体行为的合法性与适用性；

3. 建设行政执法主体的合法性；

4. 建设法律、法规、规章的实施情况；

5. 处理行政执法中出现的一些重大问题，特别是社会关注的问题；

6. 调查研究法律、法规、规章实行中的问题，并提出处理意见；

7. 其他需要监督检查的事项。

（三）建设行政执法监督检查方式

建设行政执法监督检查主要采取以下方式：

1. 建设法律、法规、规章和规范性文件的备案制度和各级建设行政主管部门制定的规范性文件，包括地方性法规、规章，要及时向上一级建设行政主管部门备案。

2. 建设法律、法规和规章实施情况报告制度

建设法律、法规、规章实施一年后，负责实施的建设行政主管部门应向上级建设行政主管部门报告实施情况。

3. 建设法律、法规、规章实施情况检查制度

每年就建设法规实施的专门性问题或综合问题进行检查。

4. 重大行政处罚决定备案制度

县以上建设行政主管部门作出的重大建设行政处罚或建设行政强制执行，应向上一级建设行政主管部门备案。

5. 重要行政案件督查制度

县以上建设行政主管部门应受理公民、法人和其他组织对重要行政案件或违法行为的申诉、控告和检举，视具体情况组织调查或责成有关部门查处。

（四）建设行政执法监督检查的程序

建设行政执法监督检查必须按照法定的程序进行。一般来说，建设行政执法监督检查按以下程序进行：

1. 制定执法检查计划。执法检查计划一般为年度计划，计划包括检查的目的、内容、方式、时间安排和参加单位等。

2. 书面检查。检查内容用提纲的形式列举出来，下发至被检查的部门和单位，有关部门和单位对被检查的内容作出书面应答。

3. 实地检查。检查组选择典型地方进行检查，采取听汇报、座谈会、个别走访、抽样调查、实地考察等形式进行。

4. 检查总结报告。执法检查机关应写出总结报告，应对检查执行的成绩和问题作出评估，对违法行为提出处理意见，并提出进一步完善和改进意见。

5. 问题的处理。对违反法律、法规和规章的行为，责令其改正，并追究其相应的违法责任。对不具备行政执法主体资格或授权、委托不当的，责令停止行政执法或由授权、委托的机关处理。对行政执法无合法依据或执法不当的，应予以变更、撤销或责令重新作出行政处理。对不履行或拖延履行法定职责，不执行或拖延执行法律、法规和规章规定的法律义务，督促其履行或限期执行。

二、建设行政处罚

建设行政处罚是建设行政主管部门或其他权力机关对违反建设法律、法规和规章，尚未构成犯罪的行政管理相对人实行惩戒或制裁的行为。

（一）建设行政处罚的原则

建设行政处罚的原则是指对建设行政处罚的设定和实施具有指导性的准则，与其他行政处罚具有一致性。

1. 法定原则

行政处罚法定原则是依法行政在行政处罚中的具体体现。一是实施处罚的主体必须是法定的行政主体。二是处罚的依据是法定的。三是行政处罚的程序合法。

2. 公开、公正原则

建设行政处罚，必须以事实为依据，以法律、建设行政法规和规章为准则，公开、公正。

3. 处罚与教育相结合的原则

建设行政处罚的目的重在纠正违法行为，教育公民、法人或者其他组织自觉守法。

4. 保障当事人权利的原则

在处罚实施过程中，保障当事人权利包括五个方面：一是当事人对所认定的事实及适用的法律是否准确、适当，有陈述意见的权利；二是当事人对行政机关的指控、证据有申辩的权利；三是公民、法人或其他组织对行政机关作出的行政处罚不服，有向上一级行政机关提出行政复议的权利；四是公民、法人或其他组织对行政机关作出的行政处罚不服，有向上一级行政机关提出行政诉讼的权利；五是公民、法人或其他组织因行政机关违法给予行政处罚受到损害的，有依法提出赔偿要求的权利。

（二）建设行政处罚的实施机关

建设行政处罚的实施机关是指对违反建设法律、法规和规章的行为有权给予行政处罚的机关或法定组织。

1. 行政机关

行政处罚权作为行政机关实现行政管理目标的强制手段，是行政机关的法定职权，应该由行政机关实施。

2. 授权的实施机关

法律、法规授权的实施机关是指具有法律、行政法规、地方性法规授权依据的，可以在法定职权范围内实施行政处罚的管理公共事务职能的组织。如建筑市场执法队伍、建筑安全生产监督站等。授权的实施机关可以根据行政处罚法的规定，通过法律、法规的授权取得行政处罚权。

3. 委托实施机关

委托实施机关是指按照法律、法规和规章的规定，接受行政机关的委托，以委托行政机关的名义实施行政处罚的机关。

委托实施行政处罚的机关，应当是符合法定条件的建筑市场执法队伍、建筑工程质量监督站、建筑工程安全监督站等取得建设行政处罚权的机构。

建设行政处罚的施行应根据《行政处罚法》的规定加以规范。

（三）建设行政处罚的程序

建设行政处罚的程序是指建设行政处罚的方式、方法、步骤的总称。建设行政处罚的程序为：

1. 简易程序

指国家行政机关或法律授权的组织对符合法定条件的行政处罚事项当场进行处罚的行政处罚程序。

其程序为：一是表明身份，执法人员应向当事人出示必要的证件以表明自己是合法的执法人员；二是确认违法事实，说明处罚理由；三是告知当事人依法享有的权利；四是制定行政处罚决定书；五是送达处罚决定书，即当场交付当事人；六是执法人员作出的行政处罚决定必须向所属行政机关备案；七是当事人对行政处罚不服的，可以依法申请行政复议或提起行政诉讼。

2. 一般程序

是指除法律特别规定应当适用简易程序和听证程序以外，行政处罚通常所适用的程序。一般程序包括立案、调查取证、处罚决定、处罚决定书送达、申诉等程序。

3. 听证程序

是指行政机关为了查明案件事实，公正合理地实施行政处罚，在决定行政处罚的过程中通过公开举行由有关各方利害关系人参加的听证会，广泛听取意见的方式、方法和制度。实行听证程序是我国行政执法程序在民主化方面迈进的一大步。

听证程序的使用必须有两个条件：一是只有责令停产、停业、吊销许可证和执照及较大数额罚款等行政处罚案件才能适用听证程序；二是当事人要求听证。

听证结束后，行政机关依照《中华人民共和国行政处罚法》的有关规定作出决定。

三、建设行政司法

建设行政司法是指建设行政机关依据法定的权限和程序进行行政调解、行政复议和行政仲裁，以解决相应争议的行政行为。

（一）行政调解

指在行政机关的主持下，以法律为依据，以自愿为原则，通过说服教育等方法，促使双方当事人通过协商互谅达成协议。

（二）行政复议

指在相对人不服行政执法决定时，依法向指定的部门提出重新处理的申请。

（三）行政仲裁

行政仲裁是指国家行政机关以第三者身份，依照法律、法规和协议，按照法定程序对特定的民事、经济的劳动争议居中调解，进行有约束力的裁决活动。

四、建设行政诉讼和专门机关司法

建设行政诉讼和专门机关司法是指国家司法机关，主要是指人民法院依照诉讼程序，对建设活动中的争议和违法建设行为进行的审理与判决活动。

（一）建设行政诉讼的范围

是指法律规定的，法院受理审判一定范围内建设行政案件的权限。

（二）建设行政诉讼的起诉和受理

建设行政诉讼的起诉是指原告对建设活动的争议和违法建设行为向人民法院提出诉讼请求的一种诉讼行为。建设行政诉讼的受理是指人民法院对公民、法人或其他组织的起诉进行审查，认为符合法律规定的起诉条件而决定立案并予审理的诉讼行为。

（三）建设行政诉讼的审理和判决

1. 建设行政诉讼审理的原则和制度

（1）决定是否停止具体行政行为的执行；

（2）公开审理原则；

（3）回避原则；

（4）不适用调解的原则；

（5）撤诉制度；

（6）缺席判决制度。

2. 行政诉讼的法律适用

人民法院审理建设行政案件，以建设法律、建设行政法规、地方性法规为依据。地方性法规适用于本行政区域内发生的行政案件。人民法院审理民族自治地方的行政案件，应以该民族自治地方的自治条例和单行条例为依据。

3. 第一审程序

包括审理前准备、开庭审理和判决。审理前准备是人民法院对受理的建设行政案件，进行必要的审理组织工作，包括送达诉状、组成合议庭、调查研究和收集证据、确定开庭时间。开庭审理是在人民法院审判人员和当事人及其他诉讼参与人参与下，依照法定的顺序和方式，对案件进行审理的全部诉讼活动。判决是人民法院代表国家依照事实和法律，对案件审理终结后所作的判定。判决应当制定判决书。

4. 第二审程序

第二审程序即上诉程序。诉讼当事人不服第一审法院判决，有权在判决书送达之日起15日内向上级人民法院提起上诉；当事人不服第一审法院裁定的，有权在裁定书送达之日起10日内向上一级人民法院提起上诉。

第二审人民法院对上诉案件经过审理，做出的判决有如下几种结果：① 维持原判；② 依法改判；③ 发回重审；④ 自行判决。二审判决是终审判决，一经作出即发生法律效力。

5. 审判监督程序

又称再审程序，是指人民法院对已发生法律效力的判决、裁定，发现确有错误，进行再次审理的诉讼程序。

（四）建设行政诉讼执行

是指执行组织对已生效的建设行政案件的法律文书,在义务人逾期拒不履行时,依法采取强制措施,从而使生效法律文书的内容得以实现的活动。

公民、法人或其他组织拒绝履行生效的判决、裁定的,行政机关可以向第一审人民法院申请强制执行。

行政机关拒绝履行生效的判决、裁定的,第一审法院可以采取以下措施:

1. 对应当归还的罚款或者应当给付的赔偿金,通知银行从该行政机关的账户内划拨。

2. 在规定期不执行的,从期满之日起,对该行政机关按日处 50~100 元的罚款。

3. 向该行政机关的上一级行政机关或者监察、人事机关提出司法建议。接受司法建议的机关,根据有关规定处理,并将处理情况告知人民法院。

4. 拒不执行判决、裁定,情节严重构成犯罪的,依法追究主管人员和直接责任人员的刑事责任。

复习思考题

1. 什么是建设法规,建设法规调整的对象是什么?
2. 简述建设法规体系的概念及其构成。
3. 简述建设立法的基本原则。
4. 建设法规的实施主要包括哪些方面?

第二章 工程建设程序与工程
建设执业资格法规

本章主要介绍了工程建设程序的概念、立法现状，工程建设程序阶段的划分及各阶段的主要内容；工程建设执业资格制度的概念、立法现状，执业资格制度的基本情况，从业单位、从业人员资格管理等内容。

第一节 工程建设程序法规

一、工程建设程序法规的概念

工程建设是指土木建筑工程、线路管道和设备安装工程、建筑装饰工程等工程项目的新建、扩建和改建，是形成固定资产的基本生产过程及与之相关联的其他建设工作的总称。

工程建设程序是指工程建设全过程中各项工作都必须遵守的先后次序。由于在工程建设过程中，工作量极大，牵涉面很广，内外协作关系复杂，而且存在着活动空间有限和后续工作无法提前进行的矛盾。因此，工程建设就必然存在着一个分阶段、按步骤，各项工作按序进行的客观规律。这种规律是不可违反的，如人为将工程建设的顺序颠倒，就会造成严重的资源浪费和经济损失。另外，工程建设投资大，建成后的建筑物将长期存在，其质量好坏与人们的生命财产息息相关，因此，工程建设活动是与社会公共利益密切相关的活动。为维护社会公共利益，政府也必须在工程建设过程中，设置一些审批环节，来对各方主体的工程建设行为进行监督管理，这些就需要通过工程建设程序的相关法规来实现。所以国家颁布了有关法规，将工程建设程序以法律的形式固定下来，强迫人们从事工程建设活动时遵守。当然，随着社会的发展和科学技术的进步，加上人们对工程建设认识的不断加深，工程建设程序也会在现有的基础上更加趋于合理、科学。

工程建设程序法规就是指调整工程建设程序活动中发生的各种社会关系的法律规范的总称。

二、工程建设程序法规的立法现状

目前，我国尚无一部专门的《工程建设程序法》，涉及工程建设程序方面的法规主要是部门的规章和规范性文件，例如：《关于基本建设程序的若干规定》（1978年）；《关于简化基本建设项目审批手续的通知》（1982年）；《关于颁发建设项目进行可行性研究的试行管理办法的通知》（1983年）；《关于编制建设前期工作计划的通知》（1984年）；《关于建设项目经济评价工作的暂行规定》（1987年）；《关于大型和限额以上固定资产投资项目建议书审批问题的通知》（1988年）；《工程建设项目实施阶段程序管理暂行规定》（1994年）；《工程建设项目报建管理办法》（1994年）等规范性文件。另外，在《中华人民共和国土地管理法》、《建筑法》、《中华人民共和国城市规划法》、《招标投标法》等法律中，也有关于工程建设程序的一些规定。

三、我国工程建设程序的有关规定

按照我国现行工程建设程序法规的规定，我国工程建设程序共分五个阶段：工程建设前期阶段（决策分析）；工程建设准备阶段；工程建设实施阶段；工程验收与保修阶段；终结阶段。每个阶段又包含若干环节。各阶段、各环节的工作应按规定顺序进行。当然，工程项目的性质不同，规模不一，同一阶段内各环节的工作会有一些交叉，有些环节还可省略，在具体执行时，可根据本行业、本项目的特点，在遵守工程建设程序的大前提下，灵活开展各项工作。

依据我国现行工程建设程序法规的规定，我国工程建设程序如图 2-1 所示：

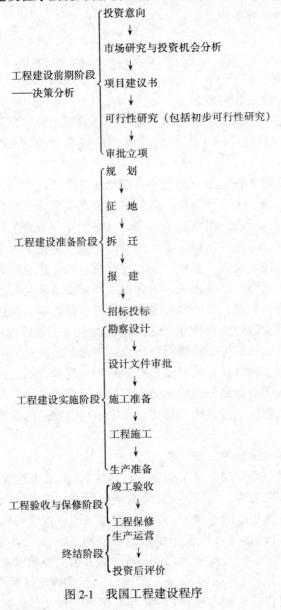

图 2-1　我国工程建设程序

（一）工程建设前期阶段的内容

工程建设前期阶段即决策分析阶段，这一阶段主要是对工程项目投资的合理性进行考察和对工程项目进行选择。对投资者来讲，这是进行战略决策，它将从根本上决定其投资效益，因此是十分重要的。这个阶段包含投资意向、投资机会分析、项目建议书、可行性研究、审批立项几个环节。

1. 投资意向

投资意向是投资主体发现社会存在合适的投资机会所产生的投资愿望。它是工程建设活动的起点，也是工程建设得以进行的必备条件。

2. 投资机会分析

投资机会分析是投资主体对投资机会所进行的初步考察和分析，在认为机会合适、有良好的预期效益时，可进行进一步的行动。

3. 项目建议书

项目建议书是投资机会分析结果文字化后所形成的书面文件，以方便投资决策者分析、抉择。项目建议书应对拟建工程的必要性、客观可行性和获利的可能性逐一进行论述。

对大中型和限额以上的投资项目建议书，由行业归口主管部门初审后，再由国家发改委审批。小型项目的项目建议书，按隶属关系，由主管部门或地方发改委审批。

4. 可行性研究

可行性研究是指项目建议书批准后，对拟建项目技术上是否可行、经济上是否合理等内容所进行的分析论证。广义的可行性研究还包括投资机会分析。

可行性研究应对项目所涉及的社会、经济、技术问题进行深入的调查研究，对各种各样的建设方案和技术方案进行发掘并加以比较、优化。对项目建成后的经济效益、社会效益进行科学的预测及评价，提出该项目建设是否可行的结论性意见。对可行性研究的具体内容和所应达到的深度，有关法规都有明确的规定。可行性研究报告必须经有资格的咨询机构评估确认后，才能作为投资决策的依据。

被批准后的可行性研究报告不得随意修改变更，如果在建设规模、产品方案、建设地区、主要协作关系等方面有变动以及突破投资控制数时，应经过原批准机关同意。

5. 审批立项

审批立项是有关部门对可行性研究报告的审查批准程序，审查通过后即予以立项，正式进入工程项目的建设准备阶段。

大中型建设项目的可行性研究报告由各主管部、各省、市、自治区或全国性工业公司负责预审，报国务院审批。

小型项目的可行性研究报告，按隶属关系由各主管部、各省、市、自治区或全国性工业公司审批。

（二）工程建设准备阶段的内容

工程建设准备是为勘察、设计、施工创造条件所做的建设现场、建设队伍、建设设备等方面的准备工作。这一阶段包括规划、征地、拆迁、报建、工程承发包等主要环节。

1. 规划

在规划区内建设的工程，必须符合城市规划或村庄、集镇规划的要求，其工程选址和布局，必须取得城市规划行政主管部门核发的"选址意见书"、"建设用地规划许可证"、

"建设工程规划许可证"，方能进行获取土地使用权、设计、施工等相应的建设活动。

2. 征地

我国的《土地管理法》规定：农村和城市郊区的土地（除法律规定属国家所有者外）属于农民集体所有，其余的土地归国家所有。工程建设用地都必须通过国家对土地使用权出让或划拨而取得，须在农民集体所有的土地上进行工程建设的，也必须先由国家征用农民土地，然后再将土地使用权出让或划拨给建设单位或个人。通过国家出让而取得土地使用权的，应向国家支付出让金，并与市、县人民政府土地管理部门签订书面出让合同，然后按合同规定的年限与要求进行工程建设。

3. 拆迁

在城市进行工程建设，一般都要对建设用地上的原有房屋和附属物进行拆迁。国务院颁发的《城市房屋拆迁管理条例》规定，任何单位和个人需要拆迁房屋的，都必须持有国家规定的批准文件、拆迁计划和拆迁方案，向县级以上人民政府房屋拆迁主管部门提出申请，经批准并取得房屋拆迁许可证后，方可拆迁。拆迁人和被拆迁人应签订书面协议，被拆迁人必须服从城市建设的需要，在规定的期限内完成搬迁，拆迁人对被拆迁人（被拆迁房屋及附属物的所有人、代管人及国家授权的管理人）依法给予补偿，并对被拆迁房屋的使用人进行安置。对违章建筑、超过批准期限的临时建筑的被拆迁人和使用人，则不予补偿和安置。

4. 报建

建设项目被批准立项后，建设单位或其代理机构必须持工程项目立项批准文件、银行出具的资信证明、建设用地的批准文件等资料，向当地建设行政主管部门或其授权机构进行报建。凡未报建的工程项目，不得办理招标手续和发放施工许可证，设计、施工单位不得承接该项目的设计、施工任务。

5. 工程发包与承包

建设单位或其代理机构在上述准备工作完成后，须对拟建工程进行发包，以择优选定工程勘察设计单位、施工单位或总承包单位。

工程发包与承包有招标投标和直接发包两种形式，为鼓励公平竞争，建立公正的竞争秩序，国家提倡招标投标方式，并对许多工程实行强制招标投标。

（三）工程建设实施阶段

1. 工程勘察设计

工程勘察设计是工程项目建设的重要环节，设计文件是制定建设计划、组织工程施工和控制建设投资的依据。它对实现投资者的意愿起关键作用。设计与勘察是密不可分的，设计必须在进行工程勘察，取得足够的地质、水文等基础资料之后才能进行。另外，勘察工作也服务于工程建设的全过程，在工程选址、可行性研究、工程施工等各阶段，也必须进行必要的勘察。

2. 施工准备

施工单位要进行技术、物质方面的准备。包括：熟悉、审查图纸，编制施工组织设计，向下属单位进行计划、技术、质量、安全、经济责任的交底，下达施工任务书，准备工程施工所需的设备、材料等活动。

建设单位要取得开工许可。根据规定，需要满足以下条件方可申请领取施工许可证：

办好用地批准手续；取得规划许可证；拆迁进度满足施工要求；施工企业已确定；有施工图纸和技术资料；有保证工程质量和安全的具体措施；建设资金已落实并满足有关法律、法规规定的其他条件。

已取得施工许可证的，应自批准之日起三个月内组织开工，因故不能按期开工的，可向发证机关申请延期，延期以两次为限，每次不得超过三个月。既不按期开工，又不申请延期或超过延期时限的，已批准的施工许可证自行作废。

3. 工程施工

工程施工是施工队伍具体地配置各种施工要素，将工程设计物化为建筑产品的过程，也是投入劳动量最大，所费时间较长的工作。其管理水平的高低、工作质量的好坏对建设项目的质量和所产生的效益起着十分重要的作用。工程施工管理具体包括施工调度、施工安全、文明施工、环境保护等几方面的内容。

施工调度是进行施工管理，掌握施工情况，及时处理施工中存在的问题，严格控制工程的施工质量、进度和成本的重要环节。施工单位的各级管理机构均应配备专职调度人员，建立和健全各级调度机构。

施工安全是指施工活动中，对职工身体健康与安全、机械设备使用的安全及物资的安全等应有的保障制度和所采取的措施。根据《建设工程现场管理规定》，施工单位必须执行国家有关安全生产和劳动保护的法规，建立安全生产责任制，加强规范化管理，进行安全交底、安全教育和安全宣传，严格执行安全技术方案，定期检修、维护各种安全设施，做好施工现场的安全保卫工作，建立和执行防火管理制度，切实保障工程施工的安全。

文明施工是指施工单位应推行现代管理方法，科学组织施工，保证施工活动整洁、有序、合理地进行。具体内容有：按施工总平面布置图设置各项临时设施，施工现场设置明显标牌，主要管理人员要佩带身份标志。机械操作人员要持证上岗，施工现场的用电线路、用电设施的安装使用和现场水源、道路的设置要符合规范要求等。

环境保护是指施工单位必须遵守国家有关环境保护的法律、法规，采取措施控制各种粉尘、废气、噪声等对环境的污染和危害。如不能控制在规定的范围内，则应事先报请有关部门批准。

4. 生产准备

生产准备是指工程施工临近结束时，为保证建设项目能及时投产使用所进行的准备活动。如招收和培训必要的生产人员，组织人员参加设备安装调试和工程验收，组建生产管理机构，制定规章制度，收集生产技术资料和样品，落实原材料、外协产品、燃料、水、电的来源及其他配合条件等。建设单位要根据建设项目或主要单项工程的生产技术特点，及时组成专门班子或机构，有计划地做好这一工作。

（1）招收和培训人员。大型工程项目往往自动化水平高，相互关联性强，操作难度大，工艺条件要求严格。而新招收的职工大多数可能以前并没有生产的实践经验，解决这一矛盾的主要途径就是人员培训，通过多种方式培训并组织生产人员参加设备的安装调试工作，掌握好生产技术和工艺流程。

（2）生产组织准备。生产组织是生产厂为按照生产过程的客观要求和有关企业法规定的程序进行的，主要包括生产管理机构设置、管理制度的制定、生产人员配备等内容。

（3）生产技术准备。主要包括国内装备设计资料的汇总，有关的国外技术资料的翻译、编辑，各种开车方案、岗位操作法的编制以及新技术的准备。

（4）生产资料准备。主要是落实原材料、协作产品、燃料、水、电、气等的来源和其他需协作配合条件。组织工装、器具、备品、备件等的制造和订货。

（四）工程竣工验收与保修

工程项目按设计文件规定的内容和标准全部建成，并按规定将工程内外全部清理完毕后称为竣工。原国家计委颁发的《建设项目（工程）竣工验收办法》规定，凡新建、扩建、改建的基本建设项目（工程）和技术改造项目，按批准的设计文件所规定的内容建成，符合验收标准的必须及时组织验收，办理固定资产移交手续。根据《建筑法》及《建设工程质量管理条例》等相关法规规定，交付竣工验收的工程，必须具备下列条件：

1. 完成建设工程设计和合同约定的各项内容；

2. 有完整的技术档案和施工管理资料；

3. 有工程使用的主要建筑材料、建筑构配件和设备等的进场试验报告；

4. 有勘察、设计、施工、工程监理等单位分别签署的质量合格文件；

5. 有施工单位签署的工程保证书。

竣工验收的依据是已批准的可执行研究报告、初步设计或扩大初步设计、施工图和设备技术说明书以及现行施工技术验收的规范和主管部门（公司）有关审批、修改、调整的文件等。工程竣工验收合格后，方可交付使用。此时承发包双方应尽快办理固定资产移交手续和工程结算，将所有工程款项结算清楚。根据《建筑法》及相关法规的规定，工程竣工验收交付使用后，在保修期限内，承包单位要对工程中出现的质量缺陷承担保修与赔偿责任。

（五）终结阶段

竣工验收合格后，正式进行生产运营。而生产运营一段时间后要进行投资后评价。

建设项目投资后评价是工程竣工投产、生产运营一段时间后，对项目的立项决策、设计施工、竣工投产、生产运营等全过程进行系统评价的一种技术经济活动。它是工程建设管理的一项重要内容，也是工程建设程序的最后一个环节。它可使投资主体达到总结经验、吸取教训、改进工作，不断提高项目决策水平和投资效益的目的。目前我国的投资后评价一般分建设单位的自我评价、项目所属行业（地区）主管部门的评价及各级计划部门（或主要投资主体）的评价这三个层次进行。

1. 项目单位自我评价工作的组织。项目单位自我评价由项目单位负责，也叫自评。所有建设项目竣工投产（使用、营运）一段时间以后，都应进行自我评价。项目后评价是一项复杂细致的系统工作，在开展后评价工作之前，一定要做好各项准备工作，包括组织准备、思想准备和资料准备。

2. 行业（或地区）主管部门对后评价工作的组织。行业（或地区）主管部门必须配备专人主管项目后评价工作。当收到所属项目单位报来的自我后评价报告后，首先要进行审查，审查报来的资料是否齐全，自我评价是否实事求是，如实反映情况。同时要根据工作需要从行业的角度选一些项目进行评价。如从行业布局、行业的发展、同行业的技术水平、经营成果等方面进行评价。在进行行业评价时，应组织一些专家学者和熟悉情况的人士认真阅读项目单位的自我后评价报告，针对问题深入现场调查研究，写出行业部门后评价报告，报同级、上级计划部门和主要投资方。

3. 各级发改委或主要投资方对后评价工作的组织。各级发改委（或主要投资方）是建设项目后评价工作的组织者、领导者、方法制度的制定者。当收到项目单位和行业（或地区）业务主管部门报来的后评价报告后，应根据工作需要选择一些项目列入年度计划，开展后评价复审工作。也可委托有资格的咨询公司代为组织实施。按基本建设程序办事，还要区别不同情况，具体问题具体分析。各行各业的建设项目，具体情况千差万别，都有自己的特殊性。而一般的基本建设程序，只反映他们共同的规律性，不可能反映各行业的差异性。因此，在建设实践中，还要结合行业项目的特点和条件，有效地去贯彻执行基本建设程序。

第二节　工程建设执业资格法规

一、工程建设执业资格法规的概念

工程建设执业资格制度就是国家通过法定条件和立法程序对建设活动主体及其个人进行认定和批准，赋予其在法律所规定的范围内从事一定建筑活动的制度。目前，国际上绝大多数发达国家都对从事建筑活动的主体的资格作了严格的限定。我国也很早就实行了严格的单位执业资质认证制度，对各种建筑企事业单位的资质等级标准和允许执业范围作出了明确的规定。但随着改革开放的深入和市场经济的建立，单纯实行执业资质管理的不足也日益显现出来：一是只管住了单位资质，而对具体执业人员没有要求，出现高资质单位承接任务，而由低素质、低水平的人员来实施的问题，使工程建设的质量和水平难以保证；二是一些高水平的专业人员，由于其所在单位资质较低的限制，其聪明才智和业务能力难以发挥；三是工程建设的相关责任，只能落实到单位，对具体从业人员的责任却难以追究，一有问题就是集体负责，表面上是大家共同负责，实际上却是大家都不负责；另外，大多数发达国家和地区都实行了工程建设执业人员资格注册制度，这已形成了建筑行业管理的国际惯例。如果我们不实行这一制度，就会影响我们与国际建筑界的交流与合作；同时，也会成为我国进入国际市场的障碍。所以我们不但要实行严格的单位执业资质控制，而且对于从业人员也要实行执业资格控制，即市场准入的"双重控制"。

从我国目前的实际情况来看，建筑市场的秩序比较混乱，一些不具备从事建设活动相应条件的单位和个人通过不正当的途径进入建筑市场，承揽建筑工程，严重扰乱了建筑市场的正常秩序，造成建设工程质量隐患甚至导致发生重大的人身伤亡和财产损失等恶性事故。因此建立和维护建筑市场的正常秩序，确立进入建筑市场从事建设活动的准入规则，十分必要。这对提高我国的工程建设水平，保障公民的生命财产安全，优化建筑业组织结构，提高建筑业的国际竞争力都具有重要作用和意义。

工程建设执业资格法规就是指调整工程建设执业资格活动中发生的各种社会关系的法律规范的总称。

二、工程建设执业资格法规的立法现状

目前，我国有关建设执业资格的法律有：1994 年 7 月 5 日第八届全国人民代表大会第八次会议通过的《中华人民共和国城市房地产管理法》（1995 年 1 月 1 日起正式施行），1997 年 11 月 1 日第八届全国人民代表大会第二十八次会议通过的《中华人民共和国建筑法》（1998 年 3 月 1 日起正式施行）。

有关建设执业资格的法规、规章主要有：《建筑企事业单位关键岗位持证上岗管理规定》(1991 年)，《工程建设监理单位资质管理试行办法》(1992 年)，《工程总承包企业资质管理暂行规定》(1992 年)，《监理工程师资格考试和注册试行办法》(1992 年)，《建筑装饰设计资格分级标准》(1992 年)，《混凝土预制构件和商品混凝土生产企业资质管理(试行)》(1993 年)，《房地产开发企业资质管理规定》(1993 年)，《工程咨询单位资格认定暂行办法》(1994 年)，《在中国境内承包工程的外国企业资质管理暂行办法》(1994 年)，《建筑施工企业项目经理资质管理办法》(1995 年)，《中华人民共和国注册建筑师条例》(1995 年)，《建筑业企业资质管理》(1995 年)，《中华人民共和国注册建筑师条例实施细则》(1996 年)，《建设工程勘察和设计单位资质管理规定》(1997 年)，《注册结构工程师执业资格制度暂行规定》(1997 年)，《房地产估价师注册管理办法》(1998 年)，《注册城市规划师执业资格制度暂行规定》(1999 年)，《建设工程质量管理条例》(2000 年)，《工程造价咨询单位管理办法》(2000 年)，《造价工程师注册管理办法》(2000 年)，《建筑业企业资质管理规定》(2001 年)，《建筑工程勘察设计企业资质管理规定》(2001 年)，《工程监理企业资质管理规定》(2001 年)，《外商投资建筑业企业管理规定》(2002 年)，《外商投资建设工程设计企业管理规定》(2002 年)，《注册土木工程师（岩土）执业资格制度暂行规定》(2002 年)，《建造师执业资格制度暂行规定》(2002 年)，《外商投资城市规划服务企业管理规定》(2003 年)，《物业管理企业资质管理办法》(2004 年)，《勘察设计注册工程师管理规定》(2005 年) 等。

三、工程建设执业资格管理的有关规定

（一）工程建设从业单位管理有关规定

1. 工程建设从业单位的划分

根据我国现行法规，我国从事工程建设活动的单位分为：房地产开发企业、工程总承包企业、工程勘察设计企业、工程监理企业、建筑业企业和混凝土预制构件及商品混凝土生产企业。

（1）房地产开发企业是指在城市及村镇从事土地开发、房屋及基础设施和配套设备开发经营业务，具有企业法人资格的经济实体。房地产开发企业有专营和兼营两类。专营企业是指以房地产开发经营为主的企业；兼营企业是指以其他经营项目为主，兼有房地产开发经营业务的企业。

（2）工程总承包企业是指对工程从立项到交付使用的全过程进行承包的企业。工程总承包企业可以实行工程建设全过程的总承包，也可以进行分阶段的承包；可独立进行承包，也可与其他单位联合总承包。

（3）工程勘察设计企业是指依法取得资格，从事工程勘察、工程设计活动的企业。工程勘察分为工程地质勘察、水文地质勘察、岩土工程、工程测量四个专业。工程设计按归口管理部门分为电力、煤炭、石油天然气、核工业、机械电子、兵器、船舶、航天航空、冶金、有色金属、化工、石油化工、轻工、纺织、铁道、交通、通信、水利水电、农业、林业、商业、广播电影电视、民用航空、建筑材料、医药、人防、物资、黄金、建筑工程、市政工程等 30 类行业。

（4）工程监理企业是指从事监理业务并取得工程监理资质证书的经济组织。包括监理公司，监理事务所，兼营监理业务的工程设计、科学研究及工程建设咨询单位。

(5) 建筑业企业是指从事土木建筑工程、线路管道及设备安装工程、装修装饰工程等新建、扩建、改建活动的企业。它又分为工程施工总承包企业、专业承包企业和专项分包企业三类。工程施工总承包企业是指从事工程施工阶段总承包活动的企业。它应具有施工图设计、工程施工、设备采购、材料订货、工程技术开发应用、配合生产及使用部门进行生产准备直到竣工投产的能力。它在从事工程勘察和设计时，还须取得相应的工程勘察和设计资格证书。专业承包企业是指从事工程施工中的专业分包活动的企业。对其承接的专业工程，它可以全部自行施工，也可将劳务作业分包给具有相应劳务分包资质的劳务分包企业，但不得进行工程施工总承包活动。根据《建筑业企业资质管理规定》，一个施工承包企业只能办理一个资质证书，如果一个企业具有多种专业工程施工的能力，可在申请办理一个主要资质的同时，申请其他承包工程范围。专项分包企业是指从事工程施工专项分包活动和承包限额以下小型工程活动的企业。限额以下小型工程的范围，由各省、自治区、直辖市人民政府建设行政主管部门确定。

(6) 混凝土预制构件和商品混凝土生产企业是指建筑、市政建设工程混凝土预制构件生产企业和商品混凝土生产企业。

2. 从业单位的资质等级的划分与标准

根据现行法规，我国各类工程建设从业单位的资质等级划分如下：

(1) 房地产开发企业，分为一级、二级、三级、四级共4级。

(2) 工程总承包企业，分为一级、二级、三级共3级。

(3) 工程勘察企业，类别不同，分法也不同，共有甲级、乙级、丙级3个等级。

(4) 工程设计单位，类别不同，分法也不同，共有甲级、乙级、丙级3个等级。

(5) 房屋建筑工程施工总承包企业资质分为特级、一级、二级、三级。

(6) 专业承包企业，多数分为一、二、三级。

(7) 劳务分包企业，一部分分为一、二级（如砌筑业），其他的不分级别。

(8) 工程监理企业，分为甲级、乙级、丙级共3级。

(9) 混凝土预制构件生产企业，分为一级、二级、三级、四级共4级。

(10) 商品混凝土生产企业，分为一级、二级、三级共3级。

工程建设从业单位的资质等级划分标准，是从其拥有的注册资本、专业技术人员数量和等级、技术装备和已完成的建筑工程业绩等方面来加以规定的。

3. 工程监理企业的资质等级标准和业务范围

(1) 工程监理企业资质

工程监理企业资质是企业技术能力、管理水平、业务经验、经营规模、社会信誉等综合性实力指标。对工程监理企业进行资质管理的制度是我国政府实行市场准入控制的有效手段。

工程监理企业应当按照所拥有的注册资本、专业技术人员数量和工程监理业绩等资质条件申请资质，经审查合格，取得相应等级的资质证书后，才能在其资质等级许可的范围内从事工程监理活动。

工程监理企业的注册资本不仅是企业从事经营活动的基本条件，也是企业清偿债务的保证。工程监理企业所拥有的专业技术人员数量主要体现在注册监理工程师的数量，这反映企业从事监理工作的工程范围和业务能力。工程监理业绩则反映工程监理企业开展监理业务的经历和成效。

工程监理企业的资质按照等级分为甲级、乙级和丙级，按照工程性质和技术特点分为14个专业工程类别，每个专业工程类别按照工程规模或技术复杂程度又分为三个等级。

工程监理企业的资质包括主项资质和增项资质。工程监理企业如果申请多项专业工程资质，则其主要选择的一项为主项资质，其余的为增项资质。同时，其注册资金应当达到主项资质标准要求，从事增项专业工程监理业务的注册监理工程师人数应当符合专业要求。增项资质级别不得高于主项资质级别。

（2）工程监理企业各主项资质等级标准：

● 甲级

1）企业负责人和技术负责人应当具有15年以上从事工程建设工作的经历，企业技术负责人应当取得监理工程师注册证书；

2）取得监理工程师注册证书的人员不少于25人；

3）注册资本不少于100万元；

4）近3年内监理过5个以上二等房屋建筑工程项目或者3个以上二等专业工程项目。

● 乙级

1）企业负责人和技术负责人应当具有10年以上从事工程建设工作的经历，企业技术负责人应当取得监理工程师注册证书；

2）取得监理工程师注册证书的人员不少于15人；

3）注册资本不少于50万元；

4）近3年内监理过5个以上三等房屋建筑工程项目或者3个以上三等专业工程项目。

● 丙级

1）企业负责人和技术负责人应当具有8年以上从事工程建设工作的经历，企业技术负责人应当取得监理工程师注册证书；

2）取得监理工程师注册证书的人员不少于5人；

3）注册资本不少于10万元；

4）承担过2个以上房屋建筑工程项目或者1个以上专业工程项目。

（3）业务范围

各主项资质等级的工程监理企业的业务范围是：甲级工程监理企业可以监理经核定的工程类别中一、二、三等工程；乙级工程监理企业可以监理经核定的工程类别中二、三等工程；丙级工程监理企业只可监理经核定的工程类别中三等工程。甲、乙、丙级资质监理企业的经营范围均不受国内地域限制。

4. 工程施工企业的资质等级标准

（1）一级施工企业

1）企业近10年承担过下列建设项目两项以上的建筑施工，工程质量合格。大型工业建设项目；单位工程建筑面积25000平方米以上的建筑工程；25层以上或单跨30米跨度以上的建筑工程。

2）企业经理具有10年以上从事施工管理工作的经历。企业应具有10年以上从事建筑施工技术管理工作经历、本专业高级职称的总工程师；具有高级专业职称的总会计师；具有高级职称的总经济师。

3）企业有职称的工程、经济、会计、统计等人员不少于 350 人，其中具有工程系列职称的人员不少于 200 人；工程系列职称的人员中，具有中、高级职称的人员不少于 50 人。

4）企业具有一级资质的项目经理不少于 12 人。

5）企业资本金 3000 万元以上，生产经营用固定资产原值 2000 万元以上。

6）企业具有相应的施工机械设备与质量监测的手段。

7）企业年完成建筑业总产值 12000 万元以上，建筑业增加值 3000 万元以上。

（2）二级施工企业

1）企业近 10 年承担过下列建设项目两项以上的建筑施工，工程质量合格。中型工业建设项目；单位工程建筑面积 10000 平方米以上的建筑工程；15 层以上或单跨 21 米跨度以上的建筑工程。

2）企业经理具有 8 年以上从事施工管理工作的经历。企业应具有 8 年以上从事建筑施工技术管理工作经历、本专业高级职称的总工程师；具有中级专业职称以上的总会计师；具有中级职称以上的总经济师。

3）企业有职称的工程、经济、会计、统计等人员不少于 150 人，其中具有工程系列职称的人员不少于 80 人；工程系列职称的人员中，具有中、高级职称的人员不少于 20 人。

4）企业具有二级资质以上的项目经理不少于 12 人。

5）企业资本金 1500 万元以上，生产经营用固定资产原值 1000 万元以上。

6）企业具有相应的施工机械设备与质量监测的手段。

7）企业年完成建筑业总产值 6000 万元以上，建筑业增加值 1500 万元以上。

（3）三级施工企业

1）企业近 10 年承担过下列建设项目两项以上的建筑施工，工程质量合格。单位工程建筑面积 5000 平方米以上的建筑工程；6 层以上或单跨 15 米跨度以上的建筑工程。

2）企业经理具有 5 年以上从事施工管理工作的经历。企业应具有 5 年以上从事建筑施工技术管理工作经历、本专业中级职称以上的技术负责人；具有助理会计师职称以上的财务负责人。

3）企业有职称的工程、经济、会计、统计等人员不少于 40 人，其中具有工程系列职称的人员不少于 25 人；工程系列职称的人员中，具有中级职称以上的人员不少于 5 人。

4）企业具有三级资质以上的项目经理不少于 8 人。

5）企业资本金 500 万元以上，生产经营用固定资产原值 300 万元以上。

6）企业具有相应的施工机械设备与质量监测的手段。

7）企业年完成建筑业总产值 1500 万元以上，建筑业增加值 400 万元以上。

（4）四级施工企业

1）企业近 10 年承担过下列建设项目两项以上的建筑施工，工程质量合格。单位工程建筑面积 1500 平方米以上的建筑工程；4 层以上或单跨 9 米跨度以上的建筑工程。

2）企业经理具有 3 年以上从事施工管理工作的经历。企业应具有 3 年以上从事建筑施工技术管理工作经历、本专业助理工程师职称以上的技术负责人；具有会计员职称以上的财务负责人。

3）企业有职称的工程、经济、会计、统计等人员不少于 15 人，其中具有工程系列职称的人员不少于 8 人；工程系列职称的人员中，具有中级职称以上的人员不少于 1 人。

4）企业具有四级资质以上的项目经理不少于 3 人。

5）企业资本金 100 万元以上，生产经营用固定资产原值 60 万元以上。

6）企业具有相应的施工机械设备与质量监测的手段。

7）企业年完成建筑业总产值 300 万元以上，建筑业增加值 80 万元以上。

5. 工程建设从业单位的资质管理

工程建设从业单位需提交规定的证明文件，向资质主管部门提出申请，经审查合格后，可获相应资质，并核发资质等级证书。各类工程建设从业单位资质审批办法是不同的。例如：建筑业企业一级施工总承包企业和施工承包企业的资质，由国务院建设行政主管部门审批。二级以下的，属于地方的，由省、自治区、直辖市人民政府建设行政主管部门审批；直属国务院有关部门的，由该部门审批，并将审批结果送交企业所在地的省、自治区、直辖市人民政府建设行政主管部门备案。新设立的建筑企业应定为最低的资质等级。

根据各级工程建设单位所具备的能力和水平，有关法规对各类从业单位所允许从事的业务范围都作了具体规定，并严格禁止越级承包业务和无资质等级的单位从事建筑活动。例如：建筑业企业中工程施工总承包企业，一级企业，可承担各类型工程建设项目的总承包；二级企业可承担中型工业、能源、交通工程建设项目，15 万平方米以下的住宅区建设项目，总投资 2 亿元以下的公用工程建设项目的总承包。外国建筑企业在我国从事建筑活动也有相应的资质管理，由于已经加入 WTO，有些办法须作修正。到目前为止，尚未出台相关规定。

各类工程建设从业单位在取得相应的资质后，资质管理部门要定期对其进行检查，并按有关规定对其资质进行升级、降级的动态管理。

（二）工程建设专业技术人员执业资格管理

我国建筑行业从 1992 年开始实行注册师制度。按计划将实行注册结构工程师、注册监理工程师、注册造价师、注册建造师、注册建筑师、注册城市规划师、注册岩土工程师、注册房地产估价师、注册规划师、注册风景园林师制度。

1. 注册结构工程师

注册结构工程师是指取得注册结构工程师执业资格证书和注册证书，从事房屋结构、桥梁结构及塔架结构等工程结构设计及相关业务的专业技术人员。世界各国对注册结构工程师设置的级别不一样，根据我国《注册结构工程师执业制度暂行规定》，注册结构工程师分为一、二两级。一级注册结构工程师执业的范围不受工程规模及工程复杂程度的限制，而二级注册结构工程师则要受一定限制，具体限制范围由建设部另行规定。

（1）注册结构工程师执业资格的取得、注册结构工程师的考试与注册，由全国和省、自治区、直辖市的注册结构工程师管理委员会负责进行，并由建设部、人事部和省、自治区、直辖市人民政府建设行政主管部门、人事行政主管部门进行指导、监督和管理。

一级注册结构工程师的考试分为基础考试和专业考试两部分。基础考试的目的是测试考生是否基本掌握进入结构工程设计实践所必须具备的基础及专业理论知识，参加考试的人员必须是大学本科毕业并达到规定年限。通过基础考试后，从事结构工程设计或相关业务满一定年限的人员，方可申请参加专业考试，其目的是测试考生是否已具备根据国家法律和设计规范进行结构工程设计，以保证工程安全可靠和经济合理的能力。二级注册结构工程师专业考试内容也基本相同，但较一级注册结构工程师要简单一些。取得注册结构工程师执业资格者，要从事结构工程设计业务的，必须先行注册。有下列情形之一的，将不能获准注册。①不具备完全民事行为能力的；②受刑事处罚，自处罚完毕之日起至申请之日止不满5年的；③因在结构工程设计或相关业务中犯有错误受到行政处罚或撤职以上处分，自处罚决定之日起至申请注册之日止不满2年的；④受吊销注册结构工程师证书处罚，自处罚决定之日起至申请之日止不满5年的。目前，结构工程师的注册申请只能由其所在单位代为进行，我国尚不能接受个人申请。注册有效期为2年，届时需要继续注册的，应在期满前30日内办理注册手续。

注册结构工程师注册后，发生下列情形之一，注册结构工程师管理委员会将撤销其注册，并收回注册证书。①完全丧失民事行为能力的；②受刑事处罚的；③因在工程设计或相关业务中造成工程事故，受到行政处罚或撤职以上行政处罚的；④自行停止注册结构工程师业务满2年的。

（2）注册结构工程师的执业

1）执业范围。注册结构工程师可从事结构工程设计；结构工程设计技术咨询；建筑物、构筑物、工程设施等调查和鉴定；对本人主持设计的项目进行施工指导和监督及建设部和国务院有关部门规定的其他业务。

2）执业要求及责任。目前，我国尚不允许注册结构工程师个人单独执业，所以，注册结构工程师必须加入一个勘察设计单位后才能执业，并由单位统一接受设计业务和统一收费。注册结构工程师因结构设计质量造成经济损失时，其赔偿责任先由勘察设计单位承担，然后再向注册结构工程师追偿。建设部正在制定具体的执业管理和处罚办法。《注册结构工程师执业资格制度暂行规定》中规定，国家规定的一定跨度、高度等以上的结构工程设计，应由注册结构工程师主持设计；只有注册结构工程师才有权以注册结构工程师的名义执行结构工程师的义务；任何单位和个人修改注册结构工程师的设计图纸，应当征得该注册结构工程师的同意，但因本人丧失民事行为能力、本人下落不明等特殊情况不能征得该注册结构工程师同意除外。注册结构工程师必须遵守法律、法规和职业道德，维护社会公共利益；保证工程设计的质量，并在其负责的设计图纸上签字盖章；保守在执业中知悉的单位和个人的秘密；不得同时受聘于两个以上勘察设计单位执行业务，也不得准许他人以本人名义执行业务。还要按规定接受必要的继续教育，定期进行业务和法规的培训，作为重新注册的依据。

2. 注册监理工程师

注册监理工程师是指经全国统一考试合格并经注册的工程建设监理人员。世界上大多数国家并未设立单独的注册监理工程师制度，其工程监理资格是与其他执业资格联系在一起的，如日本《建筑师法》中就规定，取得建筑师资格的可同时执行工程监理的业务。美国建筑师的业务中也包括工程监理。我国根据国情的需要，于1992年开始建立注册监理工程师制度。规定监理工程师为岗位职务，并按专业设置相应的岗位。

（1）注册监理工程师执业资格的取得

国际上多数国家在设立执业资格时，通常比较注重执业人员的专业学历和工作经验。他们认为这是执业人员的基本素质。我国根据对监理工程师业务素质和能力的要求，对参加监理工程师执业资格考试的报名条件也从两方面作出了限制：一是要有一定的专业学历；二是要有一定年限的工程建设实践经验。

报考条件：凡中华人民共和国公民，遵纪守法，具有工程技术或工程经济专业大专以上（含大专）学历，并符合下列条件之一者，可申请参加监理工程师执业资格考试。①具有按照国家有关规定评聘的工程技术或工程经济专业中级专业技术职务，并任职满三年。②具有按照国家有关规定评聘的工程技术或工程经济专业高级专业技术职务。

考试内容：考试共四科，即《工程建设监理基本理论和相关法规》、《工程建设合同管理》、《工程建设质量、投资、进度控制》、《工程建设监理案例分析》。

考试实行全国统一考试大纲、统一命题、统一组织、统一时间、闭卷考试、分科记分、统一录取标准的办法，一般每年举行一次。考试所用语言为汉语。

监理工程师的注册：对考试合格人员，由省、自治区、直辖市人民政府人事行政主管部门颁发由国务院人事行政主管部门统一印制，国务院人事行政主管部门和建设行政主管部门共同用印的《监理工程师执业资格证书》。取得《监理工程师执业资格证书》，在执业注册前，不得以监理工程师的名义从事工程建设监理业务；从领证之日起，五年内不进行执业注册，其证书失效。申请注册时，应由其被聘用的监理单位统一向本地区或本部门注册管理机构提出，具备下述条件者可获准注册：①热爱中华人民共和国，拥护社会主义制度，遵纪守法，遵守监理职业道德；②身体健康，胜任工程建设的现场监理工作；③已取得《监理工程师资格证书》。

(2) 注册监理工程师的权利和义务

注册监理工程师的权利：①有权以注册监理工程师的名义从事规定的专业活动；②未经监理工程师签字，建筑材料、建筑构配件和设备不得在工程上使用或者安装，施工单位不得进行下一道工序的施工；③未经监理工程师签字，建设单位不拨付工程款，不进行竣工验收。

注册监理工程师的义务：①监理工程师不得出卖、出借、转让、涂改《监理工程师岗位证书》；②监理工程师不得在政府机关或施工、设备制造、材料供应单位兼职，不得是施工、设备制造单位和材料、构配件供应单位的合伙经营者；③只取得《监理工程师资格证书》而未取得《监理工程师岗位证书》者，不得以监理工程师的名义从事工程建设监理业务。④监理工程师不得以个人名义承揽工程监理业务。

3. 注册造价工程师

造价工程师是指经全国造价工程师执业资格统一考试合格，并取得造价工程师注册证，从事建设工程造价活动的人员。1996年8月26日人事部与建设部联合颁布了《造价工程师执行资格制度暂行规定》，对注册造价工程师的考试、注册管理、权利义务作出了具体规定。2000年1月21日建设部以第75号令颁布了《造价工程师注册管理办法》。

(1) 注册造价工程师执业资格的取得

报考的条件：造价工程师执业资格考试实行全国统一大纲、统一命题、统一组织的办法，原则上每年举行一次。凡中华人民共和国公民，遵纪守法并具备以下条件之一者，均可申请参加造价工程师执业资格考试：①工程造价专业大专毕业后，从事工程造价业务工作满5年；工程或工程经济类大专毕业后，从事工程造价业务工作满6年；②工程造价专业本科毕业后，从事工程造价业务工作满4年；工程或工程经济类本科毕业后，从事工程造价业务工作满5年；③获上述专业第二学士学位或研究生毕业和获硕士学位后，从事工程造价业务工作满3年；④获上述专业博士学位后，从事工程造价业务工作满2年。通过造价工程师执业资格考试的合格者，由省、自治区、直辖市人事（职改）部门颁布人事部统一印制、人事部和建设部共同用印的造价工程师执业资格证书，该证书全国范围有效。

造价工程师的初始注册：经全国造价工程师执业资格统一考试合格的人员，应当在取得造价工程师执业资格考试合格证书后3个月内到省级注册机构或者部门注册机构申请初始注册。超过规定期限申请初始注册的，除提交上述材料外，还应当提交国务院建设行政主管部门认可的造价工程师继续教育证明。申请造价工程师初始注册应当提交下列材料：①造价工程师注册申请表；②造价工程师执业资格考试合格证书；③工作业绩证明。有下列情形之一的，不予注册：①丧失民事行为能力的；②受过刑事处罚，且自刑事处罚执行完毕之日起至申请注册之日不满5年的；③在工程造价业务中有重大过失，受过行政处罚或者撤职以上行政处分，且处罚、处分决定之日至申请注册之日不满2年的；④在申请注册过程中有弄虚作假行为的。造价工程师初始注册的有效期限为2年，自核准注册之日起计算。

注册造价工程师的继续注册：注册有效期满要求继续执业的，造价工程师应当在注册有效期满前2个月向省级注册机构或者部门注册机构申请续期注册。造价工程师申请续期注册，应当提交下列材料：从事工程造价活动的业绩证明和工作总结；国务院建设行政主管部门认可的工程造价继续教育证明。造价工程师有下列情形之一的，不予续期注册：①无业绩证明和工作总结的；②同时在两个以上单位执业的；③未按照规定参加造价工程师继续教育或者继续教育未达到标准的；④允许他人以本人名义执业的；⑤在工程造价活动中有弄虚作假的；⑥在工程造价活动中有过失，造成重大损失的。续期注册的有效期限为2年，自准予续期注册之日起计算。

（2）注册造价工程师的执业

注册造价工程师的执业范围：①建设项目投资估算的编制、审核及项目经济评价；②工程概算、工程预算、工程结算、竣工决算、工程招标标底价、投标报价的编制、审核；③工程变更及合同价款的调整和索赔费用的计算；④建设项目各阶段的工程造价控制；⑤工程经济纠纷的鉴定；⑥工程造价计价依据的编制、审核；⑦与工程造价业务有关的其他事项。

注册造价工程师的权利：①使用造价工程师名称；②依法独立执行业务；③签署工程造价文件、加盖执业专用章；④申请设立工程造价咨询单位；⑤对违反国家法律、法规的不正当计价行为，有权向有关部门举报。

注册造价工程师的义务：①遵守法律、法规，恪守职业道德；②接受继续教育，提高业务技术水平；③在执业中保守技术和经济秘密；④不得允许他人以本人名义执业；⑤按照有关规定提供工程造价资料。

4. 注册建造师

注册建造师是国家建设工程项目总承包和施工管理关键岗位的执业资格，分为一级建造师和二级建造师。2002年12月9日建设部颁布了《建造师执业资格制度暂行规定》，对注册建造师的考试、注册管理、权利义务等做出了具体规定。一级建造师的专业分为房屋建筑工程、公路工程、铁路工程、民航机场工程、港口与航道工程、水利水电工程、电力工程、矿山工程、冶炼工程、石油化工工程、市政公用工程、通信与广电工程、机电安装工程、装饰装修工程等14个。二级建造师的专业分为房屋建筑工程、公路工程、港口与航道工程、水利水电工程、电力工程、矿山工程、冶炼工程、石油化工工程、市政公用工程、通信与广电工程、机电安装工程、装饰装修工程等12个。

（1）注册建造师执业资格的取得

一级建造师执业资格实行统一大纲、统一命题、统一组织的考试制度，由人事部、建设部共同组织实施，原则上每年举行一次考试。一级建造师执业资格考试，分综合知识与能力和专业知识与能力两个部分。凡遵守国家法律、法规，具备下列条件之一者，可以申请参加一级建造师执业资格考试：①取得工程类或工程经济类大学专科学历，工作满6年，其中从事建设工程项目施工管理工作满4年；②取得工程类或工程经济类大学本科学历，工作满4年，其中从事建设工程项目施工管理工作满3年；③取得工程类或工程经济类双学士学位或研究生班毕业，工作满3年，其中从事建设工程项目施工管理工作满2年；④取得工程类或工程经济类硕士学位，工作满2年，其中从事建设工程项目施工管理工作满1年；⑤取得工程类或工程经济类博士学位，从事建设工程项目施工管理工作满1年。

二级建造师执业资格实行全国统一大纲，建设部负责拟定二级建造师执业资格考试大纲，人事部负责审定考试大纲。各省、自治区、直辖市人事厅（局），建设厅（委）按照国家确定的考试大纲和有关规定命题并组织考试。凡遵纪守法并具备工程类或工程经济类中等专科以上学历并从事建设工程项目施工管理工作满2年，可报名参加二级建造师执业资格考试。

参加一级建造师执业资格考试合格者，由各省、自治区、直辖市人事部门颁布人事部统一印制，人事部、建设部用印的《中华人民共和国一级建造师执业资格证书》，该证书在全国范围内有效。参加二级建造师执业资格考试合格者，由省、自治区、直辖市人事部门颁布由人事部、建设部统一格式的《中华人民共和国二级建造师执业资格证书》，该证书在所在行政区域内有效。

建造师的初始注册：取得建造师执业资格证书的人员，必须经过注册登记，方可以建造师名义执业。建设部或其授权的机构为一级建造师执业资格的注册管理机构，省、自治区、直辖市建设行政主管部门或其授权的机构为二级建造师执业资格的注册管理机构。

申请注册的人员必须同时具备以下条件：①取得建造师执业资格证书；②无犯罪记录；③身体健康，能坚持在建造师岗位上工作；④经所在单位考核合格。

一级建造师执业资格注册，由本人提出申请，由各省、自治区、直辖市建设行政主管部门或其授权的机构初审合格后，报建设部或其授权的机构注册。准予注册的申请人，由建设部或其授权的注册管理机构发放由建设部统一印制的《中华人民共和国一级建造师注册证》。二级建造师执业资格的注册办法，由省、自治区、直辖市建设行政主管部门制定，颁发辖区内有效的《中华人民共和国二级建造师注册证》，并报建设部或其授权的注册管理机构备案。建设部和省、自治区、直辖市建设行政主管部门应当定期公布建造师执业资格的注册和注销情况。

注册建造师的继续注册：建造师执业资格注册有效期限一般为3年，有效期满前3个月，持证者应到原注册管理机构办理再次注册手续。在注册有效期内，变更执业单位者，应当及时办理变更手续。再次注册者，除应符合《建造师执业资格制度暂行规定》规定申请注册的条件外，还须提供接受继续教育的证明。

经注册的建造师有下列情况之一的，由原注册管理机构注销注册：①不具有完全民事行为能力的；②受刑事处罚的；③因过错发生工程建设重大质量安全事故或有建筑市场违法违规行为的；④脱离建设工程施工管理及其相关工作岗位连续2年（含2年）以上的；⑤同时在两个及以上建筑业企业执业的；⑥严重违反职业道德的。

（2）注册建造师的执业

注册建造师的执业范围：建造师经注册后，有权以建造师名义担任建设工程项目施工的项目经理及从事其他施工活动的管理。建造师的执业范围包括：①担任建设工程项目施工的项目经理；②从事其他施工活动的管理工作；③法律、行政法规或国务院建设行政主管部门规定的其他业务。按照建设部颁布的《建筑业企业资质等级标准》，一级建造师可以担任特级、一级建筑业企业资质的建设工程项目施工的项目经理；二级建造师可以担任二级以下建筑业企业资质的建设工程项目施工的项目经理。

建造师的执业技术能力：一级建造师的执业技术能力：①具有一定的工程技术、工程管理理论和相关经济理论水平，并具有丰富的施工管理专业知识；②能够熟练掌握和运用与施工管理业务相关的法律、法规、工程建设强制性标准和行业管理的各项规定；③具有丰富的施工管理实践经验和资历，有较强的施工组织能力，能保证工程质量和安全生产；④有一定的外语水平。

二级建造师的执业技术能力：①了解工程建设和法律、法规、工程建设强制性标准及有关行业管理的规定；②具有一定的施工管理专业知识；③具有一定的施工管理实践经验和资历，有一定的施工组织能力，能保证工程质量和安全生产。

建造师的职责：建造师在工作中，必须严格遵守法律、法规和行业管理的各项规定，恪守职业道德。建造师必须接受继续教育，更新知识，不断提高业务水平。

案 例 分 析

案例一
【案情简介】

甲方：××通用机械厂　　　　　　　　　　乙方：××集团第八分公司

甲方为使本厂的自筹资金的招待所工程尽快发挥效益，1995年3月，在施工图还没有完成的情况下，就和乙方签订了施工合同，并拨付了工程备料款，意在早作准备，加快速度，减少物价上涨的影响。乙方按照甲方的要求进场做准备，搭设临时设施、租赁了机械工具，并购进了大批建筑材料等待开工。当甲方拿到设计单位的施工图及设计概算时，出现了以下问题。

甲方原计划自筹项目总投资150万元，设计单位按甲方提出的标准和要求设计完成后，设计概算达到210万元。一旦开工，很可能造成中途停建。但不开工，施工队伍已进场做了大量的工作。经各方面研究决定："方案另议，缓期施工"。甲方将决定通知乙方后，乙方很快送来了索赔报告。

××通用机械厂基建科：

我方按照贵厂招待所工程的施工合同要求准时进场（1995年3月20日）并作了大量准备工作。鉴于贵方做出"缓期施工"的时间难以确定，我方必须考虑各种可能，以减少双方更大的损失。现将自进场以来所发生的费用报告如下：

临时材料库及工棚搭设费；工人住宿、食堂、厕所搭建费；办公室、传达室、新改建大门费；搅拌机、卷扬机租赁费；钢管脚手架、钢横板租赁费；工人窝工费（接到图纸后时间内）；已购运进场材料费；已为施工办理各种手续费用；上交有关税费；共10项合计40.5万元。

甲方认真核实了乙方费用证据及实物，同意乙方退场决定，并给予了实际发生的损失补偿。

【案例评析】

工程建设要先设计后施工，工程建设中的自筹资金要满足工程需要，工程建设要量力而行，这些都是基本建设工作中的基本要求。不按照基建程序仓促上马，急于取得经济效益，而最终却得到了相反的结果。一个愿望的实现，当它违背了客观规律、脱离了科学决策的时候，结果往往就是相反的。

案例二

【案情简介】

1993年10月，某市帆布厂（以下简称甲方）与某市区修建工程队（以下简称乙方）订立了建筑工程承包工程。合同规定：乙方为甲方建一框架厂房，跨度12m，总造价为98.9万元；承包方式为包工包料；建设工程工期由1993年11月2日至1995年3月10日。从工程开工直到1995年底，工程仍未能完工，而且已完工工程质量部分不合格，这期间甲方付给乙方工程款、材料垫付款共101.6万元。为此，双方发生纠纷。

经查明：乙方在工商行政管理机关登记的经营范围为维修和承建小型非生产性建筑工程，无资格承包此工程。经有关部门鉴定：该项工程造价为98.9万元，未完工程折价为11.7万元，已完工程的厂房屋面质量不合格，返工费为5.6万元。

受诉法院审理认为：工商企业法人应在工商行政管理机关核准的经营范围内进行经营活动，超范围经营的民事行为无效。本案被告乙方承包建设厂房，超越了自己的技术等级范围。根据经济合同法第七条第一款第一项、第十六条第一款及《建设工程施工合同管理办法》第四条之规定，判决如下：

1. 原、被告所订立的建筑工程承包合同无效；

2. 被告返还原告多付的工程款14.4万元；

3. 被告偿付原告因工程质量不合格所需的返工费5.6万元。

【案例评析】

建筑企业在进行承建活动时，必须严格遵守核准登记的建筑工程承建技术资质等级范围，禁止超资质等级承建工程。本案被告的经营范围仅能承建小型非生产性建筑工程和维修项目，其技术等级不能承建与原告所订合同规定的生产性厂房。因此被告对合同无效及工程质量问题应负全部责任，承担工程质量的返工费，并偿还给原告多收的工程款。

复习思考题

1. 何谓工程建设程序？我国的建设程序分为哪几个阶段？
2. 规定建设程序有什么意义？
3. 我国对于土地所有权和使用权方面是如何规定的？
4. 什么叫执业资格制度？我国执业资格制度立法情况如何？
5. 我国对从事工程建设活动的单位是如何划分的？
6. 我国在建筑行业实行哪几种执业人员的执业资格制度？
7. 谈谈你对我国建筑市场准入"双重控制"的认识。

第三章 建设工程质量管理法规

本章主要介绍了建设工程质量的概念、管理体系及立法现状；工程建设质量体系认证制度；建设各方在质量管理中的责任；以及建设工程返修及损害赔偿责任等内容。

第一节 建设工程质量管理概述

一、建设工程质量的概念

传统质量定义：检测产品，保证它符合规格。

世界著名统计工程管理学专家道里安·舍宁（Dorian Shainin）是统计工程管理学（Statistical Engineering）和红 X 策略（Red X Strategy）创始人。他的质量定义已被世界广泛应用。他将质量定义为：质量是客户的满意、热情和忠诚。

所以，现代质量可定义为：厂家必须生产客户想要的理想产品，以获得客户的满意。改进质量的目的就是要创造热情、满意、忠诚的客户。

建设工程质量有广义和狭义之分。从狭义上说，建设工程质量仅指工程实体质量，它是指在国家现行的有关法律、法规、技术标准、设计文件和合同中，对工程的安全、适用、经济、美观等特性的综合要求。广义上的建设工程质量还包括工程建设参与者的服务质量和工作质量。它反映在他们的服务是否及时、主动，态度是否诚恳、守信，管理水平是否先进，工作效率是否很高等方面。它又可分为政治思想工作质量、管理工作质量、技术工作质量和后勤工作质量等。应该说，工程实体质量的好坏是决策、计划、勘察、设计、施工等单位各方面各环节工作质量的综合反映。现在，国内外都趋向于从广义上来理解建设工程质量，但本书中的建设工程质量主要还是工程本身的质量，即狭义上的建设工程质量。

影响建设工程质量的因素很多，如决策、设计、材料、机械、地形、地质、水文、气象、施工工艺、操作方法、技术措施、人员素质、管理制度等，但归纳起来，可分为五大方面，即通常所说的"4M1E"：人（Man）、机械（Machine）、材料（Material）、方法（Method）和环境（Environment）。在工程建设全过程中严格控制好这五大因素，是保证建设工程质量的关键。

二、建设工程质量法规立法现状

建国后尤其改革开放以来，我国颁布了一系列关于建设工程质量的法律、法规和规章。其中法律主要有：《中华人民共和国标准化法》（1988 年）、《建筑法》（1997 年）、《中华人民共和国产品质量法》（2000 年）等。其中法规和规章有：《建设部质量奖评审管理办法》（1990 年），《中华人民共和国产品质量认证管理条例》（1991 年），《工程建设国家标准管理办法》（1992 年），《工程建设行业标准管理办法》（1992 年），《建筑工程质量管理办法》（1993 年），《建筑工程质量管理条例》（2000 年），《建筑工程施工图设计文件审查暂行办法》（2000年），《房屋建筑工程和市政基础设施工程竣工验收备案管理暂行办法》（2000年），《房屋建筑工程质量保修办法》（2000年），《实施工程建设强制性标准监督规定》（2000年）；《房屋建筑工程和市政基础设施工程验收暂行规定》（2000年），《2000版工程建设标准强制性条文（房屋建筑部分）》（2000年），《房屋建筑工程制图统一标准》（2001年），《建筑结构可靠度设计统一标准》（2001年），《建筑工程施工质量验收统一标准》（2001年），《工程质量监督工作导则》（2003年），《房屋建筑和市政基础设施工程施工图设计文件审查管理办法》（2004年），《建设工程质量检测管理办法》（2005年）等。

三、我国建设工程质量的管理体系

建设工程质量的优劣直接关系国民经济的发展和人民生命的安全，因此，加强建设工程质量的管理，是一个十分重要的问题。根据有关法规规定，我国建立起了对建设工程质量进行管理的体系，它包括宏观管理和微观管理两个方面。

宏观管理是国家对建设工程质量所进行的监督管理，它具体由建设行政主管部门及其委托授权机构实施，这种管理贯穿在工程建设的全过程和各个环节之中，它既对工程建设从计划、规划、土地管理、环保、消防等方面进行监督管理，又对工程建设的主体从资质认定和审查，成果质量检测、验证和奖惩等方面进行监督管理，还对工程建设中各种活动如工程建设招投标，工程施工、验收、维修等进行监督管理。

微观管理又包括两个方面，一是工程承包单位，如勘察单位、设计单位、施工单位自己对所承担工作的质量管理。它们要按要求建立专门质检机构，配备相应的质检人员，建立相应的质量保证制度，如审核校对制、培训上岗制、质量抽检制、各级质量责任制和部门领导质量责任制等。二是建设单位对所建工程的管理，它可成立相应的机构和人员，对所建工程的质量进行监督管理，也可委托社会监督单位对工程建设的质量进行监理。现在，世界上大多数国家都推行监理制，我国也正在推行和完善这一制度。

第二节　建设工程质量体系认证制度

建筑法规定：国家对从事建筑活动的单位推行质量体系认证制度。从事建筑活动的单位根据自愿原则可以向国务院产品质量监督管理部门或其授权的部门认可的认证机构申请企业质量体系认证。经认证合格的，由认证机构向该企业颁发企业质量体系认证证书。

一、质量体系认证的标准

ISO是国际标准化组织的英文名称"International Standard Organization"的缩写，该组织是由各国标准化团体（ISO成员团体）组成的世界性联合会，它所制定的一系列标准，在世界各国得到了广泛应用。1987年3月，国际标准化组织（ISO）正式发布了ISO 9000—9004五个标准，这就是通常所说的"ISO 9000系列标准"，在1994年和2000年，该系列标准又分别进行了两次修订。我国采用了ISO 9000系列标准，形成了我国的GB/T 19000系列标准。2000年12月15日，国家质量技术监督局批准了GB/T 19000—2000版系列标准，该标准自2001年6月1日起实施。

二、质量体系系列标准的内容与选择

（一）我国质量体系系列标准的内容

1.1994版系列标准：

GB/T 19000—ISO 9000《质量管理和质量保证——选择和使用指南》；

G B/T 19001—ISO 9001《质量体系——设计/开发、生产、安装和服务的质量保证模式》；

GB/T 19002—ISO 9002《质量体系——生产和安装的质量保证模式》；

GB/T 19003—ISO 9003《质量体系——最终检验和试验的质量保证模式》；

GB/T 19004—ISO 9004《质量管理和质量体系要素——指南》。

GB/T 19000—ISO 9000《质量管理和质量保证》系列标准是在总结国际成功经验的基础上，从质量管理的共性出发，阐述了质量管理工作的基本原则、基本规律和质量体系要素的基本构成，它适用于不同体制、不同行业和生产、服务企业开展质量管理工作，同样它也适用于建筑业企事业单位的质量管理工作。这一组标准对我国的企业质量体系认证和质量管理功不可没。2000 版在旧版的基础上做了一系列改进，现在已经逐渐取代了旧版。

2.2000 版系列标准：

2000 版标准中，有 4 个核心标准，即：

GB/T 19000—2000：质量管理体系——基础和术语；

GB/T 19001—2000：质量管理体系——要求；

GB/T 19004—2000：质量管理体系——业绩改进指南；

GB/T 19011—2000：质量和环境管理体系——审核指南。

GB/T 19000—2000 表述质量管理体系基础知识并规定质量管理体系术语；

GB/T 19001—2000 规定质量管理体系要求，用于证实组织具有提供满足顾客要求和适用的法规要求的产品的能力，目的在与增进顾客满意。GB/T 19001—2000 标准代替了旧版的 GB/T 19001、GB/T 19002 和 GB/T 19003 三个标准；

GB/T 19004—2000 提供考虑质量管理体系的有效性和效率两方面的指南。该标准的目的是组织业绩改进和顾客及其他相关方满意。它和 GB/T 19001—2000 是一对协调统一的质量管理体系标准，他们相互补充，但也可以单独使用。GB/T 19004—2000 标准提供了超出 GB/T 19001—2000 要求的指南，以便提高质量管理体系的有效性和效率，进而考虑开发改进组织业绩的潜能。与 GB/T 19001—2000 相比，本标准将顾客满意和产品质量的目标扩展为包括相关方满意和组织的业绩。虽然这两项标准具有不同的范围，但却具有相似的结构，以有助于他们作为协调一致的一对标准的应用。

GB/T 19011—2000 提供审核质量和环境管理体系指南。

（二）质量体系系列标准的选择

1.GB/T 19001—2000 规定了质量管理体系要求，可供组织内部使用，也可以用于认证或合同目的。也只有 GB/T 19001—2000 标准（等同于 ISO 9001—2000 标准）能用于外部认证，这就是我们常看到听到的某企业"通过 ISO 9001 质量认证"的由来。

本标准不包括针对其他管理体系的要求，如环境管理、职业卫生与安全管理、财务管理或风险管理的特定要求。然而本标准使组织能够将自身的质量管理体系与相关的管理体系要求结合或整合。组织为了建立符合本标准要求的质量管理体系，可能会改变现行的管理体系。

2.GB/T 19004—2000 标准适用于组织的各个过程，因此，本标准所依据的质量管理原则也可在整个组织内应用。本标准强调实现持续改进，这可通过顾客和其他相关方的满意程度来测量。

本标准包括指南和建议，既不拟用于认证、法规或合同目的，也不是 GB/T 19001—2000 的实施指南。

第三节　建设各方对质量的责任和义务

一、建设单位的质量责任和义务

建设单位（又称业主）是投资建设工程，并对工程项目享有所有权的主体。按理说，它对建设工程质量应最为关心，也最为精心。但在我国，工程建设的投资者主要还是国家及一些开发商，代表建设单位直接参与工程管理的人并不是工程最后的使用者，建设工程质量的好坏与其自身利益并无十分密切的关系，他们享有建设单位的权利，但不承担工程质量低劣的后果。另外，我国建筑行业竞争十分强烈，基本处于僧多粥少的局面，承包方与建设单位处于不平等的地位，使得建设单位在工程建设中的行为没有多少约束，建设单位的压低造价等一些不合理要求得不到抵制，违背正常建设规律建成的工程质量存在不少隐患。鉴于此，国务院于 2000 年 1 月颁发的《建设工程质量管理条例》特别对建设单位的质量责任和义务作出了明确规定，它们主要有：

1. 依法发包工程的责任

通过工程发包，选取具有技术和经济实力、享有良好信誉的承包商来承包工程建设，是确保工程质量的重要环节。《建设工程质量管理条例》规定："建设单位应当将工程发包给具有相应资质等级的单位。""建设单位不得将工程肢解发包。"同时，还进一步规定：对于应当招标的工程项目，建设单位应依法招标。发包单位及其工作人员在建设工程发包中不得收受贿赂、回扣或索取其他好处。

2. 委托监理的责任

建设单位对工程建设应进行必要的监督、管理，对于国家规定强制实行监理的工程，建设单位应委托具有相应资质等级的工程监理单位进行监理，也可以委托具有工程监理相应资质等级并与被监理工程的施工承包单位没有隶属关系或其他利害关系的该工程的设计单位进行监理。

3. 依法报批、接受政府监督的责任

建设单位在工程设计完成后，应将施工图设计文件报县级以上人民政府建设行政主管部门或其他有关部门审查，未经审查批准的施工图设计文件，不得使用。建设单位在领取施工许可证或进行开工报告前，应按国家有关规定办理工程质量监督手续。

4. 遵守国家规定及技术标准的责任

建立工程建设的技术标准及相关规定，是保证建设工程质量的重要措施，任何单位和个人都必须严格遵守，不得随意更改和破坏。建设单位在工程发包时不得迫使承包方以低于成本的价格竞标，不得任意压缩合理工期。工程建设过程中，建设单位不得明示和暗示设计单位或施工单位违反工程建设强制性标准，降低工程质量。建设单位也不得明示和暗示施工单位使用不合格的建筑材料、建筑构配件和设备。按合同约定由建设单位自己提供的建筑材料、建筑构配件和设备，也必须保证其符合设计文件和合同的要求。在进行涉及建筑主体和承重结构变动的装修时，应委托原设计单位或具有相应资质等级的设计单位进行设计，没有设计方案的，不得强行施工。

5. 提供资料、组织验收的责任

在工程建设的各个阶段，建设单位都负有向有关的勘察、设计、施工、工程监理等单位提供工程有关原始资料，并保证其真实、准确、齐全的责任。在收到工程竣工报告后，建设单位应负责组织设计、施工、工程监理等有关单位对工程进行验收，并应按国家有关档案管理的规定，及时收集、整理建设项目各环节的文件资料，在工程验收后，负责及时向建设行政主管部门或其他有关部门移交建设项目档案。

如建设单位未尽上述责任，将分别受到限期改正、责令停工、处以罚款等处罚；构成犯罪的还将追究单位、直接责任人及其直接负责的主管人员的刑事责任。建设单位如是房屋建设开发公司，除承担一般建设单位的有关责任、义务外，还应建立健全质量保证体系，加强对开发工程的质量管理；其开发经营的工程质量应符合国家现行的有关法律、法规、技术标准和设计文件的要求；其出售的房屋，应符合使用要求，并应提供有关使用、保养和维护的说明，如发生质量问题，应在保修期内负责保修。房屋建设开发公司如违反上述规定，将依其情节轻重，处以降低资质等级、吊销资质证书和罚款的处罚。

二、施工单位的质量责任与义务

1. 遵守执业资质等级制度的责任

施工单位必须在其资质等级许可的范围内承揽工程施工任务，不得超越本单位资质等级许可的业务范围或以其他施工单位的名义承揽工程。禁止施工单位允许其他单位或个人以本单位的名义承揽工程。施工单位也不得将自己承包的工程进行转包或非法分包。

2. 建立质量保证体系的责任

施工单位应当建立健全质量保证体系，建立并落实质量责任制度，要明确确定工程项目的项目经理、技术负责人和管理负责人。施工单位必须建立、健全并落实质量责任制度，严格工序管理，做好隐蔽工程的质量检查和记录。隐蔽工程在掩埋前，应通知建设单位和建设工程质量监督机构进行检验。施工单位还应当建立、健全教育培训制度，加强对职工的教育培训，未经教育培训或考核不合格的人员，不得上岗作业。施工单位还应加强计量、检测等基础工作。

3. 遵守技术标准、严格按图施工的责任

施工单位必须按照工程设计图纸和施工技术标准施工，不得擅自修改工程设计，不得偷工减料。施工过程中如发现设计文件和图纸的差错，应及时向设计单位提出意见和建议，不得擅自处理。施工单位必须按照工程设计要求、施工技术标准和合同约定，对建筑材料、建筑构配件、设备及商品混凝土进行检验，并做好书面记录，由专人签字，未经检验或检验不合格的上述物品，不得使用。施工单位必须按有关施工技术标准留取试块、试件及有关材料的取样，应在建设单位或工程监理单位监督下在现场进行。施工单位对施工中出现质量问题的建设工程或竣工验收不合格的工程，应负责返修。

4. 总包单位与分包单位之间的质量责任

建设工程实行总承包的，总承包单位应对全部建设工程质量负责；实行勘察、设计、施工、设备采购的一项或多项总承包的，总承包单位应对其承包工程或采购设备的质量负责。总承包单位依法进行分包的，分包单位应按分包合同的约定对其分包工程的质量向总承包单位负责，总承包单位与分包单位对分包工程的质量承担连带责任。

施工单位未尽上述质量责任时，根据其违法行为的严重程度，将受到责令改正、罚款、降低资质等级、责令停业整顿、吊销资质证书等处罚。对不符合质量标准的工程，要负责返工、修理，并赔偿因此造成的损失。对降低工程质量标准，造成重大安全事故，构成犯罪的，要追究直接责任人的刑事责任。

三、监理单位的质量责任和义务

1. 遵守执业资质等级制度的责任

工程监理单位应在其资质等级许可的范围内承担工程监理业务，不得超越本单位资质等级许可的范围或以其他工程监理单位的名义承担工程监理业务。禁止工程监理单位允许其他单位或个人以本单位的名义承担工程监理业务。工程监理单位也不得将自己承担的工程监理业务进行转让。

2. 回避责任

工程监理单位与被监理工程的施工承包单位以及建筑材料、建筑构配件和设备供应单位有隶属关系或其他利害关系的，不得承担该项建设工程的监理业务，以保证监理活动的公平、公正。

3. 坚持质量标准、依法进行现场监理的责任

工程监理单位应选派具有相应资格的总监理工程师进驻施工现场。监理工程师应依据有关技术标准、设计文件和建设工程承包合同及工程监理规范的要求，采取旁站、巡视和平行检验等形式，对建设工程实施监理，对违反有关规范及技术标准的行为进行制止，责令改正；对工程使用的建筑材料、建筑构配件和设备的质量进行检验，不合格者，不得准许使用。工程监理单位不得与建设单位或施工单位串通一气，弄虚作假，降低工程质量。

工程监理单位未尽上述责任影响工程质量的，将根据其违法行为的严重程度，给予责令改正、没收非法所得、罚款、降低资质等级、吊销资质证书等处罚。造成重大安全事故、构成犯罪的，要追究直接责任人员的刑事责任。

四、其他

（一）工程勘察设计单位的质量责任与义务

1. 遵守执业资质等级制度的责任

勘察设计单位必须在其资质等级允许范围内承揽工程勘察设计任务，不得擅自超越资质等级或以其他勘察、设计单位的名义承揽工程，也不得允许其他单位或个人以本单位的名义承揽工程，还不得转包或违法分包自己所承揽的工程。

2. 建立质量保证体系的责任

勘察设计单位应建立健全质量保证体系，工程勘察项目负责人应组织有关人员做好现场踏勘、调查，按要求编写《勘察纲要》，并对勘察过程中各项作业资料进行验收并签字。工程勘察工作的原始记录应在勘察工程中及时整理、核对，确保取样、记录的真实和准确，严禁离开现场后再追记和补记。工程勘察企业的法定代表人、项目负责人、审核人、审定人等相关人员应在勘察文件上签字或盖章，并对勘察质量负责，其相关责任分别为：企业法定代表人对勘察质量负全面责任；项目负责人对项目的勘察文件负主要质量责任；项目审核人、审定人对其审核、审定项目的勘察文件负审核、审定的质量责任。设计单位应加强设计过程的质量控制，健全设计文件的审核会签制度。注册建筑师、注册结构工程师等执业人员应在设计文件上签字，对设计文件的质量负责。

3. 遵守国家工程建设强制性标准及有关规定的责任

勘察设计单位必须按照工程建设强制性标准及有关规定进行勘察设计。工程勘察文件要反映工程地质、地形地貌、水文地质状况，其勘察成果必须真实准确、评价应准确可靠。勘察文件应符合国家规定的勘察深度要求。设计单位要根据勘察成果文件进行设计，设计文件的深度，应符合国家规定，满足相应设计阶段的技术要求，并注明工程合理使用年限。所完成的施工图应配套，细部节点应交代清楚，标注说明应清晰、完整。由设计所选用的建筑材料、建筑构配件和设备，应注明规格、型号、性能等技术指标，其质量必须符合国家规定的标准；除有特殊要求的建筑材料、专用设备、工艺生产线外，设计单位不得指定生产厂家或供应商。

4. 施工验槽、技术交底和事故处理责任

工程勘察单位应当参与施工验槽，及时解决工程设计和施工中与勘察工作有关的问题。设计单位应就审查合格的施工图向施工单位作出详细说明，做好设计文件的技术交底工作，对大中型建设工程、超高层建筑以及采用新技术、新结构的工程，设计单位还应在施工现场派驻设计代表。当其所设计的工程发生质量事故时，设计单位应参与质量事故分析，并对因设计造成的质量事故，提出相应的技术处理方案。

勘察设计单位应对本单位编制的勘察设计文件的质量负责。当其违反国家的法律、法规及相关规定，没有尽到上述质量责任时，根据情节轻重，将会受到责令改正、没收违法所得、罚款、责令停业整顿、降低资质等级、吊销资质证书等处罚。造成损失的，依法承担赔偿责任。注册建筑师、注册结构工程师等注册执业人员因过错造成质量事故的，责令停止执业1年；造成重大事故的，吊销执业资格证书，5年内不予注册；情节特别恶劣的，终身不予注册。勘察设计单位违反国家规定，降低工程质量标准，造成重大安全事故、构成犯罪的，要依法追究直接责任人员的刑事责任。

(二) 建筑材料、构配件生产及设备供应单位的质量责任

建筑材料、构配件生产及设备供应单位对其生产或供应的产品质量负责。建筑材料、构配件生产及设备供应单位必须具备相应的生产条件、技术设备和质量保证体系，具备相应的检测人员和设备，并应把好产品看样、订货、储存、运输和核验的质量关，其供应的建筑材料、构配件和设备质量应符合国家或行业现行有关技术标准规定的合格标准和设计要求，并应符合以其产品说明、实物样品等方式表明的质量状况。其产品或其包装上的标识应符合下述要求：

1. 有产品质量检验合格证明；
2. 有中文标明的产品名称、生产厂的厂名和厂址；
3. 产品包装和商标样式符合国家有关规定和标准要求；
4. 设备应有详细的产品使用说明书，电器设备还应附有线路图；
5. 获得生产许可证或使用产品质量认证标志的产品，应有生产许可证或质量认证。

第四节　建设各方对质量的违约责任

一、建设单位对质量的违约责任

1. 建设单位将建设工程发包给不具有相应资质等级的勘察、设计、施工单位或者委

托给不具有相应资质等级的工程监理单位的，责令改正，处 50 万元以上 100 万元以下的罚款。

2. 建设单位将建设工程肢解发包的，责令改正，处工程合同价款 0.5% 以上 1% 以下的罚款；对全部或者部分使用国有资金的项目，并可以暂停项目执行或者暂停资金拨付。

3. 建设单位有下列行为之一的，责令改正，处 20 万元以上 50 万元以下的罚款：

(1) 迫使承包方以低于成本的价格竞标的；

(2) 任意压缩合理工期的；

(3) 明示或者暗示设计单位或者施工单位违反工程建设强制性标准，降低工程质量的；

(4) 施工图设计文件未经审查或者审查不合格，擅自施工的；

(5) 建设项目必须实行工程监理而未实行工程监理的；

(6) 未按照国家规定办理工程质量监督手续的；

(7) 明示或者暗示施工单位使用不合格的建筑材料、建筑构配件和设备的；

(8) 未按照国家规定将竣工验收报告、有关认可文件或者准许使用文件报送备案的。

4. 建设单位未取得施工许可证或者开工报告未经批准，擅自施工的，责令停止施工，限期改正，处工程合同价款 1% 以上 2% 以下的罚款。

5. 建设单位有下列行为之一的，责令改正，处工程合同价款 2% 以上 4% 以下的罚款；造成损失的，依法承担赔偿责任：

(1) 未组织竣工验收，擅自交付使用的；

(2) 验收不合格，擅自交付使用的；

(3) 对不合格的建设工程按照合格工程验收的。

《建设工程质量管理条例》第 59 条规定：违反本条例规定，建设工程竣工验收后，建设单位未向建设行政主管部门或者其他有关部门移交建设项目档案的，责令改正，处 1 万元以上 10 万元以下的罚款。

二、施工单位对质量的违约责任

1. 施工单位在施工中偷工减料的，使用不合格的建筑材料、建筑构配件和设备的，或者有不按照工程设计图纸或者施工技术标准施工的其他行为的，责令改正，处工程合同价款 2% 以上 4% 以下的罚款；造成建设工程质量不符合规定的质量标准的，负责返工、修理，并赔偿因此造成的损失；情节严重的，责令停业整顿，降低资质等级或者吊销资质证书。

2. 施工单位未对建筑材料、建筑构配件、设备和商品混凝土进行检验，或者未对涉及结构安全的试块、试件以及有关材料取样检测的，责令改正，处 10 万元以上 20 万元以下的罚款；情节严重的，责令停业整顿，降低资质等级或者吊销资质证书；造成损失的，依法承担赔偿责任。

3. 施工单位不履行保修义务或者拖延履行保修义务的，责令改正，处 10 万元以上 20 万元以下的罚款，并对在保修期内因质量缺陷造成的损失承担赔偿责任。

4. 涉及建筑主体或者承重结构变动的装修工程，没有设计方案擅自施工的，责令改正，处 50 万元以上 100 万元以下的罚款；房屋建筑使用者在装修过程中擅自变动房屋建筑主体或者承重结构的，责令改正，处 5 万元以上 10 万元以下的罚款。

有上述所列行为，造成损失的，依法承担赔偿责任。

5. 施工单位超越资质等级承揽工程的，责令停止违法行为，对施工单位处工程合同价款2%以上4%以下的罚款，可以责令停业整顿，降低资质等级；情节严重的，吊销资质证书；有违法所得的，予以没收。

未取得资质证书承揽工程的，予以取缔，依照上述规定处以罚款；有违法所得的，予以没收。

以欺骗手段取得资质证书承揽工程的，吊销资质证书，依照本条第一款规定处以罚款；有违法所得的，予以没收。

6. 施工单位允许其他单位或者个人以本单位名义承揽工程的，责令改正，没收非法所得，对施工单位处工程合同价款2%以上4%以下的罚款；可以责令停业整顿，降低资质等级；情节严重的，吊销资质证书。

7. 承包单位将承包的工程转包或者违法分包的，责令改正，没收非法所得，对施工单位处工程合同价款0.5%以上1%以下的罚款；可以责令停业整顿，降低资质等级；情节严重的，吊销资质证书。

三、监理单位对质量的违约责任

1. 工程监理单位超越资质等级承揽工程的，责令停止违法行为，处合同约定的监理酬金1倍以上2倍以下的罚款；情节严重的，吊销资质证书；有违法所得的，予以没收。

未取得资质证书承揽工程的，予以取缔，依照上述规定处以罚款；有违法所得的，予以没收。

以欺骗手段取得资质证书承揽工程的，吊销资质证书，依照本条第一款规定处以罚款；有违法所得的，予以没收。

2. 工程监理单位允许其他单位或者个人以本单位名义承揽工程的，责令改正，没收非法所得，对工程监理单位处合同约定的监理酬金1倍以上2倍以下的罚款；情节严重的，吊销资质证书。

3. 工程监理单位转让工程监理业务的，责令改正，没收非法所得，处合同约定的监理酬金25%以上50%以下的罚款；可以责令停业整顿，降低资质等级；情节严重的，吊销资质证书。

4. 工程监理单位有下列行为之一的，责令改正，处50万元以上100万元以下的罚款，降低资质等级或者吊销资质证书，有违法所得的，予以没收；造成损失的，承担连带赔偿责任：

(1) 与建设单位或者施工单位串通，弄虚作假，降低工程质量的；

(2) 将不合格的建设工程、建筑材料、建筑构配件和设备按照合格签字的。

5. 工程监理单位与被监理工程的施工承包单位以及建筑材料、建筑构配件和设备供应单位有隶属关系或者其他利害关系承担该项建设工程监理业务的，责令改正，并处5万元以上10万元以下的罚款，降低资质等级或者吊销资质证书；有违法所得的，予以没收。

四、勘察设计单位的违约责任

1. 勘察设计单位超越资质等级承揽工程的，责令停止违法行为，处合同约定的勘察设计费1倍以上2倍以下的罚款；情节严重的，吊销资质证书；有违法所得的，予以没收。

未取得资质证书承揽工程的，予以取缔，依照上述规定处以罚款；有违法所得的，予以没收。

以欺骗手段取得资质证书承揽工程的，吊销资质证书，依照本条第一款规定处以罚款；有违法所得的，予以没收。

2.勘察设计单位允许其他单位或者个人以本单位名义承揽工程的，责令改正，没收非法所得，对勘察设计单位处合同约定的勘察设计费1倍以上2倍以下的罚款；可以责令停业整顿，降低资质等级；情节严重的，吊销资质证书。

3.勘察设计单位有下列行为之一的，责令改正，处10万元以上30万元以下的罚款：

(1)勘察单位未按照工程建设强制性标准进行勘察的；

(2)设计单位未根据勘察成果文件进行工程设计的；

(3)设计单位指定建筑材料、建筑构配件的生产厂、供应商的；

(4)设计单位未按照工程建设强制性标准进行设计的。

有以上行为，造成工程质量事故的，责令停业整顿，降低资质等级；情节严重的，吊销资质证书；造成损失的，依法承担赔偿责任。

第五节　建设工程质量保修

一、保修期内的返修责任

1.返修范围

建设工程自办理交工验收手续后，只要在规定的保修期内，无论是因施工造成的质量缺陷，还是因勘察设计、材料等原因造成的质量缺陷，都应由施工单位负责维修。此处所称的质量缺陷，是指工程不符合国家或行业的有关技术标准、设计文件及合同中对质量的要求。

2.保修期限

保修期从竣工验收交付使用之日算起，具体保修期限由发包方与承包方约定，但其最低保修期限不得低于国务院规定的下述标准：

(1)基础设施工程、房屋建筑的地基基础工程和主体结构工程，为设计文件规定的该工程的合理使用年限；

(2)房屋防水工程，有防水要求的卫生间、房间和外墙面的防渗漏，为5年；

(3)供热与供冷系统，为2个采暖期、供冷期；

(4)电器管线、给排水管道、设备安装和装修工程，为2年。

3.返修程序

施工单位自接到保修通知书之日起，必须在两周内到达现场与建设单位共同明确责任方、商议返修内容。属于施工单位责任的，施工单位应按约定日期到达现场，如施工单位未能按期到达现场，建设单位应再次通知施工单位，施工单位自接到再次通知书的一周内仍不能到达时，建设单位有权自行返修，所发生的费用由原施工单位承担；不属施工单位责任的，建设单位应与施工单位联系，商议维修的具体期限。

4.返修的经济责任

(1)因施工单位未按国家有关规范、标准和设计要求施工而造成的质量缺陷，由施工单位负责返修并承担经济责任；

（2）因设计原因造成的质量缺陷，由设计单位承担经济责任，由施工单位负责维修，其费用按有关规定通过建设单位向设计单位索赔，不足部分由建设单位负责；

（3）因建筑材料、构配件和设备质量不合格引起的质量缺陷，属于施工单位采购的或经其验收同意的，由施工单位承担经济责任，属于建设单位采购的，由建设单位承担经济责任；

（4）因使用单位使用不当而造成的质量问题，由使用单位自行负责；

（5）因地震、洪水、台风等不可抗力造成的质量问题，施工单位、设计单位不承担经济责任。

二、危房的维修

1. 新建、扩建、改造后的房屋被鉴定为危险房屋的，其安全隐患如为设计造成的，将依法追究设计单位及直接责任人的责任；如为施工造成的，将依法追究施工单位及其直接责任人的责任；如为使用不当造成的，将追究使用人的责任。

2. 历史遗留房屋被鉴定为危险房屋的，其返修责任由房屋所有人负责，房屋所有人必须按照鉴定机构的处理建议，及时加固或修缮治理。当所有人未按鉴定机构的处理建议处理，或使用人有阻碍行为的，房地产行政主管部门有权指定有关部门代修，或采取其他强制措施，发生的费用由责任人承担。

3. 遗产毗连危险房屋的各所有人，应按照国家对遗产毗连房屋的有关规定，共同履行治理责任。拒不承担责任的，由房屋所在地行政主管部门调查处理；当事人不服的，可向当地人民法院起诉。

4. 因下列原因造成事故的，房屋所有人应承担民事或行政责任：有险不查或损坏不修；经鉴定机构鉴定为危险房屋而未采取有效的解危措施。

5. 因下列原因造成事故的，使用人、行为人应承担民事责任：使用人擅自改变房屋结构、构件、设备或使用性质；使用人阻碍房屋所有人对危险房屋采取解危措施；行为人由于施工、堆物、碰撞等行为危及房屋。

6. 有下列情况，鉴定机构应承担民事或行政责任：故意把非危险房屋鉴定为危险房屋而造成损失；因过失把危险房屋鉴定为非危险房屋，并在有效时限内发生事故；因拖延鉴定时间而发生事故。各当事人上述行为给他人造成生命财产损失，已构成犯罪的由司法机关依法追究刑事责任。

三、损害赔偿

《消费者权益保护法》规定：使用商品者及接受服务者受到人身、财产损害的，享有依法获得赔偿的权利。《建设工程质量管理办法》也规定：因建设工程质量缺陷造成人身、缺陷工程以外的其他财产损害的，侵害人应按有关规定，给予受害人赔偿。根据《民法通则》和《产品质量法》的精神，因建设工程质量缺陷造成受害人人身伤害的，侵害人应当赔偿医疗费、因误工减少的收入、残废者生活补助费等费用；造成受害人死亡的，并应支付丧葬费、抚恤费、死者生前抚养的人所必要的生活费用等。因建设工程质量缺陷造成受害人财产损失的，侵害人除承担返修责任外，对其其他财产损失，应予赔偿。因建设工程质量存在缺陷造成损害、要求赔偿的诉讼时效期限为一年，自当事人知道或应当知道其权益受到损害时起计算。

案 例 分 析

【案情简介】

某施工单位承接了某医院门诊楼的施工任务，该楼建筑面积 159510m²，框剪结构。为了抢进度，在进行塑钢窗的安装施工过程中，没有严格按照塑钢窗的施工工艺规程进行操作，窗框与墙体洞口之间的缝隙未进行密封处理就进行下道工序——抹灰、贴面砖的施工，致使雨季来临时，发生了 65% 的塑钢窗严重渗水的质量事故。

【问题】

1. 如果该工程施工过程中实施了工程监理，监理单位对该起质量事故是否应承担责任？

2. 对该起质量事故的处理应遵循什么程序？

3. 施工工序质量控制的内容和要求有哪些？

【案例评析】

1. 监理单位应对该起质量事故承担责任。因为监理单位接受了建设单位的委托，并收取了监理费用，具备了承担责任的条件，而施工过程中，监理未能发现塑钢窗的缝隙处理不当的质量问题，因此必须承担相应责任。

2. 处理程序：

(1) 进行事故调查，了解事故情况，并确定是否需要采取防护措施；

(2) 分析调查结果，找出事故的主要原因；

(3) 确定是否需要处理，若需处理，施工单位确定处理方案；

(4) 事故处理；

(5) 检查事故处理结果是否达到要求；

(6) 事故处理结论；

(7) 提交处理方案。

3. 施工工序质量控制的内容：

(1) 严格遵守工艺规程；

(2) 主动控制工序活动条件的质量；

(3) 及时检查工序活动效果的质量；

(4) 设置工序质量控制点。

施工工序质量控制的要求：

(1) 设置工序质量检查点，进行预控；

(2) 落实工序操作质量巡查、抽查及跟踪检查等方法，及时掌握施工质量总体状况；

(3) 对工序产品、分项工程的检查应按标准要求进行目测、实测及抽样试验的程序，做好原始记录，经数据分析后及时作出合格与不合格的判断；

(4) 对合格工序产品及时提交监理进行隐蔽工程验收；

(5) 完善管理过程各项检查记录、检测资料及验收资料，作为工程质量验收的依据，并为工程质量分析提供可追溯的依据。

复习思考题

1. 如何理解建设工程质量的概念?

2. 我们通常所说的 ISO 9000 系列标准有哪几个标准组成?

3. GB/T 19001—2000 和 GB/T 19004—2000 标准的内容是什么?

4. 建设单位有哪些质量责任?

5. 施工单位有哪些质量责任和义务?·

6. 谈谈监理单位对工程质量的责任和义务。

7. 建设单位对质量的违约责任是怎样规定的?

8. 施工单位对质量的违约责任是怎样规定的?

9. 谈谈监理单位对质量的违约责任规定的认识。

10. 什么是质量缺陷?

11. 我国建设工程的保修期限是如何规定的?

12. 施工单位拒绝保修时,建设单位应怎么处理?

13. 危险房屋的返修责任是如何认定的?

第四章 工程建设安全生产及环境保护法规

本章主要介绍了工程建设安全生产的概念、立法现状，安全生产机构及其职责；工程建设安全生产的相关制度中的安全生产的责任制度、教育培训制度、检查与监督制度、劳动保护制度、工程安全保障制度、重大事故调查处理制度；以及建设工程环境保护的有关规定等内容。

第一节 工程建设安全生产概述

一、工程建设安全生产概念

工程建设安全生产是指建筑生产过程中要避免人员、财产的损失及对周围环境的破坏。它包括建筑生产过程中的施工现场人身安全、财产设备安全、施工现场及附近的道路、管线和房屋的安全，施工现场周围的环境保护及工程建成后的作用安全等方面的内容。

建筑生产的特点是产品固定、人员流动，而且多为露天作业、高处作业，施工条件差，不安全因素较多，这些因素还随工程的进展而不断变化，因而规律性差、事故隐患多。所以在世界各国，建筑业都是事故多发行业之一。据统计，我国建筑业每年因工死亡率大体为 0.3‰，仅次于采矿业而居于合国各行业的第二位，安全生产形势十分严峻。

二、工程建设安全生产的立法现状

安全生产直接关系广大从业人员及社会大众的生命健康及财产安全，同时，它还是促进经济正常发展，保证人民安居乐业，维护社会稳定的前提条件。因此，世界上大多数国家制定了有关安全生产的法律、法规，运用国家权力，对安全生产进行有效的监督管理。如美国在 20 世纪 60 年代制定了职业安全卫生法，日本制定了劳动安全卫生法，德国于 1996 年制定了新的联邦劳动保护法等。有关国际组织也制定了有关安全生产的国际条约、建议和有关标准等。如国际劳工组织就制定了职业安全和卫生公约、建筑业安全卫生公约、施工安全与卫生公约（即 167 号公约）及防止工业事故建议书等。我国也于 2002 年 6 月，由九届全国人大通过了《中华人民共和国安全生产法》（以下简称安全生产法），为我国各行各业的安全生产管理提供了有力的法律保障。

工程建设的安全生产是保证国家生产安全的重要组成部分。"管建设必须管安全"是工程建设管理的重要原则。国家对此也十分重视。国务院及有关主管部门多次发出通知，强调要大力加强工程建设中的安全管理。国务院建设行政主管部门制定了一系列的工程建设安全生产法规和规范性文件，主要有：《建筑安装工人安全技术操作规程》（1980 年）；《关于加强集体所有制建筑企业安全生产的暂行规定》（1982 年）；《国营建筑企业安全生产工作条例》（1983 年）；《工程建设重大事故报告和调查程序规定》（1989 年）；《建筑安全生产监督管理规定》（1991 年）；《关于加强安全生产工作的通知》（1993 年）；《建筑项目（工程）劳动安全卫生监察规定》（1996年）；《实施工程建设强制性标准监督规定》（2000年）；《国务院关于特大安全事故行政责任追究的规定》（2001年）；《关于加强施工现场围墙安全深入开展安全生产专项治理的紧急通知》（2001年）；《关于加强安全生产监督管理工作的意见》（2002年）；《安全生产行政责任规定》（2002年）；《建设工程安全生产管理条例》（2003年）；《安全生产许可条例》（2004年）。此外，工程建设安全在《建筑法》中也有专门规定。

三、安全生产管理机构及其职责

（一）国务院建设行政主管部门主管全国工程建设安全生产的行业监督管理工作。其主要职责是：

1．贯彻执行国家有关安全生产的法规和方针、政策，起草或制定建筑安全生产管理法规、标准；

2．统一监督管理全国工程建设方面的安全生产工作，完善建筑安全生产的组织保证体系；

3．制定建筑安全生产管理的中、长期规划和近期目标，组织建筑安全生产技术的开发与推广应用；

4．指导和监督检查省、自治区、直辖市人民政府建设行政主管部门开展建筑安全生产的行业监督管理工作；

5．统计全国建筑职工因工伤亡人数，掌握并发布全国建筑安全生产动态；

6．负责对申报资质等级一级企业和国家一、二级企业以及国家和部级先进建筑企业进行安全资格审查或审批，行使安全生产否决权；

7．组织全国建筑安全生产检查，总结交流建筑安全生产管理经验，表彰先进；

8．检查和督促工程建设重大事故的调查处理，组织或者参与工程建设特别重大事故的调查。

（二）县级以上地方人民政府建设行政主管部门负责本行政区域建筑安全生产的行业监督管理工作。其主要职责是：

1．贯彻执行国家和地方有关安全生产的法规、标准和方针、政策，起草或制定本行政区域建筑安全生产管理的实施细则或者实施办法；

2．制定本行政区域建设安全生产管理中、长期规划和近期目标，组织建筑安全生产技术的开发与推广应用；

3．建立建筑安全生产的监督管理体系，制定本行政区域建筑安全生产监督管理工作制度；

4．组织落实各级领导分工负责的建筑安全生产责任制；

5．负责本行政区域建筑职工因工伤亡的统计和上报工作，掌握和发布本行政区域建筑安全生产动态；

6．负责对申报晋升企业资质等级、企业升级和报评先进企业的安全资格进行审查或者审批，行使安全生产否决权；

7．组织或参与本行政区域工程建设中人身伤亡事故的调查处理工作，并依照规定上报重大伤亡事故；

8．组织开展本行政区域建筑安全生产检查，总结交流建筑安全生产管理经验，表彰先进，监督检查施工现场、构配件生产车间等安全管理和防护措施，纠正违章指挥和违章作业；

9. 组织开展本行政区域建筑企业的生产管理人员、作业人员的安全生产教育、培训、考核及发证工作，监督检查建筑企业对安全技术措施费的提取和使用；

10. 领导和管理建筑安全生产监督机构的工作。

（三）国务院有关部门对于其所属建筑企业建筑安全生产的管理职责，由国务院有关主管部门自行规定。

四、工程建设安全生产管理的基本方针

我国《安全生产法》中规定：安全生产管理，坚持"安全第一，预防为主"的方针。

所谓"安全第一"，就是指在生产经营活动中，在处理保证安全与实现生产经营活动的其他各项目标的关系上，要始终把安全，特别是从业人员和其他人员的人身安全放在首要的位置，实现"安全优先"的原则，在确保安全的前提下，再来努力实现生产经营的其他目标。

所谓"预防为主"，就是指对安全生产的管理，主要不是放在发生事故后去组织抢救、进行事故调查，找原因、追究责任、堵漏洞，而是要谋事在先，尊重科学、探索规律，采取有效事前控制措施，千方百计预防事故的发生，做到防患于未然，将事故消灭在萌芽状态。虽然人类在生产活动中还不可能完全杜绝安全事故的发生，但只有思想重视，预防措施得当，事故特别是重大事故的发生还是可以大大减少的。

第二节　工程建设安全生产相关制度

为保证"安全第一、预防为主"方针的落实，《安全生产法》及其他相关法规，还具体规定了安全生产责任制度、安全生产教育培训制度、安全生产检查监督制度、安全生产劳动保护制度、安全生产的市场准入制度及安全生产事故责任追究制度等基本制度。

一、安全生产责任制度

安全生产责任制度，是指由企业主要负责人应负的安全生产责任，其他各级管理人员、技术人员和各职能部门应负的安全生产责任，直到各岗位操作人员应负的岗位安全生产责任所构成的企业安全生产制度。只有从企业主要负责人到各岗位操作人员人人都明确各自的安全生产责任，人人都按照自己的职责做好安全生产工作，企业的安全生产才能落到实处，从而得到充分保障。

（一）企业主要负责人的责任

安全生产工作是企业管理工作中的重要内容，涉及企业生产经营活动的各个方面，它除对单位的生产经营有重大影响外，对社会公共安全也有重大影响。所以，法律规定必须由企业"一把手"挂帅，统筹协调，全面负责，这既是对本单位的负责，也是对社会应负的责任。生产经营单位可以安排副职负责人分管安全生产工作，但不能因此减轻或免除主要负责人对本单位安全生产工作所应负的全面责任。《安全生产法》规定，生产经营单位的主要负责人，他对本单位的安全生产负有下列责任：

1. 建立健全本单位安全生产责任制；

2. 组织制定本单位安全生产规章制度和操作规程；

3．保证本单位安全生产投入的有效实施；

4．督促检查本单位的安全生产工作，及时消除安全生产事故隐患；

5．组织制定并实施本单位生产安全事故应急救援预案；

6．及时、如实报告生产安全事故。

对于满足安全生产必备条件所必需的资金投入，由生产经营单位的决策机构、主要负责人或个人经营的投资人予以保证，并对因必需资金投入不足而导致的后果承担责任。

相关法规还对建筑企业主要负责人在安全生产方面的责任作出了进一步具体规定，它要求企业经理（厂长）和主管生产的副经理（副厂长）对本企业的劳动保护和安全生产负总的责任。认真贯彻执行劳动保护和安全生产政策、法规和规章制度；定期向企业职代会报告企业安全生产情况的措施；制定企业各级干部的安全责任制等制度；定期研究解决安全生产中的问题；组织审批安全检查技术措施计划并贯彻实施；定期组织安全检查和开展安全竞赛等活动；对职工进行安全和遵章守纪教育；督促各级领导干部和各职能单位的职工做好本职范围内的安全工作；总结与推广安全生产先进经验；主持重大伤亡事故的调查分析，提出处理意见和改进措施，并督促实施。

（二）各级管理人员的责任

结合建筑企业及工程建设的特点，相关法规对各级管理人员的责任也作出了明确规定：企业总工程师（技术负责人）对本企业劳动保护和安全生产的技术工作负总的责任；项目经理、施工队长、车间主任应对本单位劳动保护和安全生产工作负具体领导责任；工长、施工人员对所管工程的安全生产负直接责任。企业中的生产、技术、材料等各职能机构，都应在各自业务范围内，对实现安全生产的要求负责。

企业应根据实际情况，建立安全机构，并按照职工总数配备相应的专职人员（一般为2‰～5‰），负责安全管理工作和安全监督检查工作。其主要的职责是：

1．贯彻执行有关安全技术劳动保护法规；

2．做好安全生产的宣传教育和管理工作，总结交流推广先进经验；

3．经常深入基层，指导下级安全技术人员的工作，掌握安全生产情况，调查研究生产中的不安全问题，提出改进意见和措施；

4．组织安全活动和定期安全检查；

5．参加审查施工组织设计（施工方案）和编制安全技术措施计划，并对贯彻执行情况进行督促检查；

6．与有关部门共同做好新工人、特种工种工人的安全技术训练、考核、发证工作；

7．进行工伤事故统计、分析和报告，参加工伤事故的调查和处理；

8．禁止违章指挥和违章作业，遇有严重险情，有权暂停生产，并报告领导处理。

（三）从业人员的责任

从业人员是指生产经营单位中从事生产经营活动的人员，他们包括直接操作人员、工程技术人员、管理人员、服务人员等。由于安全生产寓于生产的全过程之中，它依赖于每道工序、每个个人的有机衔接和有效配合，每个从业人员的行为都直接关系到安全生产的实施与成效，因此，每个从业人员也都要从自身角度对本单位的安全生产承担责任。《安全生产法》规定，从业人员应承担下述主要责任与义务：

1．作业过程中，应严格遵守本单位的安全生产规章制度和操作规程，服从管理，正确佩戴和使用劳动防护用品；

2. 应接受安全生产教育和培训，掌握本职工作所需的安全生产知识，提高安全生产技能，增强事故预防和应急处理能力；

3. 发现事故隐患或其他不安全因素，应立即向现场安全生产管理人员或本单位负责人报告。

二、工程建设安全生产的检查与监督制度

保障社会的安定和人民的安全，是国家应承担的责任，而安全生产涉及社会及广大民众的生命财产安全，因此，政府必须对安全生产加强监督管理。《安全生产法》及相关法规对此都有明确规定：

1. 县级以上地方人民政府的监督管理

县级以上地方各级人民政府应根据本行政区域内的安全生产状况，组织有关部门按照职责分工，对本行政区域内容易发生重大安全事故的生产经营单位进行严格检查，发现事故隐患，应及时处理。检查可以是定期的，也可以是不定期的，可以是综合性的，也可以是专项的。

2. 各级负责安全生产监督管理部门的监督管理

目前负责安全生产监督管理的部门，在中央是国务院安全生产监督管理局，在地方是各级依法成立的负责安全生产监督的机构。其主要职责为：依法对有关涉及安全生产的事项进行审批、验收；对生产经营单位执行的有关安全生产的法律、法规和国家标准或行业标准的情况进行监督检查；组织对重大事故的调查处理及对违反安全生产法律规定的行为进行行政处罚等。

《安全生产法》还规定，负有安全生产监督管理职责的部门对涉及安全生产的事项进行审查、验收时，不得收取费用；不得要求接受审查、验收的单位购买其指定品牌或指定生产销售单位的安全设备、器材或其他产品。

安全生产监督管理部门派出的监督检查人员在执行监督检查任务时，必须出示有效的监督执法证件；对涉及的被检查单位的技术秘密和业务秘密，应有保密责任。对检查的时间、地点、内容、发现的问题及其处理情况，应作出书面记录，并由检查人员和被检查单位的负责人签字，检查人员应将情况记录在案，并向负有安全生产监督管理职责的部门报告。

生产经营单位对安全生产监督管理部门派出的监督检查人员依法履行监督检查职责，应予以配合，不得拒绝或阻挠，但监督检查活动也不得影响被检查单位的正常生产经营活动。

3. 行业行政主管部门对本行业安全生产的监督管理

依照国务院"三定"方案的规定，房屋建筑工程、市政工程等工程建设的安全生产的监督管理工作由建设部负责，其主要职责是按照保障安全生产的要求，依法及时制定或修订建筑业的国家标准或行业标准，并督促、检查标准的严格执行。这些标准包括：生产场所的安全标准；生产作业、施工的工艺安全标准；安全设备、设施、器材和安全防护用品的产品安全标准及有关建筑生产安全的基础性和通用性标准等。

4. 生产经营单位对安全生产的监督管理

生产经营单位在日常的生产经营活动中，必须加强对安全生产的监督管理，对于存在

较大危险因素的场地、设备及施工作业，更应依法进行重点检查、管理，以防生产安全事故的发生。《安全生产法》对此作出了明确规定。

（1）建筑施工企业及其他存在较多危险因素的生产经营单位，从业人员超过300人的，应设置安全生产管理机构或配备专职的安全生产管理人员；从业人员在300人以下的，应配备专职或兼职的安全生产管理人员，或委托具有国家规定的相关专业技术资格的工程技术人员提供安全生产管理服务，但委托后的安全生产责任仍由原生产经营单位负责。

（2）生产经营单位的安全检查生产管理人员应当根据本单位的生产经营特点，对安全生产状况进行经常性检查。对检查中发现的安全问题，应立即处理；不能处理的，应及时报告本单位的有关负责人，检查及处理情况应记录在案。

（3）生产经营单位应教育和督促从业人员严格执行本单位的安全生产规章制度和安全操作规程；并向从业人员如实告知作业场所和工作岗位存在的危险因素、防范措施以及事故应急措施。

（4）生产经营单位进行爆破、吊装等危险作业，应安排专门人员进行现场安全管理，确保操作规程和遵守安全措施的落实。

（5）生产经营单位对危险物品大量聚集的重大危险源应当登记建档，进行定期检测、评估、监控，并制定应急预案，告知从业人员和相关人员在紧急情况下应当采取的紧急措施。

（6）生产经营单位不得使用国家明令禁止使用的危及生产安全的工艺、设备；对作用安全设备必须进行经常性维护、保养，并定期检测，以保证正常运转。维护、保养、检测应当作好记录，并由有关人员签字。

（7）生产经营单位使用的涉及生命安全、危险性较大的特种设备（如锅炉、压力容器、电梯、超重机械等）以及危险物品（如易燃易爆品、危险化学品等）的容器、运输工具，必须是按照国家有关规定，由专业生产单位生产，并且必须经具有专业资质的检测、检验机构检测、检验合格，取得安全使用证或安全标志后，方可投入使用。

（8）生产经营单位应当在存有较大危险因素的生产经营场所和有关设施、设备上，设置明显的安全警示标志，以引起人们对危险因素的注意，预防生产安全事故的发生。

相关法规还对建筑企业的安全生产检查作出了具体规定，要求建筑企业除应经常进行安全生产检查外，还要组织定期检查、监督。企业每季、分公司每月、施工队每半月组织一次检查。检查要发动群众，要有领导干部、技术干部和工人参加，边检查，边整改。每次检查要有重点、有标准，要评比记分，列入本单位考核内容。检查以自查为主，互查为辅。以查思想、查制度、查纪律、查领导、查隐患为主要内容。要结合季节特点，开展防洪、防雷电、防坍塌、防高处坠落、防煤气中毒等"五防"检查。

对查出的隐患不能立即整改的，要建立登记、整改、检查、销项制度。要制定整改计划，定人、定措施、定经费、定完成日期。在隐患没有消除前，必须采取可靠的防护措施，如有危及人身安全的紧急险情，应立即停止作业。

5. 社会对安全生产的监督管理

安全生产涉及全社会利益，是全社会共同关注的问题，因此可以动员全社会的力量来对安全生产进行监督管理。为此，《安全生产法》规定居民委员会、村民委员会发现其所在区域内的生产经营单位存在事故隐患或安全生产违法时，应当向当地人民政府或有关部门报告。

新闻、出版、广播、电影、电视等单位有进行安全生产教育的义务，同时，对违反安全生产法律、法规的行为有进行舆论监督的权力。

任何单位和个人对事故隐患和安全违法行为，均有向安全生产监督管理部门报告或举报的权利。安全生产监督管理部门应建立举报制度，公开举报电话、信箱或电子邮件地址。

承担安全评价、认证、检验的中介机构，则通过其服务行为对相关安全生产事项实施监督管理。

三、工程建设安全生产的教育培训制度

安全生产教育和培训是安全生产管理工作的一个重要组成部分，是实现安全生产的一项重要的基础性工作。生产安全事故的发生，不外乎人的不安全行为和物的不安全状态两种原因，而在我国由于人的不安全行为所导致的生产安全事故数量在事故总数中占有很大比重。因此对从业人员进行安全生产教育和培训，控制人的不安全行为，对减少安全生产事故是极为重要的。通过安全生产教育和培训，可以使广大劳动者正确按规章制度办事，严格执行安全生产操作规程，认识和掌握生产中的危险因素和生产安全事故的发生规律，并正确运用科学技术知识加以治理和预防，及时发现和消除隐患，保证安全生产。

安全生产教育和培训的内容，《安全生产法》及相关法规也作出了规定，主要有：

1. 安全生产的方针、政策、法律、法规以及安全生产规章制度的教育培训

对所有从业人员都要进行经常性的教育，对于企业各级领导干部和安全管理干部，更要定期轮训，使其提高政策、思想水平，熟悉安全生产技术及相关业务，做好安全工作。

2. 安全操作技能的教育与培训

对安全操作技能的教育与培训，我国目前一般采用入厂教育、车间教育和现场教育多环节的方式进行。对于新工人（包括合同工、临时工、学徒工、实习和代培人员）必须进行入厂（公司）安全教育。教育内容包括安全技术知识、设备性能、操作规程、安全制度和严禁事项，并经考试合格后，方可进入操作岗位。

3. 特种作业人员的安全生产教育和培训

特种作业，是指容易发生人员伤亡事故，对操作者本人、他人及周围设施的安全有重大危害的作业。根据现行规定，它大致包括电工、金属焊接切割、起重机械、机动车辆驾驶、登高架设、锅炉（含水质化验）、压力容器操作、制冷、爆破等作业。特种作业人员的工作，存在的危险因素很多，很容易发生安全事故，因此，对他们必须进行专门的培训教育，提高其认识，增强其技能，以减少其失误，这对防止和减少生产安全事故具有重要意义。相关法规规定，电工、焊工、架子工、司炉工、爆破工、机械操作工及起重机、打桩机和各种机动车辆司机等特殊工种工人，除进行一般安全教育外，还要经过本工种的安全技术教育，经考试合格发证后，方可获准独立操作，每年还要进行一次复查。

4. 采用新工艺、新技术、新材料、新设备时的教育与培训

在采用新工艺、新技术、新材料、新设备时，如对其原理、操作规程、存在的危险因素、防范措施及正确处理方法没有清楚的了解，就极易发生安全生产事故，且一旦事故发生也不能有效控制而导致损失扩大。因此，必须进行事先的培训，使相关人员了解和掌握其安全技术特性，以采取有效的安全防护措施，防止和减少安全生产事故的发生。相关法

规规定：采用新工艺、新技术、新材料、新设备施工和调换工作岗位时，要对操作人员进行新技术操作和新岗位的安全教育，未经教育不得上岗操作。

四、工程建设安全生产的劳动保护制度

1. 从业人员的权利

从业人员往往直接面对生产经营活动中的不安全因素，生命健康安全最易受到威胁，而生产经营单位从追求利润最大化的立场出发，往往容易忽略甚至故意减少对从业人员人身安全的保障。为使从业人员人身安全得到切实保护，法律特别赋予从业人员以自我保护的权利。

（1）签订安全劳动合同权

生产经营单位与从业人员订立的劳动合同，应当载明有关保障从业人员劳动安全、防止职业危害的事项，以及依法为从业人员办理工伤社会保险的事项。生产经营单位不得以任何形式与从业人员订立协议，免除或减轻其对从业人员因生产安全事故伤亡依法应承担的责任。

（2）知情权

生产经营单位的从业人员有权了解其作业场所和工作岗位存在的危险因素、防范措施及事故应急措施，生产经营单位应主动告知有关实情。

（3）建议、批评、检举、控告权

安全生产与从业人员的生命安全与健康息息相关，因此从业人员有权参与本单位生产安全方面的民主管理与民主监督。对本单位的安全生产工作提出意见和建议；对本单位安全生产中存在的问题提出批评、检举和控告。生产经营单位不得因此而降低其工资、福利待遇或解除与其订立的劳动合同。

（4）对违章指挥、强令冒险作业的拒绝权

对于生产经营单位的负责人、生产管理人员和工程技术人员违反规章制度，不顾从业人员的生命安全与健康，指挥从业人员进行生产活动的行为；以及在存有危及人身安全的危险因素而又无相应安全保护措施的情况下，强迫命令从业人员冒险进行作业的行为，从业人员都依法享有拒绝服从指挥和命令的权利。生产经营单位不得因此而采取降低工资、福利待遇、解除劳动合同等惩罚、报复手段。

（5）停止作业及紧急撤离权

从业人员发现直接危及人身安全的紧急情况时，有权停止作业或在采取可能的应急措施后撤离作业场所。生产经营单位不得因此而降低其工资、福利待遇或解除其劳动合同。

（6）依法获得赔偿权

《安全生产法》规定，因生产安全事故受到损害的从业人员，除依法享有工伤保险外，依照有关民事法律尚有获得赔偿的权利，还有权向本单位提出赔偿要求，生产经营单位应依法予以赔偿。

2. 工会对从业人员生产安全权利的保护

工会是职工依法组成的工人阶级的群众组织，《中华人民共和国工会法》规定，维护职工合法权益是工会的基本职责。《安全生产法》从安全生产的角度进一步明确了工会维护职工生命健康与安全的相关权利。

工会有权依法组织职工参加本单位安全生产工作的民主管理与民主监督，维护职工在安全生产方面的合法权益。

工会有权对建设项目的安全设施与主体工程同时设计、同时施工、同时投入生产和使用进行监督，提出意见。

工会对生产经营单位违反安全生产法律、法规，侵犯从业人员合法权益的行为，有权要求纠正；发现生产经营单位违章指挥，强令冒险作业或发现事故隐患时，有权提出解决的建议，生产经营单位应及时研究答复；发现危及从业人员生命安全的问题时，有权向生产经营单位建议组织从业人员撤离危险场所，生产经营单位必须立即作出处理。

工会有权依法参加事故调查，向有关部门提出处理意见，并要求追究有关人员的责任。

3. 生产经营单位在劳动保护方面的职责

（1）提供劳动保护用品

劳动保护用品是保护职工安全的必不可少的辅助措施，在某种意义上说，它是劳动者防止职业伤害的最后一道屏障，因此，《安全生产法》规定，生产经营单位必须为从业人员提供符合国家标准或行业标准的劳动保护用品，并监督、教育从业人员按照使用规则佩戴、使用，并明确要求生产经营单位应当安排用于配备劳动保护用品和进行安全生产培训的经费。

（2）参加工伤社会保险

社会保险是国家和用人单位依照法律规定或合同的约定，对与用人单位存在劳动关系的劳动者在暂时或永久丧失劳动能力以及暂时失业时，为保证其基本生活需要，给予物质帮助的一种社会保障制度，它是社会保障体系的一个重要组成部分。我国目前已建立起的社会保险包括养老保险、失业保险以及工伤保险等。其中工伤保险是指职工在劳动过程中因生产安全事故或患职业病，暂时或永久丧失劳动能力时，在医疗和生活上获得物质帮助的社会保险制度。《安全生产法》规定：生产经营单位必须依法参加工伤社会保险，为从业人员缴纳保险费。

《建筑法》还规定：建筑施工企业必须为从事危险作业的职工办理意外伤害保险，支付保险费。这就是说，只要是从事危险作业的人员，不论是固定工，还是合同工，不论是正式工，还是农民工，其所在的建筑施工企业都必须为其办理意外伤害保险，并支付保险费。这种保险是强制的，它从法律上保障了职工的意外伤害经济补偿权利。

（3）日常生产经营活动中的劳动保护

生产经营单位必须切实加强管理，保证职工在生产过程中的安全和健康，促进生产的发展。企业要努力改善劳动条件，注意劳逸结合，制定以防止工伤事故、职工中毒和职业病为内容的安全技术措施长远规划和年度计划，并组织实施。要加强季节性劳动保护工作。夏季要防暑降温；冬季要防寒防冻，防止煤气中毒；雨季和台风来临之前，应对临时设施和电气设备进行检修，沿河流域的工地要做好防洪抢险准备；雨雪过后要采取防滑措施。

建筑施工企业在施工过程中，应遵守有关安全生产的法律、法规和建筑行业安全规章、规程。企业法定代表人、项目经理、生产管理人员和工程技术人员不得违章指挥，强令作业人员违章作业，如因违章指挥强令职工冒险作业，而发生重大伤亡事故或造成其他严重后果的，要依法追究其刑事责任。

建筑施工企业及其他存在较多危险因素的单位应建立应急救援组织，如生产经营规模较小，则可不建立救援组织，但应指定兼职的应急救援人员。这些单位还必须配备必要的应急救援器材、设备，并进行经常性维护保养，保证正常运转。

（4）加强对女职工和未成年工的特殊保护

生产经营单位应根据女职工的不同生理特点和未成年工的身体发育情况，进行特殊保护。我国劳动法禁止安排女职工从事矿山井下、国家规定的第四级体力劳动强度的劳动和其他禁忌从事的劳动。不得安排女职工在经期从事高处、低温、冷水作业和国家规定的第三级体力劳动强度的劳动。不得安排女职工在怀孕期间从事国家规定的第三级体力劳动强度的劳动和孕期禁忌从事的劳动。对怀孕7个月以上的女职工，不得安排其延长工作时间和夜班劳动。女职工生育享受不少于90天的产假。不得安排女职工在哺乳未满1周岁的婴儿期间从事国家规定的第三级体力劳动强度的劳动和哺乳期间禁忌从事的其他劳动，不得安排其延长工作时间和夜班劳动。

我国法律严禁雇用未满16周岁的童工，对于已满16周岁但尚未发育成熟的职工，不得安排其从事矿山井下、有毒有害、国家规定的第四级体力劳动强度的劳动和其他禁忌从事的劳动。用人单位应当对未成年工定期进行健康检查。

五、工程建设安全生产的市场准入及奖惩制度

1. 市场准入制度

为确保安全生产，国家对生产经营单位及从业人员都实行了严格的市场准入制度。

生产经营单位必须具备法律、法规及国家标准或行业标准规定的安全生产条件。条件不具备的，不得从事生产经营活动。

承担安全评价、认证、检验的机构必须取得国家的资质许可，方可从事相关活动。未经安全生产教育和培训合格的从业人员，不得上岗作业。特种作业人员必须经专门的安全作业培训，取得特种作业操作资格证书后，方可上岗作业。

2. 奖惩制度

国家实行生产安全事故责任追究制度，依法追究生产安全事故责任人员的法律责任。

国家对在改善安全生产条件、防止生产安全事故、参加抢险救护等方面取得显著成绩的单位和个人，给予奖励。对于向县级以上人民政府及有关部门报告或举报的有功人员应给予奖励。

第三节　工程建设重大事故的调查处理

一、工程建设重大事故的概念

工程建设重大事故，是指在工程建设过程中由于责任过失造成工程倒塌或报废、机械设备毁坏和安全设施失当，造成人身伤亡或者重大经济损失的事故。重大事故分为四个等级：

1. 具备下列条件之一者为一级重大事故：

（1）死亡30人以上；（2）直接经济损失300万元以上。

2. 具备下列条件之一者为二级重大事故：

（1）死亡10人以上；（2）直接经济损失100万元以上，不满300万元。

3. 具备下列条件之一者为三级重大事故：

（1）死亡 3 人以上，9 人以下；（2）重伤 20 人以上；（3）直接经济损失 30 万元以上，不满 100 万元。

4. 具备下列条件之一者为四级重大事故：

（1）死亡 2 人以下；（2）重伤 3 人以上，19 人以下；（3）直接经济损失 10 万元以上，不满 30 万元。

二、工程建设重大事故的处理

建设部归口管理全国工程建设重大事故的处理；省、自治区、直辖市建设行政主管部门归口管理本辖区内的工程建设重大事故的处理；国务院各有关主管部门管理所属单位的工程建设重大事故的处理。

重大事故发生后，事故发生单位必须以最快方式，将事故的简要情况向上级主管部门和事故发生地的县、市级建设行政主管部门及监察、劳动（如有人身伤亡）部门报告；事故发生单位属于国务院部委的，应同时向国务院有关主管部门报告。县、市级建设行政主管部门接到报告后，应当立即向人民政府和省、自治区、直辖市建设行政主管部门报告；省、自治区、直辖市建设行政主管部门接到报告后，应当立即向人民政府和建设部报告。

重大事故发生后，事故发生单位应当在 24 小时内写出书面报告，按上述程序和部门逐级上报。同时，事故发生单位和事故发生地的建设行政主管部门，应当严格保护事故现场，采取有效措施抢救人员和财产，防止事故扩大。

重大事故的调查由事故发生地的县、市级以上建设行政主管部门或国务院有关主管部门组成调查组负责进行。调查组由建设行政主管部门、事故发生单位的主管部门和劳动等有关部门的人员组成，并应邀请人民检察机关的工作人员参加。必要时，调查组可以聘请有关方面的专家协助进行技术鉴定、事故分析和财产损失的评估工作。

重大事故调查组的职责是：

（1）组织技术鉴定；（2）查明事故发生的原因、过程、人员伤亡及财产损失情况；（3）查明事故的性质、责任单位和主要责任者；（4）提出事故处理意见及防止类似事故再次发生所应采取措施的建议；（5）提出对事故责任者的处理建议；（6）写出事故调查报告。

调查组在调查工作结束后 10 日内，应当将调查报告报送批准组成调查组的人民政府和建设行政主管部门以及调查组其他成员部门。经组织调查的部门同意，调查工作即告结束。

重大事故处理完毕后，事故发生单位应当尽快写出详细的事故处理报告，并逐级上报。

此外，工程建设重大事故中属于特别重大事故者，其报告和调查程序应按国务院发布的《特别重大事故调查程序暂行规定》及有关规定执行。

三、施工现场的安全管理

加强施工现场安全管理，是建筑安全生产管理的关键。现场安全管理包括安全组织管理、安全技术管理、场地设施安全管理和安全纪律管理。

1. 施工现场安全组织管理

施工现场安全组织管理是确立施工现场安全管理的领导关系和责任。建立领导机构，确定领导职责；建立安全管理制度，积累安全管理经验和技术分析记录、安全决策及信息流动资料。施工现场负责人是现场安全生产第一责任者，是施工现场安全生产领导组织和安全管理的核心。建立以现场负责人为核心的安全领导小组，按照安全管理制度，发挥安全管理网络的功能作用，形成施工现场"专群结合，群防群治"的安全检查控制网络。

2. 施工现场安全技术管理

《建筑法》规定：建筑施工企业在编制施工组织计划时，应当根据建筑工程的特点，制定相应的安全技术措施；对专业性较强的工程项目，应当编制专项安全施工组织设计（施工方案），都必须有安全技术措施；爆破、吊装、水下、深坑、支模、拆除等大型特殊工程，都要编制单项安全技术方案，否则不得开工。安全技术措施要有针对性，要根据工程特点、施工方法、劳动组织和作业环境等提出，防止一般化。采用各种安全技术、革新技术和科研成果，都要经过试验、鉴定和制定相应安全技术措施才能使用。

3. 施工场地设施安全管理

（1）施工现场道路、上下水及采暖管道、电气线路、材料堆放、临时和附属设施等的平面布置，都要符合安全、卫生、防火要求，并要加强管理，做到安全生产和文明生产。

（2）各种机电设备安全装置和起重设备的限位装置，都要齐全有效，没有的不能使用；要建立定期维修保养制度，检修机械设备要同时检修防护装置。

（3）脚手架、井字架（龙门架）和安全网，搭设完必须经工长验收合格，方能使用；使用期间要指定专人维护保养，发现有形变、倾斜、摇晃等情况，要及时加固。

（4）施工现场坑、井、沟和各种孔洞，易燃易爆场所，变压器周围，都要指定专人设置围栏或盖板和安全标志，夜间要设红灯警示；各种防护设施、警告标志，未经施工负责人批准，不得移动和拆除。

（5）混凝土搅拌站、木工车间、沥青加工点及喷漆作业场所都要采取措施，使尘毒浓度达到国家标准。

（6）施工现场和木工加工厂（车间）和储存易燃易爆器材的仓库，要建立防火管理制度，备足防火设施和灭火器材，要经常检查，保持良好。

4. 施工现场安全纪律管理

（1）企业职工要有安全意识，在生产中把安全放在首位，积极参加安全生产的各种活动，提出改进安全生产的意见，努力搞好安全生产。

（2）遵守劳动纪律，服从领导和安全检查人员的指挥，工作时思想集中，坚守岗位，未经许可不得从事非本工种作业；严禁酒后上班；不得在禁止烟火的地方吸烟动火。

（3）严格执行操作规程，不得违章指挥和违章作业；对违章作业的指令有权拒绝，并有责任制止他人违章作业。

（4）按照作业要求，正确穿戴个人防护用品，进入施工现场必须戴安全帽；在没有防护设施的高空、悬崖和陡坡施工必须系安全带；高空作业不得穿硬底和带钉易滑的鞋，不得往下抛掷物料，严禁赤脚或穿高跟鞋、拖鞋进入现场。

（5）在施工现场行走要注意安全，不得攀登脚手架、井字架、龙门架和随吊盘上下。

（6）正确使用防护装置和防护设施，对各种防护装置、防护设施和警告、安全标志等不得任意拆除和随意挪动。

第四节　建设工程环境保护的一般规定

一、立法概况

对于建设工程的环境保护，除了建设法律以外，有关的法律、法规还有：《中华人民共和国环境保护法》（1989 年）、《建设项目环境影响评价收费标准的原则和办法》（1989 年）、《建设项目环境保护管理程序》（1990 年）、《关于加强外商投资建设项目环境保护管理的通知》（1992 年）、《关于加强国际金融组织贷款建设项目环境影响评价管理工作的通知》（1993 年）、《关于进一步做好建设项目环境保护管理工作的几点意见》（1993 年）、《关于加强自然资源开发建设项目的生态环境管理的通知》（1994 年）等。这些法律法规对于我国在进行建设的同时搞好环境保护起到了积极作用。

二、建设工程环境保护有关规定

（一）建设项目环境影响评价制度

根据环境保护法和有关的法律法规，凡从事对环境有影响的建设项目，都必须执行环境影响报告书的审批制度，包括工业、交通、水利、农林、商业、卫生、文教、科研、旅游、市政等对环境有影响的一切基本建设项目和技术改造项目以及区域开发建设项目。环境影响报告书是环境影响评价的书面表现形式，其内容主要包括：建设项目概况，建设项目周围地区的环境状况调查，建设项目对周围地区和环境近期、远期影响分析和预测，环境监测制度建议，环境影响评价经济效益分析、对环境质量的影响，建设规模、性质、选址是否合理，是否符合环境保护要求，所采取的防治措施在技术上是否可行，经济上是否合理，是否需要进一步评价，以及评价的结论等。

（二）"三同时"制度

对环境有影响的一切基本建设项目、技术改造项目和区域开发建设项目，其中防治污染和生态破坏的设施，必须与主体工程同时设计、同时施工、同时投产使用，简称"三同时"制度。

"三同时"制度的主要内容有：建设项目的初步设计，必须有环境保护篇章，包括环境保护措施的设计依据、环境影响报告书（表）及审批规定的各项要求和措施、防治污染的处理工艺流程、预期效果、对资源开发引起的生态变化所采取的防范措施、绿化设计、监测手段、环境保护投资的概算、预算等；建设单位负责落实初步设计中的环境保护篇章的预审和监督建设项目设计中的环境保护措施的落实；各级人民政府的环境保护行政主管部门，负责初步设计中环境保护篇章的审查；建设项目在施工过程中，应当保护施工现场周围的环境，防止造成不应有的破坏和污染危害；建设项目竣工后，施工单位应当修整和复原在建设过程中受到破坏的环境；建设单位负责项目竣工后防治污染设施的正常运转；建设项目的主管部门，负责监督项目竣工后环境保护设施的正常运转；各级人民政府的环境保护行政主管部门，负责环境保护设施的竣工验收以及环境保护设施运转和使用情况的检查和监督。建设项目在正式投产或使用前，建设单位必须向负责审批的环境保护部门提交"环境保护设施竣工验收报告"，说明环境保护设施影响的情况、治理的效果和达到的标准。经验收合格并发给"环境保护设施验收合格证"后，方可正式投入生产和使用。

（三）施工现场及周边环境的管理

工程施工可能对环境造成的影响有：大气污染、室内空气污染、水污染、土壤污染、噪声污染、光污染、垃圾污染等。所以建筑施工企业应当遵守有关环境保护方面有关法律、法规的规定，在施工现场采取措施，防止或者减少粉尘、废气、废水、固体废物、噪声、振动和施工照明对人和环境的污染和危害。

1. 加强环境保护应包括以下几方面：

（1）根据《环境管理系列标准》建立环境监控体系；

（2）未经处理的泥浆和污水不得直接外排；

（3）不得在施工现场焚烧可能产生有毒、有害烟尘和有恶臭气体的废弃物；禁止将有毒、有害废弃物作土方回填；

（4）妥善处理垃圾、渣土、废弃物和冲洗水；

（5）在居民和单位密集区进行爆破、打桩要执行有关规定；

（6）对施工机械的噪声和振动扰民，应采取措施予以控制；

（7）保护、处置好施工现场的地下管线、文物、古迹、爆炸物、电缆；

（8）按要求办理停水、停电、封路手续；

（9）在行人、车辆通行的地方施工，应当设置沟、井、坎、穴覆盖物和标志；

（10）温暖季节对施工现场进行绿化布置。

2. 有下列情形之一的，建设单位应当按照国家有关规定办理申请批准手续：

（1）需要临时占用规划批准范围以外场地的；

（2）可能损坏道路、管线、电力、邮电通讯等公共设施的；

（3）需要临时停水、停电、中断道路交通的；

（4）需要进行爆破作业的；

（5）法律法规规定需要办理报批手续的其他情况。

建筑施工多为露天作业、高处作业，又常需进行深基础开挖。因此对周围环境，特别是毗邻的建筑物、构筑物及地下管线的安全可能造成损害，建设单位与建筑施工企业有义务、也有责任采取相应的安全防护措施，以保证周边环境的安全。《建筑法》规定：建设单位应当向建筑施工企业提供与施工现场相关的地下管线资料，建筑施工企业应当采取措施加以保护。施工现场对毗邻的建筑物、构筑物和特殊作业环境可能造成损害的，建筑施工企业应当采取安全防护措施。当可能损坏道路、管线、电力、邮电通信等公共设施时，建设单位必须按有关规定事先办理申请批准手续。

建筑施工企业应当遵守有关环境保护和安全生产方面的法律、法规的规定，采取控制和处理施工现场的各种粉尘、废气、废水、固体废物以及噪声、振动对环境的污染和危害的措施。当工程施工需要临时停水、停电、中断道路交通及需要进行爆破作业的，必须先行申请，经有关部门批准后方可实行，以保障人民的正常生活及生命财产的安全。《建筑法》规定：建筑施工企业应当在施工现场采取维护安全、防范危险、预防火灾等措施，有条件的，应当对施工现场实行封闭管理。

案 例 分 析

案例一

【案情简介】

2002年4月6日，在江苏某建设集团下属公司承接的某高层5号工地上，项目部安排瓦工薛某、唐某拆除四单元楼内电梯井隔离防护。由于木工在支设12层电梯井时少预留西北角一个销轴洞，因而在设置12层防护隔离时，西北角的搁置点采用一根ϕ48钢管从11层支撑至12层作为补救措施。由于薛某、唐某在作业时，均未按要求使用安全带操作，而且颠倒拆除程序，先拆除 11 层隔离（薛某将用于补救措施的钢管也一起拆掉），后拆除 12 层隔离。上午 10 时 30 分，薛某在进入电梯井西北角拆除防护隔离板时，只有三个搁置点的钢管框架发生倾翻，人随防护隔离一起从 12 层（32m 处）高空坠落到电梯井底。事故发生后，工地负责人立即派人将薛某急送至医院，但因薛某伤势严重，经过抢救无效，于当日 12 时 30 分死亡。

【问题】

1. 引起这起事故的原因有哪些？

2. 对事故责任者应怎样处理？

3. 通过这次事故，我们应该在哪些方面采取哪些整改措施？

【案例评析】

1. 事故原因：安全防护隔离设施在设置时有缺陷，规定四根固定销轴但只设了三根，而补救钢管已先拆除，这是造成本次事故的直接原因。项目负责人违章指挥，操作人员违章作业，违反先上后下的拆除作业程序，自我保护意识差，高空作业未系安全带，加之安全防护设施存在隐患，是造成这次事故的主要原因。另外，造成这次事故的间接原因还有：（1）施工现场监督、检查不力，未能及时发现存在的隐患；（2）劳动组织不合理，安排瓦工拆除电梯井防护隔离设施；（3）安全教育不力，造成职工安全意识和自我保护防范能力差。

2. 对事故责任者的处理：

事故发生后，事故单位根据事故调查组的意见，对本次事故负有一定责任者进行了相应的处理：

（1）项目经理朱某，监督管理不严，制度不够健全，职责不够明确，对本次事故负有一定责任，给予行政处分，并处罚款。

（2）公司经理鲁某，对本次事故负有领导责任，写出书面检查，并处罚款。

（3）现场负责人何某，违章安排瓦工拆除电梯井隔离防护，对本次事故负有主要责任，给予行政记过处分，并处罚款。

（4）瓦工班长圣某，对施工人员检查不够，对本次事故负有一定责任，给予经济处罚。

（5）瓦工唐某，违章操作，对本次事故负有主要责任，给予经济处罚。

（6）瓦工薛某，违章操作，对本次事故负有主要责任，但鉴于薛某已经死亡，不予追究。

3. 采取整改措施：

（1）组织全体人员召开事故现场会，认真进行系统的安全生产教育，增强安全意识及自我保护的基本能力，杜绝违章作业。

（2）组织架子工对施工现场脚手架、电梯井隔离设施、临边防护栏杆、通道防护棚等安全防护设施进行全面检查，对查出的问题进行整改。

（3）预留洞口安排木工加盖并固定。

（4）加强对现场管理人员的安全教育，提高管理人员的法制观念，严格遵守各项安全生产的法律法规，杜绝违章指挥。

（5）组织全体职工进行各工种岗位责任制、操作规程学习，确定专职监督人员。从思想上、管理上提高安全生产意识和水平，确保安全施工。

案例二

【案情简介】

某建筑工程施工工地在拆除已施工完毕的烟囱井架时，工长甲要求作业人员松开井架顶部缆风绳的地锚，西侧地锚松开后，东侧尚未松开。工人乙用铁锹挖被埋在土中的北侧缆风绳时，北侧缆风绳迅速滑出，井架向南倒塌倾斜，造成21人死亡，10人受伤，直接经济损失268.3万元。后经查明，该工程项目经理在没有查验滑模施工队资质的情况下，将烟囱项目承包给某施工队施工；滑模施工负责人自行加工非标准井架，未进行专项设计，制作粗糙，施工前未经检验和验收；拆卸作业前没有进行技术交底，现场安全管理混乱。

【问题】

1. 这起重大事故可定为哪种等级的重大事故？依据是什么？

2. 简述重大事故发生后的报告与现场保护程序。

3. 安全管理目标主要包括哪些内容？

【案例评析】

1. 这起重大事故可定为二级重大事故。根据规定，具备下列条件之一者为二级重大事故：

（1）死亡10人以上，29人以下；

（2）直接经济损失100万元以上，不满300万元。

2. 重大事故发生后的报告与现场保护程序：

（1）简要报告

重大事故发生后，事故发生单位必须以最快方式，将事故的简要情况向上级主管部门和事故发生地的县、市级建设行政主管部门及监察、劳动（如有人身伤亡）部门报告；事故发生单位属于国务院部委的，应同时向国务院有关主管部门报告。

事故发生地的县、市级建设行政主管部门接到报告后，应当立即向人民政府和省、自治区、直辖市建设行政主管部门报告；省、自治区、直辖市建设行政主管部门接到报告后，应当立即向人民政府和建设部报告。

（2）书面报告

重大事故发生后，事故发生单位应当在24小时内写出书面报告，按上述程序和部门逐级上报。重大事故书面报告应包括以下内容：

1）事故发生的时间、地点、工程项目、企业名称；

2）事故发生的简要经过、伤亡人数和直接经济损失的初步估计；

3）事故发生原因的初步判断；

4）事故发生后采取的措施及事故控制情况；

5）事故报告单位。

（3）现场保护

事故发生后，事故发生单位和事故发生地的建设行政主管部门，应当严格保护事故现场，采取有效措施抢救人员和财产，防止事故扩大。

因抢救人员、疏导交通等原因，需要移动现场物件时，应当做出标志，绘制现场简图并做出书面记录，妥善保存现场重要痕迹、物证，有条件的可以拍照或录相。

3. 安全管理目标主要包括：

（1）伤亡事故控制目标：杜绝死亡、避免重伤，一般事故应有控制指标。

（2）安全达标目标：根据工程特点，按部位制定安全达标的具体目标。

（3）文明施工实现目标：根据作业条件的要求，制定文明施工的具体方案和实现文明工地的目标。

复 习 思 考 题

1. 工程建设安全生产包含哪些内容？

2. 国务院建设行政主管部门在工程建设安全生产方面有哪些主要的管理职责？

3. 工程建设安全生产责任是如何规定的？

4. 企业的安全教育和培训考核制度都包含哪些内容？

5. 季节性劳动保护工作都有哪些内容？

6. 建筑装修工程应遵守哪些规定？

7. 女职工和未成年工应享受哪些特殊劳动保护？

8. 施工现场的安全管理工作有哪些内容？

9. 如何保障施工现场周边环境的安全？

10. 何谓工程建设重大事故？工程建设重大事故发生的处理程序是如何规定的？

11. 从业人员及工会在安全生产方面都享有哪些权利？

12. 生产经营单位对安全生产负有哪些监督管理职责？

13. 企业主要负责人、各级管理人员及从业人员在安全生产方面都应承担哪些责任？

14. 什么是"三同时"制度？

15. 加强施工现场的环境保护应包括哪些方面内容？

第五章　城市及村镇建设规划法规

本章主要介绍了城市规划的概念、立法概况、城市规划的编制方针和原则；城市规划实施的法律规定；以及风景名胜区、历史文化名城和村镇规划管理等内容。

第一节　概　述

一、基本概念

1. 城市

城市规划法规中所称的城市，是指国家按行政建制设立的直辖市、市、镇。与社会上通常所说的"城市"相比，它多了镇，也就是说，镇的建设发展也必须遵守城市规划法的要求。

城市规划法中依市区和近郊区非农业人口的数量将城市分为大、中、小三级。其中人口在 50 万以上的为大城市；20 万以上，不满 50 万的为中等城市；不满 20 万的为小城市。

2. 城市规划

城市规划是指城市人民政府为了实现一定时期内本市的经济和社会发展目标，事先依法制定的用以确定城市的性质、规模和发展方向，城市土地的合理利用，城市的空间布局和城市设施的科学配置的综合部署和具体安排。

随着社会的进步和经济的发展，城市在国民经济和社会发展中的作用越来越大。而城市的建设与发展是一项庞大的系统工程，它涉及城市的政治、经济、文化、社会各个领域，并与人民大众的日常工作、生活息息相关。因此，对城市的发展与建设必须事先进行充分的研究和论证，作出科学、合理的预测及切实可行的规划。国内外的实践经验证明，要把城市建设好、管理好，首先就必须规划好。可以说，城市规划是城市建设和管理的基本依据。制定一个好的城市规划并切实保证它的实施是综合发挥城市经济效益、社会效益和环境效益，实现城市经济和社会发展目标的重要保证之一。

城市规划法，是指国家权力机关或其授权的行政机关制定的，调整城市规划活动中发生的各种社会关系的法律规范的总称。

二、城市规划法规的立法概况及适用范围

(一) 城市规划法规的立法概况

1956 年，原国家建委颁发了我国第一个城市规划方面的管理法规《城市规划编制办法》，使规划工作开始走上了法制的轨道。1980 年，原国家建委颁发了《城市规划编制审批暂行办法》和《城市规划定额指标暂行规定》；1984 年，国务院颁发了《城市规划条例》；1989 年 12 月第七届全国人民代表大会常务委员会第一次会议通过了《中华人民共和国城市规划法》(以下简称《城市规划法》)，《城市规划法》是我国城市建设领域的第一部法律，它标志着我国城市规划工作进入了法制化的新阶段。

为了更好地实施和贯彻《城市规划法》，建设部先后发布了一系列城市规划方面的部门规章，主要有：《建设项目选址规划管理办法》（1991年），《城市规划编制办法》（1991年），《城市国有土地使用权出让和转让规划管理办法》（1992年），《城市规划编制单位资质管理规定》（2001年），《城市规划强制性内容暂行规定》（2002年）等建设部门规章及各地的地方性建设法规等。城市规划法的适用范围包括地域适用范围和人的适用范围两方面。

（二）《城市规划法》的适用范围

1. 地域适用范围

《城市规划法》第三条规定：城市规划区是指城市市区、近郊区以及因城市建设和发展需要实行规划控制的区域。城市规划法地域适用范围是城市的规划区，即城市市区、近郊区及城市行政区域内因城市建设和发展需要实行规划控制的区域。这个区域内的陆地、水面和空间皆为城市规划法的适用范围。这个区域外的有关建设和发展应由村镇建设法调整。

2. 人的适用范围

城市规划法中人的适用范围是，凡与城市规划的编制、审批、管理活动有关的单位和个人，都适用于该法。具体包括：

（1）负责城市规划的编制、审批和管理的各级人民政府、城市规划行政主管部门和其他相关部门及其有关人员；

（2）具体从事城市规划编制工作的生产、科研、教学、设计单位及其有关人员；

（3）凡在城市规划区内进行建设活动的建设单位、设计单位、施工单位、其他相关单位及其上述单位的有关人员。

第二节　城市规划的制定实施与村镇规划管理

一、城市规划的制定

（一）城市规划的编制权限

编制城市规划是一项十分复杂，系统性、综合性、政策性都很强的重要工作，它对国民经济和社会发展有着深刻的影响。因此，它不能随意交由哪个机构或单位完成，也不是一个职能部门就能胜任的。为此《城市规划法》规定，设市城市的规划必须由该市人民政府负责组织编制；县级人民政府所在地镇的城市规划，由县级人民政府负责组织编制。

（二）编制城市规划的方针

根据《城市规划法》的规定，我国城市规划的方针是：

1. 严格控制大城市规模、合理发展中等城市和小城市

现代化与城市化是紧密相连的，欧美发达国家的城市化水平已达60%～80%。世界城市化平均水平为40%。而我国目前城市化水平为37%，预计2010年将达47%。因此，在未来一段时间内，我国城市化进程将大大加快，城市数量与城市规模的发展将是空前的。国内外的经验都证实，在城市发展过程中，必须控制城市的规模，城市规模过大，会造成人口过分集中、居住十分拥挤、城市基础设施紧张、交通堵塞不畅、环境日益恶化等一系列问题，从而成为社会经济发展的障碍和制约因素。为此，必须坚持为国民经济建设

和社会发展在资源合理配置方面打下良好基础。

2. 符合国情、勤俭建国

在进行城市规划时，必须认清国情：我国是一个人口众多、资源不足、灾害频繁、经济发展相对落后的大国。因此，决不能一味追求先进，动不动向国际化大都市靠拢。城市建设应坚持实事求是、勤俭建国的方针。

另一方面，我们也要考虑城市规划对城市建设的发展的指导作用，要正确处理近期建设和远景发展的关系，既考虑近期建设的需要和可能，又要为远景发展留有余地，使城市规划具有一定的超前性。

（三）编制城市规划的原则

《城市规划法》规定，在编制城市规划时，必须遵循以下原则：

1. 城市规划与国家和地方经济技术水平相适应的原则

编制城市规划时，必须坚持从实际出发，并科学预测城市远景发展的需要，使规划中所确定的城市发展规模、各项建设标准、定额指标、开发程序同国家和地方的现有技术水平与可能的发展水平相适应。

2. 保护生态环境和历史文化遗产及地方特色的原则

编制城市规划时，应注意保护和改善城市生态环境、加强城市绿化和市容环境卫生的建设，同时还应注意保护历史文化遗产、城市传统风貌、地方特色和自然景观。民族自治地区的城市规划，还应保护民族传统和地方特色，以促进社会主义物质文明和精神文明建设的共同发展。

3. 有利生产、方便生活、防灾减灾的原则

编制城市规划时，既要有利生产，又要方便人民大众的生活，还要考虑促进商品和人员的流通，繁荣经济，促进科学技术文化教育事业的发展。同时，城市规划还应满足城市防火、防爆、治安、交通管理和人防建设的要求，在可能发生自然灾害的城市，还应满足抗震、防洪措施，以保护社会和人们的生命、财产安全。

4. 合理用地、节约用地的原则

社会要进步，城市要发展，而土地资源十分有限，也很难增长。这对矛盾是始终存在的，在我国则尤为尖锐。因此，在编制城市规划时，必须珍惜每一寸土地，应当尽量利用荒地、劣地，少占菜地良田，尽量节约土地资源，使城市的每一寸土地都得到合理利用，这也是保证我国的经济及社会可持续发展的重要组成部分。

（四）城市规划的阶段

根据《城市规划法》第十八条的规定，城市规划一般分为总体规划和详细规划两个阶段进行。大城市、中等城市为了进一步控制和确定不同地段的土地用途、范围和容量，协调各项基础设施和公共设施的建设，在总体规划的基础上，可以编制分区规划。

1. 总体规划

总体规划是从宏观上控制城市土地利用和空间布局，引导城市合理发展的总体部署。它应包括：城市的性质、发展目标和发展规模；城市主要建设标准和定额指标；城市建设用地布局、功能分区和各项建设的总体部署；原则确定市域城镇布局、综合交通系统和河湖绿地系统；确定分步实施的目标、途径和发展程序。

编制城市总体规划时考虑的期限一般为 20 年，但对城市 30～50 年的远景发展进程和

方向应作出轮廓性的规划安排。同时还应提出近期建设计划，其规划期限一般为5年，并要求与国民经济发展五年计划相协调。

2. 分区规划

分区规划的任务，是根据总体规划的要求，对城市土地利用、人口分布和公共设施、基础设施的配置作出进一步的规划安排。分区规划实际上就是总体规划在分区范围内的进一步深化与补充。它的主要内容应该包括：分区土地的使用性质、人口分布、建筑及用地容量控制指标、公共设施的分布、道路和管线位置控制范围、绿地等范围界限等。

3. 详细规划

详细规划是以城市总体规划或分区规划为依据，对城市近期建设区域内各项建设作出的具体规划。它包括：规划地段各项建设的具体用地范围，建筑密度和高度等控制指标，总平面布置、工程管线综合规划和竖向规划。

详细规划可根据需要分为控制性详细规划和修建性详细规划两种。

（五）城市新区开发和旧城改建

在城市规划的制定过程中，必然要进行城市新区开发和旧城改建的规划。城市新区开发是指按照城市总体规划的部署，在城市建成区外的一定区域内，进行集中成片、综合配套的开发建设活动。它包括新市区的开发建设、卫星城镇的开发建设、新工矿区的开发建设。旧城改建是指按照统一规划，对现有城区进行有计划、有步骤的改造，使之适应城市经济、社会发展整体需要的建设活动。

在进行城市新区开发和旧城改建的规划和建设活动时，除满足上述原则外，还应满足下列原则：

1. 城市新区开发的原则

（1）量力而行的原则。进行新区开发的规划和建设时，应根据本地区经济发展水平和经济实力，确定适当的开发规模，并应尽量依托现有市区，合理利用现有设施，达到投资少、效益高的目的。

（2）统一规划、统一组织的原则。城市新区开发的规划应由人民政府统一组织、统一部署，要合理配置城市的基础设施、公共设施，不应自成体系，各行其是，以避免重复建设、相互干扰，影响城市功能的协调。

（3）方便宜行的原则。城市新区应根据当地的自然条件，选择在方便宜行的地方，既要保证与所依托的城市市区有方便的通信和交通联系，又要注意其相对独立性，以真正实现旧区带动新区、新区缓解老区的目的。

2. 旧城改建的原则

（1）加强维护、逐步改善的原则。旧城改建规划应注意对旧城的维护与利用，并同时要合理调整旧城的布局，逐步改善居住和交通运输条件，加强基础设施和公共设施建设，提高城市的综合功能。

（2）与城市产业结构调整和工业企业技术改造相结合的原则。旧城改建规划时应调整用地结构，改善、优化城市布局，将严重危害安全、污染环境的项目迁出市区，调整出的用地应用来扩展公用服务设施、增加居住用地、城市绿化和文化体育活动场地，改善市容环境。

（3）与保护历史文物、名胜古迹相结合的原则。旧城改建规划要充分注意保护具有重要历史意义、革命纪念意义、文化艺术价值和科学价值的文物古迹和风景名胜，并应尽量保持和体现传统风貌、民族特色和地方特色，要有选择地保留一定数量的代表城市传统风貌的街区、建筑物，划出保护区和建设控制区。

（六）城市规划的审批

《城市规划法》规定我国的城市规划实行分级审批制，并具体规定了各级政府的审批权限。

1. 城市总体规划的审批

（1）直辖市的城市总体规划，由国务院审批。

（2）省和自治区人民政府所在地城市、城市人口在100万以上的城市及国务院指定的其他城市的总体规划，先交省、自治区人民政府审查同意后，再报国务院审批。

（3）其他设市的城市的总体规划，由省、自治区、直辖市人民政府审批。

（4）县级人民政府所在地镇的总体规划，属行政市管辖的，由市人民政府审批；属地区管辖的，由省、自治区人民政府审批。

（5）其他建制镇的总体规划，由县级人民政府审批。

（6）城市分区规划由该市人民政府审批。

上述各种城市总体规划在报请上级人民政府审批前，必须先经同级人民代表大会或其常委会审查、讨论并获通过。

2. 城市详细规划的审批

（1）没有编制分区规划的城市，其详细规划，由该市人民政府审批。

（2）已编制有分区规划的城市，其详细规划，重要的由该市人民政府审批，其他的由该市政府的城市规划行政主管部门审批。

二、城市规划的实施

城市规划经法定程序批准生效后，即具有了法律效力，城市规划区内的任何土地利用及各项建设活动，都必须符合城市规划设计，满足城市规划的要求，使生效的城市规划得以实现，这即是城市规划的实施。

为保证城市规划的实施，城市规划一经批准，就应向全社会公布，以便广大人民群众了解城市规划的具体内容，以之作为各项建设活动的准则，自觉按照城市规划的要求进行建设活动，并对各类违反城市规划的违法行为，及时举报，进行监督。

此外，《城市规划法》还规定了在工程建设的不同阶段，建设单位必须向城市规划管理部门申领选址意见书、建设用地规划许可证、建设工程规划许可证等文件后，方可进行有关建设活动的制度。在制度上保证了每项建设工程都必须接受城市规划管理部门的审核检查，从而保证城市规划的全面实施。

（一）选址意见书制度

选址意见书是指建设工程（主要是新建的大、中型工业与民用项目）在立项过程中，由城市规划行政主管部门出具的该建设项目是否符合城市规划要求的意见书。依据城市规划的规定，建设单位在上报设计任务书前，其项目拟建地址必须先经城市规划行政主管部门审查，并取得其核发的选址意见书，然后方可连同设计任务书一并上报，否则，有关部门对设计任务书将不予审批。

1. 选址意见书一般包括项目基本情况和对项目选址的意见两部分：

（1）建设项目基本情况。包括建设项目的名称、性质、用地与建设规模，供水、能源的需求量，运输方式与运输量，废水、废气、废渣的排放方式和排放量等。

（2）建设项目选址意见。包括建设项目建在拟建地址与城市规划布局是否协调；与城市交通、通信、能源、市政、防灾规划是否衔接与协调；该建设项目对城市环境可能造成的污染，与城市生活居住及公共设施规划，城市环境保护规划和风景名胜、文物古迹保护规划是否协调等。还包括对建设项目选址、用地范围和具体规划的要求。

2. 选址意见书按建设项目审批部门的不同，分别由各级规划行政主管部门核发：

（1）国家审批的大中型和限额以上的建设项目，由项目所在地县、市人民政府城市规划行政主管部门提出审查意见，报省、自治区、直辖市、计划单列市人民政府城市规划行政主管部门核发选址意见书，并报国务院城市规划行政主管部门备案。

（2）中央各部门、公司审批的小型和限额以下的建设项目，其选址意见书由项目所在地县、市人民政府城市规划行政主管部门核发。

（3）省、自治区建设项目由项目所在地县、市人民政府城市规划行政主管部门提出审查意见，报省、自治区人民政府城市规划行政主管部门核发。

（4）其他建设项目，须经哪级人民政府规划行政主管部门审批的，其选址意见书就由该级人民政府城市规划行政主管部门核发。

（二）建设用地规划许可证制度

建设用地规划许可证是城市规划行政主管部门依据城市规划的要求和建设项目用地的实际需要，向提出用地申请的建设单位或个人核发的确定建设用地的位置、面积、界限的证件。

《城市规划法》规定：建设单位和个人在取得建设用地规划许可证后，方可向县级以上地方人民政府土地管理部门申请用地。

1. 建设用地规划许可证的核发程序

（1）用地申请。由建设单位或个人，持国家批准建设项目的有关文件，向城市规划行政主管部门提出用地申请。

（2）现场踏勘、征求意见。城市规划行政主管部门在受理申请后，应会同有关部门与建设单位一起到选址现场进行调查、踏勘。同时，还应征求环境保护、消防安全、文物保护、土地管理等部门的意见。

（3）提供设计条件。在用地申请初审通过后，城市规划行政主管部门将向建设单位或个人提供建设用地地址与范围的红线图，并提出规划设计条件和要求。

（4）审查总平面图、核定用地面积。建设单位根据城市规划行政主管部门提供的设计条件完成总平面图设计后，应将总平面图及其相关文件报送城市规划行政主管部门以审查其用地性质、规模和布局方式、运输方式等是否符合城市规划的要求及合理用地、节约用地的原则，并根据城市规划设计用地定额指标和该地块具体情况，审核用地面积。

（5）核发建设用地规划许可证。经审查合格后，城市规划行政主管部门即向建设单位或个人核发建设用地规划许可证。

2. 临时建设用地许可证不是建设用地规划许可证。

临时建设用地是指由于建设工程施工、堆料或其他原因，需临时使用的土地。建设单位须持上级主管部门批准的申请临时用地文件，向城市规划行政主管部门提出临时用地申请，经审核批准后，可取得临时建设用地许可证，其有效期限一般不超过两年。《城市规划法》明确规定：禁止在批准临时使用的土地上建设永久性的建筑物、构筑物和其他设施。

（三）建设工程规划许可证制度

建设工程规划许可证是城市规划行政主管部门向建设单位或个人核发的确认其建设工程符合城市规划要求的证件。它也是申请工程开工的必备证件。《城市规划法》规定：在城市规划区内新建、扩建和改建的建筑物、构筑物、道路、管线和其他工程设施，必须持有关批准文件向城市规划行政主管部门提出申请，由城市规划行政主管部门根据城市规划提出的设计要求，核发建设工程规划许可证件。建设单位或个人在取得建设工程规划许可证件和其他有关批准文件后，方可申请办理开工手续。

1. 建设工程规划许可证的核发程序如下：

（1）领证申请。建设单位或个人应持设计任务书、建设用地规划许可证、土地使用权证等有关批准文件向城市规划行政主管部门提出核发建设工程规划许可证申请。

（2）初步审查。城市规划行政主管部门受理申请后，应对建设工程的性质、规模、布局等是否符合城市规划要求进行审查，并应征求环保、环卫、交通、通信等部门及相关行政主管部门的意见。

（3）核发规划设计要点通知书。城市规划行政主管部门根据审查结果和工程所在地段详细规划的要求，向建设单位或个人核发规划设计要点通知书、提供规划设计要求。

（4）核发设计方案通知书。建设单位或个人根据规划设计要点通知书完成方案设计后，应将设计方案（应不少于2个）有关图纸、文件报送城市规划行政主管部门。城市规划行政主管部门在对各个方案的总平面布置图、交通组织情况、工程周围环境关系和个体设计体量、层次、造型等进行审查比较，确定设计方案后，将核发设计方案通知书，并提出规划修改意见。

（5）核发建设工程规划许可证。建设单位或个人根据设计方案通知书的要求完成施工图设计后，应将注明勘察设计证号的总平面图，个体建筑设计的平面图、立面图、剖面图，基础图，地下室平面图、剖面图等施工图，送城市规划行政主管部门审查。经审查批准后，将核发建设工程规划许可证。

2. 建设工程审核批准后，城市规划行政主管部门要加强监督检查工作。主要包括验线、现场检查和竣工验收。

（1）验线。建筑单位应当按照建设工程规划许可证的要求放线，并经城市规划行政主管部门验线后方可施工。

（2）现场检查。它是指城市规划管理工作人员进入有关单位或施工现场，了解建设工程的位置、施工等情况是否符合规划设计条件。在检查中，任何单位和个人都不得阻挠城市规划管理人员进入现场或者拒绝提供与规划管理有关的情况。城市规划行政管理人员有为被检查者保守技术秘密或者业务秘密的义务。

（3）竣工验收。《城市规划法》规定：城市规划行政主管部门可以参加城市规划区内重要建设工程的竣工验收。

竣工验收是工程项目建设程序中的最后一个阶段。规划部门参加竣工验收，是对建设工程是否符合规划设计条件的要求进行最后把关，以保证城市规划区内各项建设符合城市规划。

城市规划区内建设工程竣工验收后，建设单位应当在六个月内将竣工资料报送城市行政主管部门。

（四）临时建设的管理

临时建设是指企事业单位或者个人因生产、生活的需要临时搭建的结构简易并在规定期限内必须拆除的建设工程或者设施。临时建设应当办理临时建设工程许可证。临时建设期限由各地规划行政主管部门根据实际情况确定，一般不得超过两年。《城市规划法》规定：在城市规划区内进行临时建设，必须在批准的使用期限内拆除。

《城市规划法》还规定：任何单位和个人不得占用道路、绿地、高压供电走廊和压占地下管线进行建设。在城市规划区内挖取沙土、土方等活动，须经有关部门批准，不得破坏城市环境、影响城市规划实施。

（五）违法责任

《城市规划法》明确规定了违反《城市规划法》所应承担的法律责任。

1. 在城市规范区内，未取得建设用地规划许可证而取得建设用地批准文件、占用土地的，批准文件无效，占用的土地由县级以上人民政府责令退回。

2. 在城市规划区内，未取得建设工程规划许可证或违反建设工程规划许可证的规定进行建设的，如严重影响城市规划，由县级以上人民政府城市规划行政主管部门责令停止建设，限期拆除或没收违法建筑物、构筑物或其他设施；但尚可采取改正措施的由县级以上人民政府城市规划行政主管部门责令限期改正，并处以罚款。

3. 对未取得建设工程规划许可证或违反建设工程规划许可证的规定进行建设的有关责任人员，可由其所在单位或上级主管机关给予行政处分。

4. 城市规划行政主管部门工作人员玩忽职守、滥用职权、徇私舞弊的，由其上级主管机关给予行政处分；构成犯罪的，依法追究刑事责任。

三、村镇规划管理

（一）村庄、集镇的概念

村庄，是指农村村民居住和从事各种生产的聚居点。集镇，是指乡、民族乡人民政府所在地和经县级人民政府确认由集市发展而成的作为农村一定区域经济、文化和生活服务中心的非建制镇。

村庄、集镇的建成区和因村庄、集镇建设及发展需要实行规划控制的区域，即为村庄、集镇的规划区。

（二）村庄和集镇规划建设管理法规

1993 年 6 月 29 日，国务院颁布了《村庄和集镇规划建设管理条例》，自 1993 年 11 月 1 日起实施。这是到目前为止，我国对村庄和集镇规划建设管理的具有最高法律效力的行政法规。《村庄和集镇规划建设管理条例》的实施，对于加强村庄和集镇规划建设管理，改善村庄和集镇生产、生活环境，促进农村经济和社会发展，具有十分重要的意义。

（三）村庄和集镇规划编制的基本原则

1. 根据国民经济和社会发展计划，结合当地经济发展的现状和要求，以及自然环境、资源条件和历史情况等，统筹兼顾，综合部署村庄和集镇的各项建设。

2. 处理好近期建设与远景发展、改造与新建的关系，使村庄和集镇的性质、建设规模、速度与标准，同经济发展和农民生活水平相适应。

3. 合理用地，节约用地，各项建设应当相对集中，充分利用原有建设用地，新建、扩建工程及住宅应当尽量不占用耕地和林地。

4. 有利生产，方便生活，合理安排住宅、乡（镇）村企业、乡（镇）村公共设施和公益事业等的建设布局，促进农村各项事业协调发展，并适当留有发展余地。

5. 保护和改善生态环境，防治污染和其他公害，加强绿化和村容镇貌、环境卫生建设。

（四）村庄和集镇规划的编制阶段及内容

《村庄和集镇规划建设管理条例》第十一条规定："编制村庄、集镇规划，一般分为村庄、集镇总体规划和村庄、集镇建设规划两个阶段进行"。

村庄、集镇总体规划，是乡级行政区域的村庄和集镇布点规划及相应的各项建设的整体部署。其主要内容包括：乡级行政区域的村庄、集镇布点，村庄和集镇的位置、性质、规模和发展方向，村庄和集镇的交通、供水、供电、邮电、商业、绿化等生产和生活服务设施的配置。

村庄、集镇建设规划，是在村庄、集镇总体规划指导下，村庄和集镇各项建设的具体安排。主要内容包括：住宅、乡（镇）村企业、乡（镇）村公共设施和公益事业等各项建设的用地布点、用地规模，有关的技术经济指标，近期建设工程以及重点地段建设具体安排。

（五）村庄和集镇规划的编制与审批

村庄、集镇规划由乡级人民政府负责组织编制报县级人民政府批准。报批前，村庄建设规划，须经村民会议讨论同意，而村庄、集镇总体规划和集镇建设规划，都须经乡级人民代表大会审查同意。

村庄、集镇规划期限，由省、自治区、直辖市人民政府根据本地区实际情况规定。

第三节　风景名胜区与历史文化名城保护

一、风景名胜区的规划管理

1. 风景名胜区概念

风景名胜区是指依法审定的具有观赏、文化或科学价值，自然景物、人文景物比较集中，环境优美，具有一定规模和范围，可供人们游览、休息或进行科学、文化活动的地区。我国的风景名胜区分为国家重点、省、市（县）三级，分别由同级人民政府审定公布。

2. 立法概况

关于风景名胜区管理的主要法规有：《风景名胜区管理暂行条例》（1985年），《风景名胜区管理暂行条例实施办法》（1987年），《风景名胜区建设管理规定》（1993年），《风景名胜区管理处罚规定》（1994年）等。

3. 风景名胜区的规划

风景名胜区的规划，在所属人民政府的领导下，由城乡建设部门或风景名胜区管理机构会同文物、环保、旅游、农林、水利、电力、交通、邮电、商业、服务等有关部门组织编制。规划的内容应该包括：风景名胜区的性质、范围、功能区划分、保护与开发措施、接待游览容量、游览活动组织管理措施、公用与服务设施、投资估算与效益以及其他需要规划的事项。

4. 风景名胜区的建设

风景名胜区的建设与一般意义的开发建设不同，它是服从于风景资源保护这一首要任务的。风景名胜区的建设所追求的首先是社会效益和环境效益，同时又要考虑经济效益。

首先，是对处于原始状态的景物及周围环境的清理整治，包括对古建筑、古迹文物的修复和绿化工程设施的建设等。

其次，是对风景名胜区内的道路、交通、供水、供电、排水、排污、环境卫生等基础设施的建设。

再次，是对风景名胜区内旅馆、索道、停车场、商店等旅游设施和生活设施的建设。

整个建设中要遵循"以保护为主的原则，遵循规划的原则和风格协调和谐的原则"。例如：风景名胜区的一切景物和自然环境，必须严格保护，不得破坏和随意改变。在风景名胜区及其外围保护地带内的各项建设，都应当与景物相协调，不得建设破坏景观、污染环境、妨碍游览的设施。在游人集中的游览区内，不得建设宾馆、招待所以及休养、疗养机构。风景名胜区及其外围保护地带内的林木，不分权属都应按照规划进行抚育管理，不得砍伐。确需进行更新、抚育性砍伐的，须经地方主管部门批准。

5. 风景名胜区的管理

为使各类风景名胜资源都受到保护，使各有关事业协调发展，风景名胜区的管理机构对设在风景名胜区范围内的园林、文物、环保、农林、科研、宗教、公交、商业、服务、环卫、治安等所有单位实行统一规划和管理。风景名胜区内所有的单位和个人都应遵守风景名胜区规划，服从统一管理。对风景名胜区的管理，除了保护、规划、建设等专项管理工作外，其经常性的管理工作还有治安、安全管理，环境卫生管理和生产经营管理。

二、历史文化名城的规划管理

1. 历史文化名城和文物的概念

历史文化名城是指我国古代政治、经济、文化的中心或者近代革命运动和发生重大历史事件的重要城市。

文物是指遗存在社会上或埋藏在地下的历史文化遗物，它包括内容很多，从建设规划角度理解，我们注重的文物主要是指革命遗址、纪念建筑物、古文化遗址、古墓葬、古建筑、石窟寺、石刻等。

2. 历史文化名城的规划管理

历史文化名城反映了城市的特定性质，它应当在城市规划中体现出来，使历史文化名城和文物的价值进一步得到开发和利用。历史文化名城和文物保护应当突出保护重点，即：保护文物古迹、风景名胜及其环境；对于具有传统风貌的商业、手工业、居住以及其他性质的街区，需要保护整体环境的文物古迹、革命纪念建筑集中连片的地区，或在城市发展史上有历史、科学、艺术价值的近代建筑群体等，要划定为"历史文化保护区"予以重点保护。特别要注意对面临破坏的历史实物遗存的抢救和保护，使其不再继续遭到破坏。

编制历史文化名城保护规划应包括下列内容：

（1）城市历史演变、建制沿革、城址兴废变迁；

（2）城市现存地上和地下文物古迹、历史街区、风景名胜、古树名木、革命纪念地、近代代表性建筑，以及有历史价值的水系、地貌遗迹等；

（3）城市特有的传统文化、手工艺、传统产业及民族精华等；

（4）现存历史文化遗产及其环境遭受破坏威胁的状况。

案 例 分 析

【案情简介】

贵州省电子联合康乐公司不服贵州省贵阳市城市规划局作出的对其违法建设拆除的决定，向贵阳市中级人民法院提起行政诉讼。

原告贵州省电子联合康乐公司诉称：被告贵阳市城市规划局作出的原告限期拆除违法建筑决定所依据的事实不清，适用法律、法规错误。原告新建的儿童乐园大楼曾经贵阳市城市管理委员会同意，且报送给被告审批。该工程虽然修建手续不全，但不属于严重违反城市规划。请求法院撤销被告的限期拆除房屋决定。庭审中，原告又提出变更被告的拆除决定为罚款，保留诉讼请求的意见。

原告将修建计划报送被告贵阳市城市规划局审批。原告在被告尚未审批，没有取得建设工程规划许可证的情况下，于1992年8月23日擅自动工修建儿童乐园大楼。同年12月9日，被告和市、区城管会的有关负责人到施工现场，责令原告立即停工，并写出书面检查。原告于当日向被告作出书面检查，表示愿意停止施工，接受处理。但是原告并未停止施工。

1993年2月20日，被告根据《中华人民共和国城市规划法》第三十二条，第四十条，《贵州省关于中华人民共和国城市规划法实施办法》第二十三条、第二十四条的规定，作出违法建筑拆除决定书，限令原告在1993年3月7日前自行拆除未完工的违法修建的儿童乐园大楼。原告不服，向贵州省城乡建设环境保护厅申请复议。贵州省城乡建设环境保护厅于1993年4月7日作出维护贵阳市城市规划局的违法建筑拆除决定。在复议期间，原告仍继续施工，致使建筑面积为1730m^{2}的六层大楼主体工程基本完工。

上述事实，经庭审调查核实，原、被告双方均无争议。

贵阳市中级人民法院认为：原告新建儿童乐园大楼虽经城管部门原则同意，并向被告申请办理有关建设规划手续，但在尚未取得建设工程规划许可证的情况下即动工修建，违反了《中华人民共和国城市规划法》第三十二条"建设单位或者个人在取得建设工程规划许可证件和其他有关批准文件后，方可申请办理开工手续"的规定，属违法建筑。贵阳市城市规划局据此作出限期拆除违法建筑的处罚决定并无不当。鉴于该违法建筑位于贵阳市区主干道一侧，属城市规划区重要地区，未经规划部门批准即擅自动工修建永久性建筑物，其行为本身就严重影响了该区域的整体规划，且原告在被告制止及作出处罚决定后仍继续施工，依照《贵州省关于中华人民共和国城市规划法实施办法》和《贵阳市城市建设规划管理办法》的规定，属从重处罚情节，故原告以该建筑物不属严重影响城市规划的情节为由，请求变更被告的拆除大楼的决定为罚款保留房屋的意见不予支持。依照《中华人民共和国行政诉讼法》第五十四条第（一）项的规定，该院于1993年5月21日判决：维持贵阳市城市规划局作出的违法建筑拆除决定。

第一审审判后，原告贵州省电子联合康乐公司不服，以"原判认定的事实不清，适用法律有错误"为由，向贵州省高级人民法院提出上诉，请求撤销原判，改判为罚款保留房屋，并补办修建手续。被告贵阳市城市规划局提出答辩认为，第一审判认定事实清楚，适用法律、法规正确，符合法定程序，应依法维持。

贵州省高级人民法院在庭审期间，1993年10月20日，上诉人贵州省电子联合康乐公司主动提出："服从和执行贵阳市中级人民法院的一审判决，申请撤回上诉。"贵州省高级人民法院经审查认为，上诉人无证修建儿童乐园大楼属严重违法建筑的事实存在，对上诉人作出拆除该违法房屋建筑的处罚决定合法。上诉人自愿申请撤回上诉，依照行政诉讼法第五十一条的规定，于1993年11月1日作出裁定：准许上诉人贵州省电子联合康乐公司撤回上诉。双方当事人按贵阳市中级人民法院的一审判决执行。到1994年2月，贵州省电子联合康乐公司违法修建的儿童乐园大楼已全部拆除。

【案例评析】

在本案中，原告贵州省电子联合康乐公司最明显的一个问题就是有明知故犯的嫌疑。首先，其施工过程经贵阳市城市管理委员会同意后，已经报送给被告审批。说明当事人知道应该办理工程有关审批手续。既然知道，却在未取得合法手续的情况下进行施工。其次，违法进行施工后，城市规划局和市、区城管会的有关负责人到施工现场，责令其立即停工，并写出书面检查。原告于当日作出书面检查，表示愿意停止施工，接受处理。但是并未停止施工。其行为事实，是抗拒行政执法。不仅如此，还诉称"贵阳市城市规划局作出的限期拆除违法建筑决定所依据的事实不清，适用法律、法规错误。"确实有些过分。但在法律事实面前，最终还是主动提出："服从和执行贵阳市中级人民法院的一审判决，申请撤回上诉。"并将违法修建的儿童乐园大楼全部拆除。应该说，这个处理未涉及某些人抗拒执法的处理，也未进行其他罚款，已经是较宽容了。

复习思考题

1. 城市、城市规划及城市规划区各是怎样定义的？
2. 我国城市规划的方针是什么？
3. 在我国，编制城市规划时应遵循哪些原则？
4. 城市规划分哪几类？它们的编制权限和审批权限是如何规定的？
5. 什么是城市规划的实施？保证其实施的方法有哪些？
6. 什么是选址意见书？选址意见书的核发权限是怎样规定的？
7. 什么是建设用地规划许可证？取得建设用地规划许可证要经过哪些程序？
8. 取得建设工程规划许可证要经过哪些程序？
9. 违反城市规划法将承担哪些具体责任？
10. 何谓风景名胜区及村庄、集镇？它们的规划都是由谁负责组织编制的？
11. 历史文化名城保护规划应包括哪些内容？

第六章　建设工程承发包法规

本章主要介绍了工程发包与承包的概念、立法概况及有关规定；工程招标、投标的有关规定及方式，工程招标、投标中的招标文件与投标书、标底与投标报价，工程开标、评标与定标的有关规定；以及建设工程招投标的决策、管理与监督等内容。

第一节　建设工程承发包概述

一、建设工程承发包的概念及方式

（一）工程承发包的概念

1. 工程项目

工程项目又称单项工程，是指具有独立存在意义的一个完整工程，它由许多单位工程组成的综合体。

2. 工程发包与承包

工程发包与承包是指作为交易一方的建设单位或者总承包单位将所需完成的建筑工程的勘察、设计、施工等工作的全部或一部分，通过合同委托给另一方勘察、设计、施工单位去完成并按合同规定支付报酬的行为。一般发包方为建设单位或工程总承包单位，承包方为勘察设计单位、施工单位、工程设备单位或工程设备制造单位。

（二）建设工程发包与承包的方式

我国自建国以来一直是计划经济状态，建筑业的生产任务是由行政主管部门下达所获得。但自改革开放之后我国进入市场经济，同样建筑业的市场也随之形成。从1982年起我国建筑领域进行改革，逐步确立了建设工程发包与承包制度。实践证明建设工程发包与承包制度能够鼓励竞争防止垄断，有效地提高了工程质量，降低了工程造价和工期，对促进经济的发展起到了良好的作用。《中华人民共和国建筑法》第十九条规定发包方式；建筑工程依法实行招标发包，对不适于招标发包的可以直接发包。所以建筑工程的发包方式分为招标发包和直接发包。

建筑工程招标发包是：发包方事先确定拟建物的招标内容及要求，愿意承包的单位递交投标书、证明其承包工程的造价、工期、达到的质量标准条件等，再由发包方从若干个投标的承包方中择优选取工程承包方的交易方式。

建筑工程直接发包是：发包方直接把工程发包给承包方。双方协商约定工程建设的工期、费用及其他条件的交易方式。

二、建设工程承发包法规的立法概况及有关规定

（一）立法概况

自改革开放以来，我国逐步从计划经济体制过渡为社会主义市场经济体制，建筑市场的竞争也同期形成。自1982年建筑工程发包与承包制实施以来，对推动公开竞争提高工

程质量起到了积极的作用，同时暴露出一些问题。如没有统一约束，各自为政，行政干预，招投标中徇私舞弊权钱交易等。国家为了规范建筑市场，保证工程质量，清除建筑领域的腐败现象，先后颁布了《建筑法》（1997 年）、《招标投标法》（1999 年）及《工程建设项目招标代理机构资格认定办法》（2000 年）、《建设工程设计招标管理办法》（2000 年）、《工程建设项目招标范围和规模标准规定》（2000 年）、《工程建设项目自行招标试行办法》（2000 年）、《房屋建筑和市政基础设施工程施工招标投标管理办法》（2001 年）、《工程建设项目施工招标投标办法》（2003 年）等部门规章和规范性文件。

（二）建设工程承发包的一般规定

《建筑法》及其他有关规定对建设工程发包时必须遵守下列规定：

1. 建设工程发包与承包合同必须采用书面形式

合同是一种协议。我国法律规定经济合同可采用书面形式或口头形式，但法律另有规定或当事人另有约定的除外。建设工程建设周期长，涉及金额大且建设过程当中不可预见的问题会出现，社会影响大，合同更显重要。所以《建筑法》第三章第十五条规定：建筑工程的发包单位与承包单位应当依法订立书面合同；明确双方的权利和义务；不按照合同约定履行义务的依法承担违约责任。所以口头订立的建设工程承包合同不符合建筑法律规定，则为无效。

2. 承包单位必须有相应资格

建设活动不同于一般的经济活动。它关系着人民生命财产安全，社会影响大，所以世界大多数国家对工程建设活动都实行执业资格制度，我国也实行了这一制度。《建筑法》在第二章建筑许可第十三条规定：从事建筑活动的建筑施工企业、勘察单位、设计单位和工程监理单位，按照其拥有的注册资本、专业技术人员、技术装备和已完成的建筑工程业绩等资质条件，划分为不同的资质等级，经资质审查合格，取得相应的资质等级书后，方可在其资质等级许可的范围内从事建筑活动。建筑构配件和非标准设备的加工生产单位也必须是具有生产许可证或是经有关主管部门依法批准生产的单位。

3. 建设工程承发包中禁止行贿受贿

市场经济在推动社会经济发展的同时也出现了一些弊端。尤其在建筑市场的建设工程承发包中行贿受贿的行为尤为严重。通过行贿受贿来承包工程的非法行为是社会所不能容忍的，必须予以禁止。《建筑法》第三章工程发包与承包第十七条规定：发包单位及其工作人员在建筑工程发包中不得收受贿赂、回扣或者索取其他好处。承包单位及其工作人员不得利用向发包单位及其工作人员行贿、提供回扣或者给予其他好处等不正当手段承揽工程。以单位名义所行使的行贿受贿，表面上看不是一个人获得的非法利益，没有犯罪主体，但其是集体共同犯罪，已构成单位犯罪。我国于 1997 年修订颁布的新《刑法》对此已有明确规定，并规定对单位犯罪采取双罚制，即除对单位判处罚金外，还要对直接负责的主管人员和其他直接责任人员判处相应的刑罚。

4. 提倡总承包、禁止肢解分包

我国当前的建设工程承包，一般有以下几种方式：

（1）全过程承包。即从项目可行性研究开始，到勘察、设计、施工、验收、交付使用为止的建设项目全过程承包。这样的工程称为"交钥匙工程"。

（2）设计、施工总承包。即从勘察、设计、到竣工验收为止的总承包。

（3）施工总承包。即对工程施工全过程进行总承包。

《建筑法》第三章建筑工程发包与承包第二十八条规定：禁止承包单位将其承包的全部建筑工程转包给他人，禁止承包单位将其承包的全部建筑工程肢解以后以分包的名义分别包给他人。

在国际上，将一个工程的各部位发包给不同的施工（或设计）单位，由各单位分别完成工程的不同部位也是通行做法，并称之为"平行发包"，也即我们所称的"肢解发包"。我国当前的建设单位行为还很不规范，随意性很大，市场竞争规范也不完善，肢解发包往往造成相互扯皮，严重影响建筑工程质量和进度，还给贪污犯罪提供了方便，因此我国现行的建设法规做出了禁止将建设工程肢解发包的明确规定。

5. 发包方式

《建筑法》第三章建筑工程发包与承包第十九条规定：建筑工程依法实行招标发包，对不适于招标发包的可以直接发包。所以我国建筑工程无特殊要求的都要以招标方式发包，不能直接发包。

6. 特殊工程项目的招标投标

对于一些特殊工程项目，我国相关法律、法规也规定，经项目审批部门批准，可不进行招标投标而直接发包，这些工程项目有：

（1）建设项目的勘察、设计要采用特定专利或专有技术，或建筑艺术造型有特殊要求的；

（2）工程项目的施工，主要技术采用特定的专利或专有技术；

（3）在建工程追加的附属小型工程或主体加层工程，原中标人仍具备承包能力的；

（4）施工企业自建自用且在该施工企业资质等级允许业务范围内的工程。

第二节　建设工程招标

建筑工程招标与投标是在市场经济条件下建筑市场进行工程建设项目发承包所采用的一种交易方式。它具有公平竞争减少行贿受贿等腐败和不正当的行为的功能。

一、建设工程招标的范围和原则

（一）招标人

招标人是依照招投标法的规定提出招标项目，进行招标的法人或其他组织。

（二）建设工程招标的概念

建设工程招标是指招标人就拟建工程事先公布采购条件和要求，以法定的方式吸引承包单位参加竞争，从中择优选定工程承包方的法律行为。

建筑工程招标从法律上讲是一种要约邀请，即它不指特定的单位和个人。但是根据《合同法》的规定，招标人一旦进入招标程序后就应当承担缔约责任，同时还要受到建筑市场管理的相关法规约束。因此招标人要受招标行为的约束。

（三）建设工程招标的范围

根据《招标投标法》和《工程建设项目招标范围和规模规定》，必须采用招标方式选择承包单位的建设项目包括：

1. 大型基础设施、公用事业等关系社会公共利益、公众安全的项目；

2．国家投资、融资的项目；

3．使用国际组织或者外国政府贷款、援助资金的项目；

4．施工单项合同估算价在 200 万元人民币以上；

5．重要设备、材料等货物的采购，单项合同估算价在 100 万元人民币以上；

6．勘察、设计、监理等服务的采购，单项合同在 50 万元人民币以上。

（四）按照规定属于下列情形之一的，可以不进行招标，采用直接委托的方式发包：

1．涉及国家安全、国家秘密的工程；

2．抢险救灾工程；

3．利用扶贫资金实行以工代赈、需要使用农民工等特殊情况；

4．建筑造型有特殊要求设计；

5．采用特定专利技术、专有技术进行勘察、设计或施工；

6．停建缓建后恢复建设的单位工程，且承包人未发生变更的；

7．施工企业自建自用的工程，且该施工企业资质等级符合工程要求的；

8．在建工程追加的附属小型工程或者主体加层工程，且承包人未发生变更的；

9．法律、法规、规章规定的其他情形。

（五）建设工程招标的原则

建设工程招标的原则也就是建设工程招标活动应遵循的原则：公开、公平、公正和诚实信用。

公开就是必须有极高的透明度，招标信息、招标程序、开标过程、中标结果都必须公开，使每一个投标人获得同等的信息。

公平就是要求给予所有投标人以平等机会，使他们享有的权利和履行的义务都是同等的，不得歧视任何一方。

公正就是要求按事先公布的标准进行评标，要求公正对待每一个投标人。

诚实信用是所有民事活动都应遵循的基本原则之一。要求当事人应以诚实、守信的态度行使权利、履行义务，保证彼此都能得到自己应得的利益，同时不得损害第三人和社会的利益，不得规避招标、串通投标、泄露标底、骗取中标。

二、建设工程招标的方式

招标方式按性质的不同可划分为：公开招标和邀请招标。

招标方式按竞争范围的不同可划分为：国际性竞争招标和国内竞争性招标。

招标方式按价格确定方式的不同可划分为：固定总价项目招标、成本加酬金项目招标、单价不变项目招标。

1．公开招标：

公开招标，即是招标人以招标公告的方式邀请不特定的法人或其他经济组织来进行投标，是面向全社会的招标。

2．邀请招标：

邀请招标，即是招标人以投标邀请书的方式邀请一些特定的法人或其他经济组织来投标。

3．公开招标和邀请招标的区别

（1）发布信息的方式不同。一是公告，一是投标邀请书。

（2）选择承包人的范围不同。公开招标是面向全社会的，一切潜在的对招标项目感兴趣的法人和其他经济组织都可参加投标竞争，其竞争性体现得最为充分，招标人拥有绝对的选择余地，但事先不知道投标人的数量。邀请招标所针对的对象是事先已了解的法人和其他经济组织，投标人的数量有限，其竞争性不是完全充分的，招标人选择的范围相对较小，它可能漏掉在技术上更有竞争力的承包商或供应商。

（3）公开程度不同。公开招标中所有的活动都必须严格按照预先指定并为大家所知的程序及标准公开进行，其作弊的可能性大大减小；而邀请招标的公开程度就相对逊色一些，产生不法行为的机会也就多一些。

（4）时间和费用不同。由于公开招标程序比较复杂，投标人的数量没有限定，所以其时间和费用都相对较多。而邀请招标只在有限的投标人中进行，所以其时间可大大缩短，费用也可以有所减少。

三、建设工程招标的程序

《招标投标法》第九条规定，招标项目按照国家有关规定需要履行项目审批手续的，应当先履行审批手续，取得批准。招标人应当有进行招标项目的资金或资金来源已落实，并应当在招标文件中如实载明。

（一）建设工程招标必须具备的条件

1. 招标人已经依法成立；

2. 初步设计及概算应当履行审批手续的已经批准；

3. 招标范围、招标方式和招标组织形式等应当履行审批手续的已经批准；

4. 有相应资金或资金来源已落实；

5. 有招标所需的技术图纸和技术资料。

（二）建设工程招标的一般程序

招标是招标人选择中标人并与其签订合同的过程。建设工程招标是指招标人就拟建工程事先公布采购条件和要求，以法定的方式吸引承包单位参加竞争，从中择优选定工程承包方的法律行为。招标应具有一系列的工作程序。

1. 招标准备阶段

招标准备阶段的主要工作是由招标人完成的，其主要工作包括以下内容：

（1）根据其工程特点及具体情况选择招标方式

首先根据工程特点和招标人的管理能力确定招标范围，再依据工程总进度计划确定项目建设过程中的招标次数和每次招标的工作内容，如工程监理招标、设计招标、施工招标等，然后按照每次招标前准备工作的完成情况，选择合同的计价方式；最终根据工程项目特点、招标前准备工作的完成情况、合同类型等因素的影响程度，确定招标方式。

（2）办理招标备案

建设工程关系到人民生命财产的安全，所以对建设工程的招标投标，国家及地方建设行政主管部门具有监督管理的责任。招标人要向建设行政主管部门办理申请招标手续。招标备案文件应说明：招标工作范围、招标方式、计划工期、对投标人的资质要求、招标项目的前期准备工作的完成情况、自行招标还是委托代理招标等内容。获得认可后才可以开展招标工作。

（3）编制招标有关文件

为了达到建设工程预期的质量目标、工期目标、费用目标且使招标活动正常进行，需要编制招标文件，其内容大致包括：招标广告、资格预审文件、招标文件、合同协议书及资格预审和评标的办法。

2. 招标阶段

如果是公开招标则从发布招标公告开始，若为邀请招标则从发出投标邀请函开始，到投标截止日期为止的时间称为招标投标阶段，此阶段的主要工作包括：

（1）发布招标公告或发出投标邀请函

无论是招标公告还是投标邀请函，具体格式可由招标人自定，但内容一般包括：招标单位的名称；建设项目资金来源；工程项目概况；本次招标工作范围的简介；购买招标文件的地点、时间和价格等有关事宜。

（2）进行资格预审

资格预审的目的：其一是通过对潜在投标人进行资格审查，判断其是否具备完成招标文件中对建设工程项目所要求工作的能力；其二是通过预审评出综合实力强的一批申请投标人，再请他们参加投标竞争以减少评标工作量。

资格预审程序包括：招标人依据项目的特点编写资格预审文件（资格预审表），申请参加投标竞争的潜在投标人按要求填报后作为投标人的预审文件，参加资格的评审。其中资格的评审就是根据工程项目特点和发包工作性质从资质条件、人员能力、设备和技术能力、财务状况、工程经验、企业信誉等分别给予不同权重，对其中的各方面再细化评定内容和分项评分标准，通过对各投标人的评定和打分，确定各投标人的综合素质得分，最后招标人向预审合格的投标人发出邀请投标函并请对方确认。

（3）发售招标文件

招标文件通常分为投标须知、合同条件、技术规范、图纸和技术资料、工程量清单等内容。

（4）组织现场考察

招标人在投标须知规定的时间组织投标人自费进行现场考察。设置此程序的目的，其一是让投标人了解工程项目的现场情况、自然条件、施工条件以及周围环境条件，以便于编制投标书；其二也是要求投标人通过自己的实地考察确定投标的原则和策略，避免合同履行过程中投标人以不了解现场情况为理由推卸应承担的合同责任。

（5）解答投标人的质疑

投标人研究招标文件和现场考察后以书面形式提出某些质疑问题，招标人应及时给予书面回答。招标人对任何一位投标人所提问题的回答，必须发送给每一位投标人保证招标的公开和公正，但不必说明问题的来源。回答函件作为招标文件的组成部分，如果书面解答的问题与招标文件中的规定不一致，以函件的解答为准。

3. 决标成交阶段

决标成交阶段包括开标、评标与定标、发中标通知书、签订合同等工作，其主要内容将在本章第四节中阐述。

四、建设工程招标文件的主要内容

招标文件是招标的依据，招标人应根据招标项目的特点和需要编制招标文件。招标文件一般包括下列内容：

1. 投标邀请书；

2. 投标人须知；

3. 合同主要条款；

4. 投标文件格式；

5. 采用工程量清单招标的，应当提供工程量清单；

6. 技术条款，招标文件规定的各项技术标准应符合国家强制性标准；

7. 设计图纸；

8. 评标标准和方法；

9. 投标辅助材料。

其他需要说明的事项，招标人应当在招标文件中规定实质性的要求和条件，并用醒目的方式标明。

招标人可以在招标文件中要求投标人提交投标保证金，投标保证金除现金外，可以是银行出具的银行保函、保兑支票、银行汇票或现金支票。投标保证金一般不得超过投标总报价的 2%，但最高不得超过 80 万元人民币。投标保证金有效期应当超出投标有效期 30 天。

施工招标项目需要划分标段、确定工期的，招标人应当合理划分标段、确定工期，并在招标文件中载明。对工程技术上紧密相连、不可分割的单位工程不得分割标段。

招标人应当确定投标人编制投标文件所需要的合理时间，但是，依法必须进行招标的项目，自招标文件开始发出之日起至提交投标文件截止之日止，最短不得少于 20 天。

第三节　建设工程投标

投标又称报价，是指作为承包方的投标人根据招标人的招标条件向招标人提交其依照招标文件的要求所编制的投标文件，即向招标人提出自己的报价，以期望承包该项目的行为。

一、投标人及其资质

（一）投标人

1. 投标人是指响应投标，参加投标竞争的人。

2. 响应投标是指获得招标信息或收到投标邀请书后购买投标文件，接受资格审查，编制投标文件等按招标人要求所进行的活动。

（二）投标联合体

大型建设工程项目，往往不是一个投标人所能完成的，所以，法律允许几个投标人组成一个联合体，共同参与投标，并对投标联合体投标的相关问题做出了明确规定。

1. 联合体的法律地位。联合体是由多个法人或经济组织组成，但它在投标时作为一个独立的投标人出现的，具有独立的民事权利能力和行为能力。

2. 联合体的资格。《招标投标法》规定，组成联合体各方均应具备相应的投标资格；由同一专业的单位组成的联合体，按照资质等级较低的单位确定资质等级。这是为了促使资质优秀的投标人组成联合体，防止以高资质获取招标项目，而由资质等级较低的投标人来完成的行为。

3. 联合体各方的责任。联合体各方应签订共同投标协议，明确约定各方在拟承包的工程中所承担的义务和责任。

4. 投标人的意思自治。投标时，投标人是否与他人组成联合体，与谁组成联合体，都由投标人自行决定，任何人都不得干涉。《招标投标法》规定，招标人不得强制投标人组成联合体共同投标，不得限制投标人之间的竞争。

（三）投标人应具备的条件

为了保证建设工程的顺利完成，《招标投标法》规定："国家有关规定对投标人资格条件或者招标文件对投标人资格条件有规定的，投标人应当具备规定的资格条件"。

主要包括：投标人的法人地位；投标企业的资质等级；技术装备情况；与招标工程项目有关的业绩；投标企业的财务状况；投标企业的企业信誉；附加的还有：可以针对工程所需的特别措施；专业工程施工资质；环境保护方针和保证体系；建造师资质的要求等。

二、建设工程投标程序

（一）获得招标信息

获取招标信息是指投标人获得招标人对拟建工程项目进行建设招标的信息。目前投标人获得招标信息的途径很多，但最普遍的是通过大众媒体所发布的公告获取招标信息。

（二）准备投标资格资料

投标人在向招标人提出投标申请时，应附带有关投标资格的资料，以供招标人审查，这些资料应表明自己存在的合法地位、资质等级、技术与装备水平、资金与财务状况、近期经营状况及以前所完成的与招标工程项目有关的业绩。

（三）建立投标组织

由于建筑市场中业主相对少而工程承包单位较多，所以工程项目投标过程竞争十分激烈，需要有专门的机构和人员对投标全过程加以组织与管理，以提高工作效率和中标的可能性。建立一个强有力的、内行的领导班子是获得投标成功的根本保证，因此投标领导班子应由下列人才组成：经营管理类人才、专业技术人才、商务金融类人才、专业翻译人才、法律与合同管理人才等。

（四）前期投标决策

前期投标决策是指投标人在证实招标信息后，对招标人的信誉、实力等方面进行了解，根据了解到的情况正确做出投标决策，以减少工程实施过程中承包方的风险。

（五）资格预审、购买招标文件

1. 资格预审是投标人在投标过程中要通过的第一关，由招标人根据自己所编制的资格预审文件内容进行审查。一般要求被审查的投标人提供以下资料：

（1）投标企业概况；

（2）投标企业的财务状况；

（3）对于本工程拟投入的主要管理人员情况；

（4）目前剩余劳动力和施工机械情况；

（5）近三年承建的工程情况；

（6）目前正在承建的工程情况；

（7）两年来涉及的诉讼案件情况；

（8）其他资料（如各种奖励和处罚）。

2. 购买招标文件

投标人通过资格预审后，就可以在规定的时间内向招标人购买招标文件，且按招标文件的要求向招标人提供投标保证金和图纸押金。

3. 分析招标文件

投标人应认真阅读招标文件中的所有条款，尤其招标文件对于投标报价、工期、质量等方面的要求。同时对招标文件中的合同条款、无效标书等主要内容应认真分析研究，理解招标文件隐含的涵义，对于可能发生疑义或不清楚的地方，应向招标人书面提出。

（六）参加现场踏勘

投标人除对招标文件进行认真研读分析之外，还应根据招标文件规定的时间，对拟建工程的施工场地进行现场考察。现场考察应由招标人组织，投标人自费自愿参加。现场踏勘时应从以下六个方面详细了解工程的有关情况，为投标工作提供第一手资料。

1. 工程的性质以及与其他工程之间的关系；

2. 投标人投标的那一部分工程于其他承包商之间的关系；

3. 工地的地貌、地质、气候、交通、电力、水源、有无障碍物等情况；

4. 工地的临时设施的情况；

5. 工地料场的开采条件、其他加工条件；

6. 工地附近的治安情况。

（七）参加投标预备会

投标预备会又称答疑会或标前会议，一般在现场踏勘后 1~2 天内举行。其目的是解答投标人对招标文件及现场踏勘中所提出的问题进行解释，并对图纸进行交底。投标人在对招标文件进行认真分析和对现场进行踏勘之后，应尽可能地将投标过程中可能遇到的问题向招标人提出疑问，争取得到招标人的解答，为下一步投标工作的顺利进行打下基础。

（八）编制投标文件

建设工程投标文件，是建设工程投标人单方面阐述自己响应招标文件要求，旨在向招标人提出愿意订立合同的意思表示，是投标人确定和解释有关投标事项的各种书面形式的统称。《招标投标法》规定："投标文件应当对招标文件提出的实质性要求和条件做出响应"。实质性要求和条件，是指招标项目的价格、项目进度计划、技术规范、合同的主要条款等，投标文件必须对之做出响应，不得遗漏、回避，更不能对招标文件进行修改或提出任何附带条件。还应包括拟派出的项目负责人与主要技术人员的简历、业绩和拟用于完成工程项目的机械设备等内容。

1. 投标文件的组成

投标文件一般说来有以下几部分组成：

（1）投标书。

投标书主要内容为：投标报价、质量、工期目标、履约保证金数额等。

（2）投标书附录。

投标书附录主要内容为：投标人对开工日期、履约保证金、违约金及招标文件规定的其他要求的具体承诺。

（3）投标保证金。

投标保证金的形式有：现金、支票、汇票及银行保函，投标保证金被视为投标文件的组成部分，未及时缴纳投标保证金，该投标将被视为废标。

（4）法定代表人资格证明书。

（5）授权委托书。

（6）具有标价的工程量清单与报价表。

在提供具有标价的工程量清单与报价表的同时，当招标文件要求投标书需附报价计算书时，应附上。

（7）辅助资料表。

常见的辅助资料表有：企业资信证明资料、企业业绩证明资料、建造师简历及证明资料、项目管理人员表及证明资料。

（8）资格审查表（先期资格预审的不采用）。

（9）对招标文件中的合同协议条款内容的确认和响应。

对招标文件中的合同协议条款内容的确认和响应一般并入投标书或投标附录。

（10）施工组织设计。

施工组织设计一般包括：施工部署，施工方案，总进度计划，资源计划，施工总平面图，季节性施工措施，质量、进度保证措施，施工机械设备表，劳动力计划表，临时设施计划表，安全施工、文明施工、环境保护措施等。

（11）按招标文件规定提交的其他资料。

2．投标文件的编制要求

（1）投标人编制投标文件时必须使用招标文件提供的投标文件表格格式，但表格可以按同样格式扩展。投标保证金、履约保证金的方式，按招标文件有关规定可以选择。实质性的项目或数字如工期、质量等级、价格等未填写的，将视为无效或作废的投标处理。

（2）投标人编制的投标文件"正本"仅一份，"副本"则按招标文件前附表所述的份数提供。

（3）投标文件正本和副本均应使用不能擦去的墨水书写或打印。

（4）所有投标文件均由投标人的法定代表人签署、加盖印鉴，并加盖法人单位公章。

（5）填报投标文件应反复校核，保证分项和汇总计算均无错误。全套投标文件均应无涂改和行间插字，除非这些删改是根据招标人的要求进行的，或者是投标人造成的必须改正的错误，修改处应由投标文件签字人签字证明并加盖印鉴。

（6）投标人应将投标文件的技术标和商务标分别密封在内层包封，再密封在一个外层包封中。标书封口加封条贴缝处应全部加盖密封章或法人章。内外层包封都应有投标人的法定代表人签署加盖印鉴，并加盖法人单位公章。

（7）技术编制的要求

1）针对性

针对性是指投标书要根据招标工程的具体特点针对性地选择技术规范标准，不得为了使标书"上规模"以体现投标人的水平，对规范进行长篇引用或抄袭，否则会使标书无针对性且在评标时会引起评标专家的反感，因而导致技术严重失分。

2）全面性

全面性是指投标书中技术标的内容要全面，因为在评标时，对技术标的评分标准一般都分为许多项目，这些项目都赋予一定的分值。

3）先进性

先进性是指投标书中技术标的内容所采用的先进技术、设备、材料或工艺，使投标书对招标人和评标专家产生更强的吸引力，从而使技术标得到高分。

4）可行性

可行性是指投标书中技术标的内容所采用的先进技术、设备、材料或工艺最终都要付诸实施，这些都必须有切合实际的可行性，不得盲目提出。

5）经济性

承包商参加投标承揽工程业务的最终目的是为了获取最大的经济利益，而施工方案的经济性直接关系到承包商的经济利益，因此必须十分慎重。

3．投标文件编制的步骤

（1）编制投标文件的准备工作

1）熟悉招标文件、图纸、资料，对不清楚的部分以书面的形式向招标人询问、澄清；

2）参加招标人组织的施工现场踏勘和答疑会；

3）调查当地材料供应情况和价格情况；

4）了解交通运输条件和有关事宜。

（2）实质性响应条款的编制

（3）复核、计算工程量

（4）编制施工组织设计

（5）计算投标报价

（6）装订成册

（九）投标文件的送达

投标文件的送达有三种方式：直接送达、邮寄送达、委托送达。

投标人应在招标文件规定的投标截止日期内将投标文件提交给招标人。在投标截止期以后送达的投标文件，招标人拒收。

投标人可以在提交投标文件后，在规定的投标截止时间之前，采用书面形式向招标人递交补充、修改或撤回其投标文件的通知。在投标截止日期后不得更改投标文件。投标人递交的补充、修改内容为投标文件的组成部分。根据招标文件规定，在投标截止时间与招标文件中规定的投标有效期终止日之间的这段时间内，投标人不得撤回投标文件，否则其投标保证金将不予退还。

三、建设工程投标决策

投标决策，是指承包商为实现其一定利益目标，针对招标项目的实际情况，对投标可行性和具体策略进行论证和抉择的活动。

（一）投标决策的原则

投标决策十分复杂，为保证投标决策的科学性，必须遵守一定的原则。

（1）目标性。投标的目的是实现投标人的某种目的，因此投标前投标人应首先明确投标目标，如：获取盈利、占领市场、创造信誉等，只有这样投标才能有的放矢。

（2）系统化。决策中应从系统的角度出发，采用系统分析的方法，以实现整体目标最优化。

建设单位所追求的投资目标，不只是质量、进度或费用之中的某一方面的最优化，而是由这三者组合而成的整体目标的最优化。因此，决策时，投标人应根据建设单位的具体情况，采用系统分析的方法，综合平衡三者关系，以便实现整体目标的最优化。

同时，投标人所追求的目标往往也不是单一的，在追求利润最大化的同时，他们往往还有追求信誉、抢占市场等目的。对于这些目标也要采用系统的方法进行分析、平衡，以便实现企业的整体目标最优化。

(3) 信息化。决策应在充分占有信息基础上进行，只有最大限度地掌握了诸如项目特点、材料价格、人工费水平、建设单位信誉、可能参与竞争的对手情况等信息，才能保证决策的科学性。

(4) 预见性。预测是从历史和现状出发，运用科学的方法，通过对已占有信息的分析，推断事物发展趋向的活动。投标决策的正确性取决于对投标竞争环境和未来的市场环境预测的正确性。因此预测是决策的基础和前提，没有科学的预测就没有科学的决策。在投标决策中，必须首先对未来的市场状况及各影响要素的可能变化做出推测，这是进行科学的投标决策所必需的。

(5) 针对性。要取得投标成功，投标人不但要保证报价符合建设单位目标，而且还要保证竞争的策略有较强的针对性。为了中标，一味拼命压价，并不能保证一定中标，往往会因为没有扬长避短而被对手击败。同时，技术标的针对性也是取得投标成功所必需的。

(二) 投标决策的内容

建设工程投标决策的内容，一般说来，主要包括三个层次：一是投标项目选择的决策；二是造价估算的决策；三是投标报价的决策。

1. 投标项目选择决策

建设工程投标决策的首要任务，是在获取招标信息后，对是否参加投标竞争进行分析、论证，并做出抉择。

若项目对投标人来说基本上不存在技术、设备、资金和其他方面问题的，或虽有技术、设备、资金和其他方面问题但可预见并已有了解决办法，就属于低风险标。低风险标实际上就是不存在未解决或解决不了的重大问题，没有什么大的风险的标。如果企业经济实力不强，经不起风险，投低风险标是比较恰当的选择。

若项目对投标人来说存在技术、设备、资金或其他方面未解决的问题，承包难度比较大，就属于高风险标。投高风险标，关键是要能想出办法解决好工程中存在的问题。如果问题解决好了，可获得丰厚的利润，开拓出新的技术领域，锻炼出一支好的队伍，使企业素质和实力上一个台阶；如果问题解决得不好，企业的效益、声誉等都会受损，严重的可能会使企业出现亏损甚至破产。因此，承包商对投标进行决策时，应充分估计项目的风险度。

承包商决定是否参加投标，通常要综合考虑各方面的情况，如承包商当前的经营状况和长远目标，参加投标的目的，影响中标机会的内部、外部因素等。一般说来，有下列情形之一的招标项目，承包商不宜选择投标：

(1) 工程规模超过企业资质等级的项目；

(2) 超越企业业务范围和经营能力之外的项目；

(3) 企业当前任务比较饱满，而招标工程是风险较大或盈利水平较低的项目；

(4) 企业劳动力、机械设备和周转材料等资源不能保证的项目；

（5）竞争对手在技术、经济、信誉和社会关系等方面具有明显优势的项目。

2. 造价估算的决策

投标项目的造价估算与施工图预算编制有较大差别。投标项目的造价估算应该是企业的施工预算。而施工预算与施工图预算的主要区别在于编制依据不同，性质也不同。施工图预算的编制依据主要是国家、地方或行业的预算定额和费用定额，而投标造价估算理论上应以企业根据自身实际情况而编制的企业定额为依据。当企业没有企业定额时，往往采用对施工图预算根据统计资料或经验进行调整的方法，编制出符合承包商自身特定条件的施工预算。施工图预算反映的是社会平均的施工成本，而施工预算反映的是企业的个别施工成本。

投标项目的造价估算与施工图预算除了上述区别以外，还有两个重大差异：一是在投标项目的造价估算中应包括一定的风险费用；二是投标项目的造价估算应具体针对特定投标人的特定施工方案和施工进度计划。

因此，在投标项目的造价估算编制时，有一个风险费用确定和施工方案选择的决策工作。

（1）风险费用估算。在工程项目造价估算编制中要特别注意风险费用的决策。风险费用是指工程施工中难以事先预见的费用，当风险费用在实际施工中发生时，则构成工程成本的组成部分，但如果在施工中没有发生，这部分风险费用就转化为企业的利润。因此，在实际工程施工中应尽量减少风险费用的支出，力争转化为企业的利润。

由于风险费用是事先无法具体确定的费用，如果估计太大就会降低中标概率；估计太小，一旦风险发生就会减少企业利润，甚至亏损。因此，确定风险费用多少是一个复杂的决策，是工程项目造价估算决策的重要内容。

从大量的工程实践中获得的统计数据表明，工程施工风险主要来自于以下因素：

1）工程量计算的准确程度。工程量计算准确程度低，施工成本的风险就大。

2）单价估计的精确程度。直接成本是分项分部工程量与单价乘积的总和，单价估计不精确，风险就相应加大。

3）施工中自然环境的不可预测因素。如气候、地震和其他自然灾害以及地质情况，这些往往是不能完全在事前准确预见的，因此施工就存在着一定风险。

4）市场材料、人工、机械价格的波动因素。这些因素在不同的合同价格中风险虽不一样，但都存在用风险费用来补偿的问题。

5）国家宏观经济政策的调整。国家宏观经济政策的调整不是一个企业能完全估计得到的，而且这种调整一旦发生，企业往往是不能抗拒的，因此投标项目的造价估算中也应考虑这部分风险。

6）其他社会风险，虽然发生概率很低，但有时也应作一定防范。要精确估计风险费用，要做大量工作。首先要识别风险，即找出对于某个特定的项目可能产生的风险有哪些，进而对这些风险发生的概率进行评估，然后制定出规避这些风险的具体措施。这些措施有的是只要加强管理就能实现的，有的则必须在事前或事后发生一定的费用。因此，要预先确定风险费用的数额必须经过详细的分析和计算。同时，风险发生的概率和规避风险的具体措施选择都必须进行认真的决策。

（2）施工方案决策。对于施工技术成熟、施工方法已普及的工程项目，不同承包商的施工方案并无实质差别，如砖混结构施工、框架结构施工方法等。但对于一些水利、桥梁、隧道等特殊工程，不同承包商的施工方案差别较大，投资（成本）也不一样，此时，存在一个施工方案决策的问题。

施工方案的选择不但关系到质量好坏、进度快慢，而且最终都会直接或间接地影响到工程造价。因此，施工方案的决策，不是纯粹的技术问题，而且也是造价决策的重要内容。

有的施工方案能提高工程质量，虽然成本要增加，但返工率能降低，又会减少返工损失。反之，在满足招标文件要求的前提下，选择适当的施工方案，控制质量标准不要过高，虽然有可能降低成本，但返工率也可能因此而提高，从而费用也可能增加。增加的成本多还是减少的返工损失多，这需要进行详细的分析和决策。

有的施工方案能加快工程进度，虽然需要增加抢工费，但进度加快，施工的固定成本能节约，因此，要对增加的支出多还是节约的成本多进行比较。反之，在满足招标文件要求的前提下，适当放慢进度，工人的劳动效率会提高，抢工费用也不会发生，直接费会节约，但工期延长，固定成本增加，总成本又会增加。因此也要进行详细的分析和决策。

3. 投标报价的决策

投标报价的决策分为宏观决策和微观决策，先应进行宏观决策，后要进行微观决策。

（1）报价的宏观决策。所谓投标报价的宏观决策，就是根据竞争环境，宏观上是采取报高价还是报低价的决策。

必须注意，我国的主要建设法规都对低于成本价的恶意竞争进行了限制，因此对于国内工程来说，目前阶段是不能报亏损价的。

（2）报价的微观决策。所谓报价的微观决策，就是根据报价的技巧具体确定每个分项工程是报高价还是报低价，以及报价的高低幅度。在同一工程造价估算中，单价高低一般根据以下具体情况确定：

1）估计工程量将来增加的分项工程，单价可提高一些，否则报低一些。

2）能先获得付款的项目（如土方、基础工程等），单价可报高一些，否则报低一些。

3）对做法说明明确的分项工程，单价应报高一些。反之，图纸不明确或有错误，估计将来要修改的分项工程，单价可报低一些，一旦图纸修改可以重新定价。

4）没有工程量，只填报单价的项目（如土方工程中的水下挖土、挖湿土等备用单价），其单价要高一些，这样做也不影响投标总价。

5）暂定施工内容要具体分析，将来肯定要做的单价可适当提高，如果工程分标，该施工内容可能由其他承包商施工时，则不宜报高价。

在进行上述调整时，若同时保持投标报价总量不变，则这种报价方法称为不平衡报价法。这种报价方法的意义在于，在不影响报价的竞争力的前提下，谋取更大的经济效益。但各项目价格的调整需掌握在合理的幅度内，以免引起建设单位的反感，甚至被确定为废标，遭受不应有的损失。

四、建设工程投标报价

（一）投标报价的组成

目前我国建筑市场常见的报价方式有三种。一是按工程概、预算编制方法进行编制；二是按工程量清单法报价；三是按总价浮动率报价法。采用不同的报价法，则投标报价的组成和计算也有所不同。

1. 按工程概、预算方法编制

按工程概、预算方法编制投标报价，在费用上与工程概、预算文件中的费用基本一致。但严格地讲，一是工程概、预算的内容比较规范，其中各种费用都按规定的费率和定额进行计算，不能随意更改，而投标报价则可根据承包商的实际情况进行计算，可以包含风险费用，可以上下浮动，有关定额可作参考；二是工程概、预算文件编制完成后，主要用于对投资的控制，而投标报价只用于投标，二者的性质和用途不同。

按工程概、预算方法编制投标报价，主要由直接工程费、间接费、计划利润、税金和风险费组成。

(1) 直接工程费。投标报价中的直接工程费由直接费、其他直接费、现场经费组成。

直接费：是指施工过程中耗费的构成实体和有助于工程形成的各项费用，包括人工费、材料费、施工机械使用费。其中的人工费，是指直接从事建筑安装工程施工的生产工人开支的各项费用；直接费中的材料费，是指施工过程中耗用的构成工程实体的原材料、辅助材料、构配件、零件、半成品的费用和周转使用材料的摊销（或租赁）费用；直接费中的施工机械使用费是指使用施工机械作业所发生的机械使用费以及机械安装、拆卸和进出场费用。

其他直接费，是指直接费以外施工过程中发生的其他费用，如冬、雨期及夜间期施工增加费等。

现场经费，是指为了施工准备、组织施工生产和管理所需费用，主要包括临时设施费和现场管理费。其中临时设施费，是指施工企业为进行建筑安装工程施工所必需的生活和生产用的临时建筑物、构筑物和其他临时设施费用等。现场经费中的现场管理费，是指为现场必不可少的管理费用。如现场管理人员的基本工资、工资性补贴、职工福利费、劳动保护费等。

(2) 间接费。投标报价中的间接费，由企业管理费、财务费和其他费组成。

企业管理费，是指施工企业为组织施工生产经营活动所发生的管理费用，如管理人员的基本工资、工资性补贴及按规定标准计提的职工福利费等。

财务费用，是指企业为筹集资金而发生的各项费用，包括企业经营期间发生的短期贷款利息净支出、汇总净损失、调剂外汇手续费、金融机构手续费、以及企业为筹集资金发生的其他财务费用。

其他费用，是指企业按规定支付工程造价（定额）管理部门的定额编制管理费、劳动管理部门的定额测定费、按有关部门规定支付的上级管理费。

(3) 计划利润。计划利润是指按规定应计入建筑安装工程造价的利润。

(4) 税金。税金是指国家税法规定的应计入建筑安装工程造价内的营业税、城市维护建设税及教育费附加等。

(5) 风险费用。在概算中，除上述费用外，还包括不可预见费。在预算中则没有该项费用，所以在投标报价中，应该考虑一定比例的风险费用。

2. 工程量清单报价法

工程量清单报价法中单价的确定有两种方式：其一，单价的确定方法与按概、预算方法编制投标报价的方法一样，总价的计算方法也同概、预算方法编制投标报价，惟一不同的是工程量不用投标人计算而是由招标人提供；其二单价由工程费、施工服务费、利润和税金等构成。

采用工程量清单报价法中单价由工程费、施工服务费、利润和税金等构成的报价组成：

（1）工程费。工程费是指直接用于建筑安装工程上的有关费用，通常由人工费、材料费两部分组成。人工费是指直接从事建筑安装施工的生产工人工资和各种津贴。材料费是指直接应用于建筑安装工程的材料、构件、零件、成品及半成品的所有用量。

（2）施工服务费。施工服务费是指为建筑安装工程施工服务的一切费用，包括：管理人员工资、非生产人员的工资、流动施工及地区津贴费、劳保支出费、办公费、差旅交通费等。

施工服务费中的各项费用，由投标人根据投标工程的建设规模、工期、质量要求、施工方法、结合自身的具体情况进行测算报价。

（二）投标报价的程序

承包工程有总价合同、单价合同、成本加酬金合同等合同形式，不同的合同形式的计算报价是有差别的。具有代表性的单价合同报价计算主要步骤如下：

1．研究招标文件

招标文件是投标的主要依据，承包商在计算标价之前和整个投标报价期间，均应组织参加投标报价的人员认真细致地阅读招标文件，仔细分析研究，弄清招标文件的要求和报价内容。一般主要应弄清报价范围，取费标准，采用定额、工、料、机定价方法、技术要求，特殊材料和设备，有效报价区间等。同时，在招标文件研究过程中要注意发现互相矛盾和表述不清的问题等。对这些问题，应及时通过招标预备会或采用书面提问形式，请招标人给予解答。

在投标实践中，报价发生较大偏差甚至造成废标的原因，常见的有两个：其一是造价估算误差太大，其二是没弄清招标文件中有关报价的规定。因此，标书编制以前，全体与投标报价有关的人员都必须反复认真研读招标文件。

2．现场调查

现场条件是承包商投标报价的重要依据之一。现场调查不全面不细致，很容易造成与现场条件有关的工作内容遗漏或者工程量计算错误。而一旦中标以后，承包商就无权对考虑不全的因素提出报价修正，而且在今后合同的履行中也不能提出补偿的要求，从而使承包商蒙受很大的损失。现场调查一般主要包括如下方面：

（1）自然地理条件，包括：施工现场的地理位置；地形、地貌；用地范围；气象、水文情况；地质情况；地震及设防烈度；洪水、台风及其他自然灾害情况等。

（2）市场情况，包括：建筑材料和设备、施工机械设备、燃料、动力和生活用品的供应状况、价格水平与变动趋势；劳务市场状况；银行利率和外汇率等情况。

（3）施工条件，包括：临时设施、生活用地位置和大小；供排水、供电、进场道路、通讯设施现状；引接供排水线路、电源、通信线路和道路的条件和距离；附近现有建（构）筑物、地下和空中管线情况；环境对施工的限制等。

（4）其他条件，包括：交通运输条件；工地现场附近的治安情况等。

3．编制施工组织设计

施工组织设计包括进度计划和施工方案等内容，是技术标的主要组成部分。施工组织设计的水平反映了承包商的技术实力，不但是决定承包商能否中标的重要因素，而且由于施工进度安排是否合理，施工方案选择是否恰当，对工程成本与报价有密切关系。一个好的施工组织设计可大大降低标价。因此，在估算工程造价之前，工程技术人员应认真编制好施工组织设计，为准确估算工程造价提供依据。

4. 计算或复核工程量

要确定工程造价，首先要根据施工图和施工组织设计计算工程量，并列出工程量表。而当采用工程量清单招标时，投标者应根据图纸仔细对招标文件中所附的工程量表进行复核，通知招标单位对较大的漏项或误差进行更正。

工程量的大小是投标报价的最直接依据：为确保复核工程量准确，在计算中应注意以下方面：

（1）正确划分分项工程，做到与当地定额或单位估价表项目一致；

（2）按一定顺序进行，避免漏算或重算；

（3）以施工图为依据；

（4）结合已定的施工方案或施工方法；

（5）进行认真复核与检查。

5. 确定工、料、机单价

当采用预算定额进行造价估算时，大部分的分项工程各地的定额都提供了工、料、机单价，但也有部分工程或因为单位估价表中无单价，或因为单位估价表中单价与实际采用材料不同，或因为当地文件规定需根据当地的造价信息刊物提供的单价换算，或因为在造价信息中也未提供单价，因此在造价估算时应对工、料、机单价进行重新确定。

不言而喻，当采用企业定额进行造价估算时，则所有的工、料、机单价都需要通过调查，按实际确定。

6. 计算工程直接费

根据分项工程中工、料、机等生产要素的需用量和其单价，计算分项工程的直接成本的单价和合价，进而计算出整个工程的直接费。

7. 计算间接费

根据当地的费用定额或根据企业的实际情况，以直接费为基础，计算出工程间接费。

8. 估算上级企业管理费、预计利润、税金及风险费用

9. 计算工程总估价

综合工程直接费、间接费、上级企业管理费、风险费用，预计利润和税金形成工程总估价。

10. 审核工程估价

在确定最终的投标报价前，还需进行报价的宏观审核。宏观审核的目的在于通过变换角度的方式对报价进行审查，以提高报价的准确性，提高竞争能力。

宏观审核通常所采取的观察角度主要有以下方面：单位工程造价；全员劳动生产率；单位工程消耗指标；分项工程造价比例；各类费用的比例；预测成本比较；扩大系数估算法；企业内部定额估价法等。

综合运用上述方法与指标，就可以减少报价中的失误，不断提高报价水平。

11.确定报价策略和投标技巧

根据投标目标、项目特点、竞争形势等，在采用前述的报价决策的基础上具体确定报价策略和投标技巧。

12.最终确定投标报价

根据已确定的报价策略和投标技巧对估算造价进行调整，最终确定投标报价。

（三）投标报价的审核

为了提高中标的概率，在投标报价正式确定之前，应对其进行认真审查、核算。审核的方法很多，常用的有下列方法：

1.以一定时期本地区内各类项目的单位工程造价，对投标价进行审核；

2.运用全员劳动生产率，对投标报价（主要适用于同类工程、特别是一些难以用单位工程造价分析的工程）进行审核；

3.用各类单位工程用工、用料的正常指标，对投标价进行审核；

4.用各项分项工程价值的正常比例（如一幢建筑物的各分部工程：基础、主体、屋面等在工程价值中所占有的大体合理的比例），对投标价进行审核；

5.用各类费用的正常比例（如：人工费、材料设备费、施工机械费、间接费等各类费用之间所占有的合理比例），对投标价进行审核；

6.用现存的一个国家或地区的同类型工程报价项目和中标项目的预测工程成本资料，对投标价进行审核；

7.用个体分析整体综合控制法，即先对若干个个体工程逐个进行分析，然后对由个体工程组成的整体工程进行综合研究控制，对投标价进行审核；

8.用综合定额估算法（即以综合定额和扩大系数估算工程的工料数量和工程造价）对投标价进行审核。

五、建设工程投标应注意的问题

对于投标中各方应注意的问题，《招标投标法》也有明确的规范要求。

（一）保密要求

由于投标是一次性的竞争行为，为了保证其公正性，就必须对当事人各方提出严格的保密要求；投标文件及其修改、补充的内容都必须以密封的形式送达，招标人签收后必须以原样保存，不得开启。对于标底和潜在投标人的名称、数量以及可能影响公平竞争的其他有关招标情况，招标人都必须保密，不得向他人透露。

（二）合理报价

《招标投标法》规定："投标人不得以低于成本的价格报价、竞标"。投标人如果以低于成本价格报价，一旦中标必然会采取偷工减料，依次充好等非法手段避免亏损，以求生存。这不但严重破坏社会主义经济市场经济秩序且关系着人民生命财产的安全，给社会带来隐患，必须予以禁止。

（三）诚实信用

诚实信用是所有公民应遵守的原则。从这个原则出发，《招标投标法》规定：投标人不得相互串通投标，损害国家利益、社会公共利益和他人的合法利益；不得向招标人或评标委员会成员行贿以谋取中标；不得以他人名义投标或以其他方式弄虚作假、骗取中标。

《招标投标法》还规定：凡投标人之间相互约定抬高、压低或约定分别以高、中、低价位报价；投标人之间先进行内部议价，内定中标人后再进行投标及有其他串通投标行为的，皆属投标人串通投标行为。而招标人在开标前开启投标文件；并将招标情况告知其他投标人；或协助投标人撤换投标文件、更改报价；招标人向投标人泄露标底；招标人与投标人商定，投标是压低或抬高标价，中标后再给投标人或招标人额外补偿；招标人预先内定投标人等行为，皆为投标人与招标人串通投标行为。

（四）投标人数量的要求

《招标投标法》规定：投标人少于三个的，招标人应当依照本法重新招标。当投标人少于三个时，就会缺乏竞争性，且投标人有可能抬高承包条件，损害招标人利益，所以必须重新招标，这也是国际上通行的作法。

第四节　建设工程决标

一、开标

（一）开标的概念

开标是指投标截止后，招标人按招标文件所规定的时间和地点，开启投标人提交的投标文件，公开宣布投标人的名称、投标价格及投标文件中的其他主要内容的活动。

（二）开标的时间与地点

开标应当在招标文件确定的提交投标文件截止时间的同一时间公开进行；开标地点应当为招标文件中预先确定的地点。提交投标文件截止时间即是开标时间，它一般都精确至某年某月某时某分。其目的是为了避免开标与投标截止时间之间存在时间间隔，从而防止泄露投标内容等一些不法行为的发生。

（三）有关开标的相关规定

1. 参加人

开标由招标人主持，邀请所有的投标人参加。开标时，还可邀请招标主管部门、评标委员会、监察部门的有关人员参加，也可委托公证部门对整个开标过程依法进行公证。

2. 标书密封的现场认定及当众宣读、记录备案

开标时，由投标人或者其推选的代表检查投标文件的密封情况，也可以由招标人委托的公证机构检查并公证；经确认无误后，由工作人员当众拆封，宣读投标人名称、投标价格和投标文件的其他主要内容。开标过程应当记录，并存档备查。如投标文件没有密封，或有被开启的痕迹，应被认定为投标无效，其内容不予宣读。且不得允许投标人通过修正或撤销不符合要求的差异或保留，使之成为具有相应的投标文件而参与评标。

二、评标与定标

（一）评标

评标就是依据招标文件的规定和要求，对投标文件所进行的审查、评审和比较。评标由招标人组建的评标委员会负责。

1. 评标委员会

评标是一项涉及多种专业知识的复杂技术活动，是保证合同文件能按质、按期完成，保证招标的主要环节，评标由招标人依法组建的评标委员会负责。依法必须招标的项目，其评标委员会由招标人的代表和有关技术、经济等方面的专家组成，成员人数为五人以上

的单数,其中技术、经济方面的专家不得少于成员总数的 2/3。

2. 评标委员会中专家资格

为了保证评标的质量,参加评标的专家必须是具有较高专业水平,并有丰富的实际工作经验且对业务相对熟悉的专业人员。《招标投标法》规定:参加评标委员会的专家应当满足从事相关领域工作满八年并具有高级职称或具有同等专业水平的条件。

3. 评标委员会专家人选的确定

为了防止招标人选定评标专家的主观随意性,评标专家由招标人从国务院或省、自治区、直辖市人民政府有关部门提供的专家库中确定。一般招标项目可采取随机抽取方式,特殊招标项目因有特殊要求或技术特别复杂,只有少数专家能够胜任,可由招标人直接确定。评标专家与投标人有利害关系的人不得进入评标委员会,已经进入的应更换。

4. 评标的标准

评标委员会应当按照招标文件确定的评标标准和方法,对投标文件进行评审和比较;设有标底的,应当参考标底。评标委员会完成评标后,应当向招标人提出书面评标报告,并推荐合格的中标候选人。

招标人根据评标委员会提出的书面评标报告,从推荐的合格中标候选人中确定中标人。招标人也可以授权评标委员会直接确定中标人。

国务院对特定招标项目的评标有特别的规定。任何未在招标文件中列明的标准和方法,均不得采用。对招标文件中列明的标准和方法,均不得有任何改变。

5. 独立评审

《招标投标法》规定:"招标人应当采取必要措施,保证评标在严格保密的情况下进行。任何单位和个人不得非法干预、影响评标的过程和结果"。同时还规定了相应的惩罚措施。

6. 标价的确认

对于报价存在前后矛盾的投标文件,除招标文件另有约定外,应按下述原则修正和确认,用数字表示的数额与用文字表示的数额不一致时,以文字数额为准;单价与工程量的乘积与总价不一致时,以单价为准;若单价有明显的小数点错位,应以总价为准,并修改单价。调整后的报价经投标人确认后产生约束力。

7. 评标方法

(1) 经评审的最低投标价法

经评审的最低投标价法一般适用于具有通用技术、性能标准或者招标人对其技术、性能没有特殊要求的招标项目。

采用经评审的最低投标价法的,评标委员会应当根据招标文件中规定的评标价格调整方法,将所有人的投标报价以及投标文件的商务偏差做出必要的价格调整。

采用经评审的最低投标价法的,中标人的投标应当符合招标文件规定的技术要求和标准,但评标委员会无需对投标文件的技术部分进行价格折算。

采用经评审的最低投标价法的,应当在投标文件能够满足招标文件实质性要求的投标人中,评审出价格最低的投标人,但投标价格低于企业成本的除外。

(2) 综合评估法

不宜采用经评审的最低投标价法的招标项目,一般应当采取综合评估法进行评审。

采用综合评估法的，应当对投标文件提出的工程质量、施工工期、投标价格、施工组织设计或施工方案、投标人及项目经理业绩等，能否最大限度地满足招标文件中规定的各项要求和评价标准进行评审和比较。以评分方式进行评估的，对于各种评比奖项不得额外计分。

8. 投标文件的澄清

评标时，若发现投标文件的内容有含义不明确、不一致或明显文字错误的、纯属计算上错误等情形，评标委员会可通知投标人做出必要的澄清和说明，以确认其正确的内容。但投标人的澄清和说明，只能是对上述问题的解释和补正，不能补充新的内容或更改投标文件中的报价、技术方案、工期、主要合同条款等实质性内容。澄清的要求及答复均应采用书面形式。投标人的答复必须有法定代表人或其授权代理人的签字，并作为投标文件的组成部分。如投标文件存在下列问题评标委员会应按废标处理：

（1）建筑工程设计投标文件中无相应资格的注册建筑师签字或注册建筑师受聘单位与投标人不符及无投标人公章的；

（2）工程施工投标文件中既无单位公章又无法定代表人或其授权代理人签字的；

（3）未按规定的格式填写，内容不全或关键字模糊、无法辨认的；

（4）投标人的名称或组织结构与资格预审时不一致的；

（5）未按招标文件要求提交保证金的；

（6）联合体投标未附联合体各方共同协议的；

（7）同一投标人递交两份或多份内容不同的投标文件或在一份投标文件中对同一投标项目有两个或多个报价并未申明哪一个有效的（按投标文件规定备选方案的除外）。

（二）定标

1. 定标的原则

（1）能够最大限度地满足招标文件中规定的各项综合评价标准；

（2）能够满足招标文件各项要求，并经评审的价格最低，但投标价格低于成本的除外。

2. 评标结果

评标结束后，评标委员会应向投标人提交书面评标报告，并就中标人提出意见，根据不同情况，可有三种不同意见。

（1）推荐中标候选人。评标委员会可在评标报告中推荐 1~3 个中标候选人，由招标人确定。

（2）直接确定中标人。在得到招标人授权的情况下，评标委员会可在评标报告中直接确定中标人。

（3）否决所有投标人。经评审，评标委员会认为所有投标都不符合招标文件要求，它可否决所有投标。该情况下，强制招标的项目应重新进行招标。

3. 发中标通知书

中标通知书是招标人向中标人发出的告知其中标的书面通知文件。《招标投标法》规定：中标人确定之后，招标人应向中标人发出中标通知书，并同时将中标结果同时通知所有未中标的投标人。

4. 中标通知书的法律效力

招标投标过程也就是订立合同的过程。招标人发出的招标公告或投标邀请书属于要约邀请；投标人向招标人送达的投标文件属于要约；中标通知书则是招标人做出的承诺。中标通知书发出后，即对招标人和中标人产生法律效力。

5. 中标通知书开始生效的时间

中标通知书为承诺，一般情况下，都是承诺送达要约人时生效，合同也随之成立，这即是一般合同中承诺生效的"收信主义"。但《招标投标法》中对承诺的生效采用了"发信主义"，即做出承诺时即生效。所以在中标通知书发出后，招标人不得改中标结果，中标人不得放弃中标项目，否则都要承担相应的法律责任。

第五节 法 律 责 任

为了规范招标投标活动，保护国家利益、社会公共利益和招标投标活动当事人的合法权益，提高经济效益，保证工程项目质量，我国在 1999 年 8 月通过了《中华人民共和国招标投标法》，以法律的形式规范工程招标投标的各过程，违者将负一定的法律责任。

一、招标人违反招标投标法的法律责任

为了防止招标人在建设工程招标投标过程中的徇私舞弊、规范建筑市场及招标投标的公正性，对招标人有如下的法律责任：

1. 必须进行招标的项目而不招标的，将必须招标的项目化整为零或者以其他任何方式规避招标的，责令限期改正，可以处项目合同金额 5‰以上 10‰以下的罚款；对全部或部分使用国有资金的项目，可以暂停项目执行或者暂停资金拨付；对单位直接负责的主管人员和其他直接责任人员依法给予处分。

2. 招标人以不合理的条件限制或排斥潜在投标人的，对潜在投标人实行歧视待遇的，强制要求投标人组成联合体共同投标的，或者限制投标人之间竞争的，责令改正，可以处 1 万元以上 5 万元以下的罚款。

3. 依法必须进行招标的项目招标人向他人透露已获取招标文件的潜在投标人的名称、数量或者可能影响公平竞争的有关招标投标的其他情况的，或者泄露标底的，给予警告，可以并处 1 万元以上 10 万元以下的罚款；对单位直接负责的主管人员和其他直接责任人员依法给予处分。构成犯罪的，依法追究刑事责任。

4. 依法必须进行招标的项目，招标人违反本法规定，与投标人就投标价格、投标方案等实质性内容进行谈判的，给予警告，对单位直接负责的主管人员和其他直接责任人员依法给予处分。

5. 招标人在评标委员会推荐的中标候选人以外确定中标人的，依法必须进行招标的项目在所有投标被评标委员会否决以后自行确定中标人的，中标无效。责令改正，可以处中标项目金额 5‰以上 10‰以下的罚款；对单位直接负责的主管人员和其他直接责任人员依法给予处分。

二、投标人违反招标投标法的法律责任

为了保证建设工程的质量和为了防止在建设工程招标投标过程中的行贿受贿、规范建筑市场及招标投标的公正性，对投标人有如下的法律责任：

1. 投标人相互串通投标或者与招标人串通投标的，投标人以向招标人或评标委员会成员行贿的手段谋取中标的，中标无效，处中标项目金额 5‰以上 10‰以下的罚款；对直接负责的主管人员和其他直接责任人员处单位罚款数额的 5%以上 10%以下的罚款；有违法所得的，并处没收违法所得；情节严重的，取消 1~2 年内参加依法必须进行招标的项目的投标资格并予以公告，直至由工商行政管理机构吊销营业执照；构成犯罪的，依法追究刑事责任。给他人造成损失的，依法承担赔偿责任。

2. 投标人以他人名义投标或者以其他方式弄虚作假，骗取中标的，中标无效，给招标人造成损失的，依法承担赔偿责任；构成犯罪的，依法追究刑事责任。

三、评标委员会成员违反招标投标法的法律责任

评标委员会成员收受投标人的财物或者其他好处的，评标委员会成员或者参加评标的有关工作人员向他人透露对投标文件的评审和比较、中标候选人的推荐以及与评标有关的其他情况的，给与警告，没收其收受的财物，可以并处 3000 元以上 50000 元以下的罚款，对有所列违法行为的评标委员会成员取消担任评标委员会成员的资格，不得再参加任何依法必须进行招标的项目的评标；构成犯罪的，依法追究刑事责任。

四、招标代理机构违反招标投标法的法律责任

招标代理机构是依法设立、从事招标代理业务并提供相关服务的社会中介组织。

招标代理机构应具备有：从事招标代理业务的营业场所和相应资金；具有编制招标文件和组织评标的专业力量；有符合法律规定，可以作为评标委员会成员人选的技术、经济等方面的专家库。

招标代理机构泄露应当保密的与招标投标活动有关的情况和资料的，或者与招标人、投标人串通损害国家利益、社会公共利益或者他人合法权益的，处 50000 元以上 250000 元以下的罚款，对单位直接负责的主管人员和其他直接责任人员处单位罚款数额的 5%以上 10%以下的罚款；有违法所得的，并没收违法所得；情节严重的，暂停直至取消招标代理资格；构成犯罪的，依法追究刑事责任。给他人造成损失的，依法承担赔偿责任。

五、中标人违反招标投标法的法律责任

中标人确定之后，自中标通知书发出之日起 30 日内，按照招标文件和投标文件，招标人与中标人订立书面合同。招标人与中标人不得再行订立背离合同实质性内容的其他协议，如签了这样的协议，其在法律上也是无效的。

中标人将中标项目转让给他人的，将中标项目肢解后分别转让给他人的，违反本法规定将中标项目的部分主体、关键性工作分包给他人的，或者分包人再次分包的，转让、分包无效，处转让、分包项目金额 5‰以上 10‰以下的罚款；有违法所得的，并没收违法所得；可以责令停业整顿；情节严重的，由工商行政管理机关吊销营业执照。

招标人与中标人不按照招标文件和中标人的投标文件订立合同的，或者招标人、中标人订立背离合同实质性内容的协议的，责令改正；可以处中标项目金额 5‰以上 10‰以下的罚款。

中标人不履行与招标人订立的合同的，履约保证金不予退还，给招标人造成损失超过履约保证金数额的，还应当对超过部分予以赔偿；没有提交履约保证金的，应当对招标人的损失承担赔偿责任。

中标人不按照与招标人订立的合同履行义务，情节严重的，取消其 2~5 年内参加依法必须进行招标的项目的投标资格并予以公告，直至由工商行政管理机关吊销营业执照。

因不可抗力不能履行合同的，不适用前两款规定。

案 例 分 析

【案情简介】

原告：某县第一建筑公司（下称一建公司）。

被告：某县煤炭工业公司（下称煤炭公司）。

第三人：某建设公司泉州分公司（下称泉州公司）。

一建公司诉称：

招标单位煤炭公司违反招标规范性文件的规定，违约招标，极大损害了其合法权益，请求确认被告煤炭公司的评标、定标行为无效，重新予以评标、定标。

被告煤炭公司答辩称：

按照《福建省建设工程项目施工招投标管理办法》及本招标工程招标说明书中的规定，投标单位不参加开标会议或者缺席开标会议，投标书作废无效。原告在开标会议中自动弃权，不继续参加开标会议，应视其投标书作废无效。故原告现起诉请求重新定标，可以说没有诉权，不具备起诉的条件。

第三人泉州公司述称：

本工程的招标投标工作较规范，程序合法，透明度高，中标结果合法有效，是公平竞争的结果。

法院经审理查明：

1996年6月，煤炭公司经批准决定动工兴建乡镇煤矿安全技术培训中心大楼。6月8日，煤炭公司委托县建设工程招标、投标领导小组办公室向一建公司、二建公司、县建筑工程公司、某建设公司泉州分公司4家二级以上建安企业发出工程招标邀请（说明）书。上述四家公司均按招标说明书要求把投标书送达招标单位，同时交纳了投标保证金。6月27日，招标单位主持并邀请投标单位和有关部门共同参加召开了开标会议。会上，一建公司提出招标单位在会上公布的评标办法与招标说明书上相关的部分内容有变动，要求更改评标办法有关条款。经评标小组讨论并征求了各投标单位意见后更改了评标办法的部分条款，但一建公司仍对评标办法中优惠条件即优惠率计分方法等持有异议，认为评分办法不公平，当场提出不能接受评标小组的意见和办法，声明不参与开标、评标、定标，遂中途退出会场。后评标结果为泉州公司为中标单位，公证机关对招投标的过程和结果作出公证。开标会后，一建公司领回投标保证金，但于1996年8月12日起诉至法院。

该县人民法院认为：

被告煤炭公司委托该县招标投标办公室于1996年6月27日召集有原告和第三人在内的四家单位参加的涉案工程开标会议，招标投标的程序合法。原告在会上对被告的评标办法与招标说明书持有异议，在有关条款得到部分更改后，却在开标前表示自动弃权开标，并取回保证金，自动放弃了继续行使权利的机会。原告现以被告违反招标说明书，违约招标为理由，请求确认该工程评、定标行为无效，并要求重新定标，理由不足，不予采纳。依照《中华人民共和国民法通则》第五十七条的规定，于1996年9月27日判决如下：

驳回原告一建公司的诉讼请求。

一建公司不服此判决，以工程招标投标在程序上、实体上均不合法，本公司并未表示自动弃权为理由，上诉至泉州市中级人民法院，要求改判。

煤炭公司答辩称原判正确，请求维持。

泉州市中级人民法院认为：

上诉人一建公司在开标会议上对评标办法提出异议，在修改有关条款后，其表示自动弃权，并取回投标保证金，应视为放弃行使自己的权利。上诉人认为该工程招标投标行为无效，没有理由，应予驳回。原判正确，应予维持。依照《中华人民共和国诉讼法》第一百五十三条第一款第（一）项的规定，于1996年11月26日判决如下：

驳回上诉，维持原判。

【案例评析】

本案判决书过于简单，无法从中了解诉讼双方争议的实质内容，因而其判决结论很难令人信服。

一建公司对评标办法中优惠条件即优惠率计分方法等持有异议，认为评分办法不公平，才当场提出不能接受评标小组的意见和办法，声明不参与开标、评标、定标，遂中途退出会场。而判决理由仅仅依据原告"自动弃权开标，放弃行使自己权利"为理由，判决驳回其诉讼请求。这一理由是不充分的。法院应当进一步审查评分办法是不是公平。如果招标文件不能保证投标人之间公平公正公开地竞争，就应当宣布招标无效。

2000年1月1日起施行的《中华人民共和国招标投标法》对招标文件的内容有很具体的规定。2001年6月1日建设部公布实施的《房屋建筑和市政基础设施工程施工招标投标管理办法》第十八条规定："招标人应当根据招标工程的特点和需要，自行或者委托工程招标代理机构编制招标文件。招标文件应当包括下列内容：① 投标须知，包括工程概况，招标范围，资格审查条件，工程资金来源或者落实情况（包括银行出具的资金证明），标段划分，工期要求，质量标准，现场踏勘和答疑安排，投标文件编制、提交、修改、撤回的要求，投标报价要求，投标有效期，开标的时间和地点，评标的方法和标准等；② 招标工程的技术要求和设计文件；③ 采用工程量清单招标的，应当提供工程量清单；④ 投标函的格式及附录；⑤ 拟签订合同的主要条款；⑥ 要求投标人提交的其他材料"。

我们看到，这些规定或者非常笼统，或者有"招标文件一般应包括下列内容"的字样，这表明这些规定不是强制性的，允许业主或招标机构在招标过程中根据具体情况作出适当的调整。从另一方面说有关法规也不可能事先对复杂多样工程的招标文件做出全面具体的规定。但是招标文件应有必要的语言和条件，足以保证招标全面自由平等地竞争。《招标投标法》第五条规定："招标投标活动应当遵循公开、公平、公正和诚实信用的原则"。这一原则应当是公认的，也适用于该法生效以前的本案审理。所有有能力的和适当的投标人都有机会通过平等的竞争获得合同。否则，如果招标文件含糊、不确定，或者不公正地限制投标人，没有充分保证招标的公开公正和平等竞争原则，则这个招标文件要受到法律的制约。投标人在法律上有理由要求重新审查招标过程。法院也完全可以根据具体情况审查有关招标文件能否保证公开、公正和平等竞争的原则。但法院在审查招标文件是否适当时也应注意不能要求招标文件百分之百完全，不能因为文件内容中富有弹性的内容而认定招标无效；也不能理解为所有的投标人都须在同一条件、同一时间同时启动相应招标邀请。

从各国审判实践看，大体说来，在递交标书以前对招标过程提出异议成功的可能性比较大。因此在这里我们对承包商的建议是：如果有异议就尽快提出，否则就难以获得适当的法律支持。在实践上常常遇到的情况是失败的投标人即使有权起诉对招标过程提出异议，甚至在诉讼中获胜了，他们所取得的也往往只是一纸空文。因为定标已经完成，中标人已经开始施工。在这种情况下，失败的投标人所获得的补偿至多只是准备投标的花费。法院一般不能要求已经开始施工的承包商中止合同，而将合同授予另外的承包商，因为这样将给业主和其他当事人造成较大的损失。

复习思考题

1. 什么是建设工程招标投标？
2. 什么是招标人？招标人应具备的条件？
3. 建设工程发包的方式有几种？其适用范围？
4. 建设工程招标的方式有哪几种？公开招标和邀请招标各自的特点是什么？
5. 什么是投标人？投标人应具备的条件？
6. 建设工程投标报价的有哪些程序？
7. 我国建筑市场常见的报价方式有哪几种？
8. 何谓开标？《招标投标法》对开标的时间、地点、参加人员有何规定？
9. 何谓评标？评标委员会组成方面有哪些规定？
10. 中标通知书在法律上的性质是什么？其何时生效？
11. 招标人违反招标投标法的法律责任是什么？
12. 投标人违反招标投标法的法律责任是什么？
13. 招标人与中标人为什么要签订书面合同？
14. 招标代理机构应具备的条件有哪些？

第七章 建设工程监理法规

本章主要介绍了建设工程监理制度的概念、监理的原则；建设工程监理范围与规模标准；建设工程监理规范；施工旁站监理管理办法；工程监理单位和人员的法律责任等内容。

第一节 建设工程监理概述

一、我国建设工程监理制度

1. 建设工程监理的概念

建设工程监理是指具有相应资质的工程监理企业，接受建设单位的委托，承担其项目管理工作，并代表建设单位对承建单位的建设行为进行监控的专业化服务活动。

2. 我国建设工程监理制度产生的背景

建设工程监理是国际上通行的对工程项目建设进行的监督与管理，在西方国家已有100多年的历史，至今已趋于成熟和完善。

从新中国成立直至20世纪80年代，我国固定资产投资基本上是由国家统一安排计划（包括具体的项目计划），由国家统一财政拨款。在我国当时经济基础薄弱、建设投资和物资短缺的条件下，这种方式对于国家集中有限的财力、物力、人力进行经济建设，迅速建立我国的工业体系和国民经济体系起到了积极作用。

1978年以后，我国进入了改革开放的新时期，国务院决定在基本建设和建筑业领域采取一些重大的改革措施，例如，投资有偿使用（即"拨改贷"）、投资包干责任制、投资主体多元化、工程招标投标制等。在这种情况下，改革传统的建设工程管理形式，已经势在必行。否则，难以适应我国经济发展和改革开放新形势的要求。

通过对我国几十年建设工程管理实践的反思和总结，并对国外工程管理制度与管理方法进行了考察，我们认识到建设单位的工程项目管理是一项专门的学问，需要一大批专门的机构和人才，建设单位的工程项目管理应当走专业化、社会化的道路。在此基础上，建设部于1988年发布了"关于开展建设监理工作的通知"，明确提出建设监理制度成为我国建设领域实行的一项制度。我国建设监理工作从1988年开始试点，经过了试点阶段（1988～1993年）、稳步推行阶段（1993～1996年），1997年《建筑法》以法律制度的形式作出规定，国家推行建筑工程监理制度，从而使建设工程监理在全国范围内进入全面推行阶段。

建设工程监理制度是我国建设体制深化改革的一项重大措施，它是市场经济的产物。建立并推行建设监理制度，是建立和完善社会主义市场经济的需要，也是开拓国际市场、进入国际经济大循环的需要。

3. 建设工程监理的作用

建设工程监理的作用是保证建设行为符合国家法律、法规和有关政策，防止建设行为的随意性和盲目性，促使工程建设进度、投资、质量等按合同进行，保证建设行为的合法性和经济性。具体体现在如下几个方面：

（1）有利于提高建设工程投资决策科学化水平，工程监理企业可协助建设单位选择适当的工程咨询机构，管理工程咨询合同的实施，并对咨询结果（如项目建议书、可行性研究报告）进行评估，提出有价值的修改意见和建议；或者直接从事工程咨询工作，为建设单位提供建设方案。工程监理企业参与或承担项目决策阶段的监理工作，有利于提高项目投资决策的科学化水平，避免项目投资决策失误，也为实现建设工程投资综合效益最大化打下了良好的基础。

（2）有利于规范工程建设参与各方的建设行为。在建设工程实施过程中，工程监理企业可依据委托监理合同和有关的建设工程合同对承建单位的建设行为进行监督管理。由于这种约束机制贯穿于工程建设的全过程，采用事前、事中和事后控制相结合的方式，因此可以有效地规范各承建单位的建设行为，最大限度地避免不当建设行为的发生。即使出现不当建设行为，也可以及时加以制止，最大限度地减少其不良后果。应当说，这是约束机制的根本目的。另一方面，由于建设单位不了解建设工程有关的法律、法规、规章、管理程序和市场行为准则，也可能发生不当建设行为。在这种情况下，工程监理单位可以向建设单位提出适当的建议，从而避免发生建设单位的不当建设行为，这对规范建设单位的建设行为也可起到一定的约束作用。当然，要发挥上述约束作用，工程监理企业首先必须规范自身的行为，并接受政府的监督管理。

（3）有利于促使承建单位保证建设工程质量和使用安全。在加强承建单位自身对工程质量管理的基础上，由工程监理企业介入建设工程生产过程的管理，对保证建设工程质量和使用安全有着重要作用。

（4）有利于实现建设工程投资效益最大化。建设工程投资效益最大化有以下三种不同表现：一是在满足建设工程预定功能和质量标准的前提下，建设投资额最少；二是在满足建设工程预定功能和质量标准的前提下，建设工程寿命周期费用（或全寿命费用）最少；三是建设工程本身的投资效益与环境、社会效益的综合效益最大化。

二、建设工程的监理范围与规模标准

（一）建设工程的监理范围

1.国家重点建设工程；

2.大中型公用事业工程；

3.成片开发建设的住宅小区工程；

4.利用外国政府或者国际组织贷款、援助资金的工程；

5.国家规定必须实行监理的其他工程。

（二）建设工程的规模标准

1.国家重点建设工程，是指依据《国家重点建设项目管理办法》所确定的对国民经济和社会发展有重大影响的骨干项目。

2.大中型公用事业工程，是指项目总投资在 3000 万元以上的工程项目：供水、供电、供气、供热等市政工程项目；科技、教育、文化等项目；体育、旅游、商业等项目；卫生、社会福利等项目；其他公用事业项目。

3. 成片开发建设的住宅小区工程，建筑面积在 5 万平方米以上的住宅建设工程必须实行监理；5 万平方米以下的住宅建设工程，可以实行监理，具体范围和规模标准，由省、自治区、直辖市人民政府建设行政主管部门规定。为了保证住宅质量，对高层住宅及基础、结构复杂的多层住宅应当实行监理。

4. 利用外国政府或者国际组织贷款、援助资金的工程范围包括：使用世界银行、亚洲开发银行等国际组织贷款项目；使用国外政府及其机构贷款的项目；使用国际组织或者国外政府援助资金的项目。

5. 国家规定必须实行监理的其他工程是指：

（1）项目总投资在 3000 万元以上关系社会公共利益、公众安全的基础设施项目。包括煤炭、石油、化工、天然气、电力、新能源等项目；铁路、公路、管道、水运、民航以及其他交通运输等项目；邮政、电信枢纽、通信、信息网络等项目；防洪、灌溉、排涝、发电、引（供）水、滩涂治理、水源保护、水土保持等水利建设项目；道路、桥梁、铁路和轻轨交通、污水排放及处理、垃圾处理、地下管道、公共停车场等城市基础设施项目；生态环境保护项目；其他基础设施项目。

（2）学校、影剧院、体育场馆项目。

建设工程监理范围应包括整个工程建设的全过程，包括招标、设计、施工、材料设备采购、设备安装调试等环节，对工期、质量、造价、安全等进行全方位的监督管理。

三、建设工程监理的原则

从事工程建设监理活动，应当遵循守法、诚信、公正、科学的准则，具体要求是：

（一）符合工程监理活动特性的原则

1. 服务性。建设工程监理具有服务性，是从它的业务性质方面定性的。建设工程监理的主要手段是规划、控制、协调，主要任务是控制建设工程的投资、进度和质量，最终应当达到的基本目的是协助建设单位在计划的目标内将建设工程建成投入使用。在工程建设中，监理人员利用自己的知识、技能和经验、信息以及必要的试验、检测手段，为建设单位提供管理服务。工程监理企业不能完全取代建设单位的管理活动。它不具有工程建设重大问题的决策权，它只能在授权范围内代表建设单位进行管理。

2. 独立性。工程建设监理单位、工程建设单位、工程施工单位在同一建设工程活动的关系是平等的、横向的关系。监理单位是独立的一方。《建筑法》明确指出，工程监理企业应当根据建设单位的委托，客观、公正地执行监理任务。《工程建设监理规定》和《建设工程监理规范》要求工程监理企业按照"公正、独立、自主"原则开展监理工作。按照独立性要求，工程监理单位应当严格地按照有关法律、法规、规章、工程建设文件、工程建设技术标准、建设工程委托监理合同、有关的建设工程合同等的规定实施监理；在委托监理的工程中，与承建单位不得有隶属关系和其他利害关系；在开展工程监理的过程中，必须建立自己的组织，按照自己的工作计划、程序、流程、方法、手段，根据自己的判断，独立地开展工作。

3. 公正性。公正性是监理行业的必然要求，也是监理单位和监理工程师工作的职业道德。工程建设监理的公正性也是承建商的共同要求。建设监理制度赋予监理单位在项目建设中具有监督管理的权力，被监理方必须接受监理方的监督管理。所以监理单位和监理工作人员必须以公正的第三方身份开展工程建设监理活动。

4.科学性。建设工程监理是一种高智能的技术服务，因此要求监理工作有健全的组织机构、完善的科学检测技术、经济方法和严格规范的工作程序、丰富的专业技能以及实践经验来履行监理职责。

（二）参照国际惯例的原则

西方发达国家工程建设监理工作已有100多年的发展历史，其监理体系已趋于成熟和完善，各国具有严密的法律、法规，完善的组织机构以及规范化的方法、手段和实施程序。国际咨询工程师联合会（FIDIC）制订的土木工程合同条款，被国际建筑界普遍认可和采用，这些条款把工程技术、管理、经济、法律有机地、科学地结合在一起，突出监理工程师的负责制，为建设监理制度的规范化、国际化起了促进作用。我国的建设工程活动已经进入国际市场，因此从事工程建设监理单位和从业的监理工程师应当充分研究和借鉴国际间通行的做法和经验。

（三）结合我国国情的原则

工程建设监理制度的建立，既要借鉴国际惯例，又不能完全照搬照抄，应当充分结合中国国情，建立具有中国特色的工程建设监理制度体系，更好地规范我国工程建设监理工作。

四、建设工程监理的特点和依据

（一）现阶段建设工程监理的特点

1.建设工程监理的服务对象具有单一性。

工程监理企业只接受建设单位的委托，即只为建设单位服务。它不能接受承建单位的委托为其提供管理服务。从这个意义上看，可以认为我国的建设工程监理就是为建设单位服务的项目管理。

2.建设工程监理属于强制推行的制度。

3.建设工程监理具有监督功能。

我国监理工程师在质量控制方面的工作所达到的深度和细度，应当说远远超过国际上建设项目管理人员的工作深度和细度，这对保证工程质量起了很好的作用。

4.市场准入采取企业资质和人员资格双重控制。

我国对建设工程监理的市场准入采取了企业资质和人员资格的双重控制。要求专业监理工程师以上的监理人员要取得监理工程师资格证书，不同资质等级的工程监理企业至少要有一定数量的取得监理工程师资格证书并经注册的人员。

（二）工程建设监理的依据

根据工程建设监理的有关规定，监理依据有下列四大类：

1.国家和部门制定颁布的法律、法规、办法。

2.国家现行的技术规范、技术标准、规程和工程质量检测验评标准。

3.国家批准的建设文件、设计文件和设计图纸。

4.依法签订的各类工程合同文件等。

五、建设工程监理的发展趋势

1.加强法制建设，走法制化的道路。

2.以市场需求为导向，向全方位、全过程监理发展。

3.适应市场需求，优化工程监理企业结构。

应当通过市场机制和必要的行业政策引导，在工程监理行业逐步建立起综合性监理企业与专业性监理企业相结合、大中小型监理企业相结合的合理的企业结构。按工作内容分，建立起能承担全过程、全方位监理任务的综合性监理企业与能承担某一专业监理任务（如招标代理、工程造价咨询）的监理企业相结合的企业结构。按工作阶段分，建立起能承担工程建设全过程监理的大型监理企业与能承担某一阶段工程监理任务的中型监理企业和只提供旁站监理劳务的小型监理企业相结合的企业结构。

4. 加强培训工作，不断提高从业人员素质。

5. 与国际惯例接轨，走向世界。

我国的监理工程师和工程监理企业应当做好充分准备，不仅要迎接国外同行进入我国后的竞争挑战，而且也要把握进入国际市场的机遇，敢于到国际市场与国外同行竞争。在这方面，大型、综合素质较高的工程监理企业应当率先采取行动。

第二节　建设工程监理规范及施工旁站监理管理办法

建设工程监理制作为工程建设领域的一项改革举措，旨在改变陈旧的工程管理模式，建立专业化、制度化的建设监理机构，协助建设单位做好项目管理工作，以提高建设水平和投资效益。工程建设监理制度的推行，离不开政府的宏观监控和指导，以及相关制度的建立与健全。为此，建设部先后颁发了《工程建设监理试行规定》、《工程建设监理单位资质管理试行办法》、《监理工程师资格考试和注册试行办法》，2000 年颁布了中华人民共和国国家标准《建设工程监理规范》，2001 年建设部颁发了《工程监理企业资质管理规定》、《建设工程监理范围和规模标准规定》等一系列法规文件。我国建设监理起步晚，建设监理的法规建设还落后于建设监理的发展，要形成一套具有中国特色的建设监理法规体系，还需要不断探索、总结和完善。本节将着重介绍《建设工程监理规范》和《施工旁站监理管理办法》。

一、建设工程监理规范

《建设工程监理规范》（以下简称《监理规范》）分总则、术语、项目监理机构及其设施、监理规划及监理实施细则、施工阶段的监理工作、施工合同管理的其他工作、施工阶段监理资料的管理、设备采购监理与设备监造共计 8 部分，另附有施工阶段监理工作的基本表式。

（一）总则

1. 制定目的：为了提高建设工程监理水平，规范建设工程监理行为。

2. 适用范围：本规范适用于新建、扩建、改建建设工程施工、设备采购和监造的监理工作。

3. 关于监理单位开展建设工程监理必须签订书面建设工程委托监理合同的规定。

4. 建设工程监理应实行总监理工程师负责制的规定。

5. 监理单位应公正、独立、自主地开展监理工作，维护建设单位和承包单位的合法权益。

6. 建设工程监理应符合建设工程监理规范和国家其他有关强制性标准、规范的规定。

（二）术语

《监理规范》对项目监理机构、监理工程师、总监理工程师、总监理工程师代表、专业监理工程师、监理员、监理规划、监理实施细则、工地例会、工程变更、工程计量、见证、旁站、巡视、平行检验、设备监造、费用索赔、临时延期批准、延期批准等19条建设工程监理常用术语做出了解释。

（三）项目监理机构及其设施

该部分内容包括：项目监理机构、监理人员职责和监理设施。

1．项目监理机构

（1）关于项目监理机构建立时间、地点及撤离时间的规定；

（2）决定项目监理机构组织形式、规模的因素；

（3）项目监理机构人员配备以及监理人员资格要求的规定；

（4）项目监理机构的组织形式、人员构成及对总监理工程师的任命应书面通知建设单位，以及监理人员变化的有关规定。

2．监理人员职责

《监理规范》规定了总监理工程师、总监理工程师代表、专业监理工程师和监理员的职责。

3．监理设施

（1）建设单位提供委托监理合同约定的办公、交通、通讯、生活设施。项目监理机构应妥善保管和使用，并在完成监理工作后移交建设单位。

（2）项目监理机构应按委托监理合同的约定，配备满足监理工作需要的常规检测设备和工具。

（3）在大中型项目的监理工作中，项目监理机构应实施监理工作计算机辅助管理。

（四）监理规划及监理实施细则

1．监理规划

规定了监理规划的编制要求、编制程序与依据、主要内容及调整修改等。

2．监理实施细则

规定了监理实施细则编写要求、编写程序与依据、主要内容等。

（五）施工阶段的监理工作

1．制定监理程序的一般规定

制定监理工作程序应根据专业工程特点，应体现事前控制和主动控制的要求，应注重工作效果，应明确工作内容、行为主体、考核标准、工作时限，应符合委托监理合同和施工合同，应根据实际情况的变化对程序进行调整和完善。

2．施工准备阶段的监理工作

施工准备阶段，项目监理机构应做好的工作包括：熟悉设计文件；参加设计技术交底会；审查施工组织设计；审查承包单位现场项目管理机构的质量管理、技术管理体系和质量保证体系；审查分包单位资格报审表和有关资料并签认；检查测量放线控制成果及保护措施；审查承包单位报送的工程开工报审表及有关资料，符合条件时，由总监理工程师签发；参加第一次工地会议，并起草会议纪要等。

3．工地例会

规定了工地例会制度，包括：会议主持人，会议纪要的起草和会签，会议的主要内容，以及有关组织专题会议的要求。

4. 工程质量控制工作

规定了项目监理机构工程质量控制的工作内容：施工组织设计调整的审查；重点部位、关键工序的施工工艺和保证工程质量措施的审查；使用新材料、新工艺、新技术、新设备的控制措施；对承包单位实验室的考核；对拟进场的工程材料、构配件和设备的控制措施；直接影响工程质量的计量设备技术状况的定期检查；对施工过程进行巡视和检查；旁站监理的内容；审核、签认分项工程、分部工程、单位工程的质量验评资料；对施工过程中出现的质量缺陷应采取的措施；发现施工中存在重大质量隐患应及时下达工程暂停令，整改完毕并符合规定要求应及时签署工程复工令；质量事故的处理等。

5. 工程造价控制工作

规定了项目监理机构进行工程计量、工程款支付、竣工结算的程序，同时，规定了进行工程造价控制的主要工作：应对工程项目造价目标进行风险分析，并应制定防范性对策；审查工程变更方案；做好工程计量和工程款支付工作；做好实际完成工程量和工作量与计划完成量的比较、分析，并制定调整措施；及时收集有关资料，为处理费用索赔提供依据；及时按有关规定做好竣工结算工作等。

6. 工程进度控制工作

规定了项目监理机构进行工程进度控制的程序，同时，规定了工程进度控制的主要工作：审查承包单位报送的施工进度计划；制定进度控制方案，对进度目标进行风险分析，制定防范性对策；检查进度计划的实施，并根据实际情况采取措施；在监理月报中向建设单位报告工程进度及有关情况，并提出预防由建设单位原因导致工程延期及相关费用索赔的建议等。

7. 竣工验收

在竣工验收阶段，项目监理机构要做好以下工作：审查承包单位报送的竣工资料；进行工程质量竣工预验收，对存在的问题及时要求承包单位整改；签署工程竣工报验单，并提出工程质量评估报告；参加建设单位组织的竣工验收，并提供相关资料；对验收中提出的问题，要求承包单位进行整改；会同验收各方签署竣工验收报告。

8. 工程质量保修期的监理工作

项目监理机构在工程质量保修期要做好工程质量缺陷检查和记录工作；对承包单位修复的工程质量进行验收并签认；分析确定工程质量缺陷的原因和责任归属，并签署应付费用的工程款支付证书。

（六）施工合同管理的其他工作

1. 工程暂停和复工

规定了签发工程暂停令的根据；签发工程暂停令的适用范围情况；签发工程暂停令应做好的相关工作（确定停工范围、工期和费用的协商等）；及时签署工程复工报审表等。

2. 工程变更的管理

内容包括：项目监理机构处理工程变更的程序；处理工程变更的基本要求；总监理工程师未签发工程变更，承包单位不得实施工程变更的规定；未经总监理工程师审查同意而实施的工程变更，项目监理机构不得予以计量的规定。

3. 费用索赔的处理

内容包括：处理费用索赔的依据；项目监理机构受理承包单位提出的费用索赔应满足

的条件；处理承包单位向建设单位提出费用索赔的程序；应当综合作出费用索赔和工程延期的条件；处理建设单位向承包单位提出索赔时，对总监理工程师的要求。

4．工程延期及工程延误的处理

内容包括：受理工程延期的条件；批准工程临时延期和最终延期的规定；作出工程延期应与建设单位和承包单位协商的规定；批准工程延期的依据；工期延误的处理规定。

5．合同争议的调解

内容包括：项目监理机构接到合同争议的调解要求后应进行的工作；合同争议双方必须执行总监理工程师签发的合同争议调解意见的有关规定；项目监理机构应公正地向仲裁机关或法院提供与争议有关的证据。

6．合同的解除

内容包括：合同解除必须符合法律程序；因建设单位违约导致施工合同解除时，项目监理机构确定承包单位应得款项的有关规定；因承包单位违约导致施工合同终止后，项目监理机构清理承包单位的应得款，或偿还建设单位的相关款项应遵循的工作程序；因不可抗力或非建设单位、承包单位原因导致施工合同终止时，项目监理机构应按施工合同规定处理有关事宜。

（七）施工阶段监理资料的管理

1．施工阶段监理资料应包括的内容；

2．施工阶段监理月报应包括的内容，以及编写和报送的有关规定；

3．监理工作总结应包括的内容等有关规定；

4．关于监理资料的管理事宜。

（八）设备采购监理与设备监造

1．设备采购监理工作包括：组建项目监理机构；编制设备采购方案、采购计划；组织市场调查，协助建设单位选择设备供应单位；协助建设单位组织设备采购招标或进行设备采购的技术及商务谈判；参与设备采购订货合同的谈判，协助建设单位起草及签订设备采购合同；采购监理工作结束，总监理工程师应组织编写监理工作总结。

2．设备监造监理工作包括：组建设备监造的项目监理机构；熟悉设备制造图纸及有关技术说明，并参加设计交底；编制设备监造规划；审查设备制造单位生产计划和工艺方案；审查设备制造分包单位资质；审查设备制造的检验计划、检验要求等20项工作。

3．规定了设备采购监理与设备监造的监理资料。

二、施工旁站监理管理办法

为了提高建设工程质量，建设部于2002年7月颁布了《房屋建筑工程施工旁站监理管理办法》（试行）。该规范性文件要求在工程施工阶段的监理工作中实行旁站监理，并明确了旁站监理的工作程序、内容及旁站监理人员的职责。

1．旁站监理的概念

旁站监理是指监理人员在工程施工阶段监理中，对关键部位、关键工序的施工质量实施全过程现场跟班的监督活动。旁站监理是控制工程施工质量的重要手段之一，也是确认工程质量的重要依据。

在实施旁站监理工作中，如何确定工程的关键部位、关键工序，必须结合具体的专业工程而定。就房屋建设工程而言，其关键部位、关键工序包括两类内容，一是基础工程类：土方回填，混凝土灌注桩浇筑，地下连续墙、土钉墙、后浇带及其他结构混凝土、防水混凝土浇筑，卷材防水层细部构造处理，钢结构安装；二是主体结构工程类：梁柱节点钢筋隐蔽过程，混凝土浇筑，预应力张拉，装配式结构安装，钢结构安装，网架结构安装，索膜安装。至于其他部位或工序是否需要旁站监理，可由建设单位与监理企业根据工程具体情况协商确定。

2.旁站监理程序

旁站监理一般按下列程序实施：

（1）监理企业制定旁站监理方案，明确旁站监理的范围、内容、程序和旁站监理人员职责，并编入监理规划中。旁站监理方案同时送建设单位、施工企业和工程所在地的建设行政主管部门或其委托的工程质量监督机构各一份。

（2）施工企业根据监理企业制定的旁站监理方案，在需要实施旁站监理的关键部位、关键工序进行施工前24小时，书面通知监理企业派驻工地的项目监理机构。

（3）项目监理机构安排旁站监理人员按照旁站监理方案实施旁站监理。

3.旁站监理人员的工作内容和职责

（1）检查施工企业现场质检人员到岗、特殊工种人员持证上岗以及施工机械、建筑材料准备情况。

（2）在现场跟班监督关键部位、关键工序的施工执行施工方案以及工程建设强制性标准情况。

（3）核查进场建筑材料、建筑构配件、设备和商品混凝土的质量检验报告等，并可在现场监督施工企业进行检验或者委托具有资格的第三方进行复验。

（4）做好旁站监理记录和监理日记，保存旁站监理原始资料。

如果旁站监理人员或施工企业现场质检人员未在旁站监理记录上签字，则施工企业不能进行下一道工序施工，监理工程师或者总监理工程师也不得在相应文件上签字。旁站监理人员在旁站监理时，如果发现施工企业有违反工程建设强制性标准行为的，有权制止并责令施工企业立即整改；如果发现施工企业的施工活动已经或者可能危及工程质量的，应当及时向监理工程师或者总监理工程师报告，由总监理工程师下达局部暂停施工指令或者采取其他应急措施，制止危害工程质量的行为。

第三节　建设工程监理的法律责任

一、工程监理廉政责任书

为了加强工程建设中的廉政建设工作，从源头上预防和解决腐败，确保工程质量，国务院建设行政主管部门决定在工程建设勘察设计、施工、监理中，推行《廉政责任书》制度。

工程监理廉政责任书的主要内容包括建设单位（甲方）和监理单位（乙方）双方的共同责任、甲方的责任、乙方的责任、违约责任及责任书的法律地位。

（一）甲乙双方的责任

1.应严格遵守国家关于市场准入、项目招标、工程建设、工程监理和市场活动有关法律、法规，相关政策，以及廉政建设的各项规定。

2. 严格执行建设工程项目监理合同文件，自觉按合同办事。

3. 业务活动必须坚持公开、公正、诚信、透明的原则（除法律法规另有规定外），不得为获取不正当的利益，损害国家、集体和对方利益，不得违反工程建设管理、建设监理的规章制度。

4. 发现对方在业务活动中有违规、违纪、违法行为的，应及时提醒对方，情节严重的，应向其上级主管部门或纪检监察、司法等有关机关举报。

（二）甲方的责任

甲方的领导和从事该建设工程项目的工作人员在工程建设的事前、事中、事后应遵守以下规定：

1. 不准向乙方和相关单位索要或接受回扣、礼盒、有价证券、贵重物品和好处费、感谢费等。

2. 不准在乙方和相关单位报销任何应由甲方或个人支付的费用。

3. 不准要求、暗示或接受乙方和相关单位为个人装修住房、婚丧嫁娶、配偶子女的工作安排以及出国（境）、旅游等提供方便。

4. 不准参加有可能影响公正执行公务的乙方和相关单位的宴请、健身、娱乐等活动。

5. 不准向乙方和相关单位介绍或为配偶、子女、家属参与同甲方工程项目合同有关的监理分包项目等活动。不准向乙方和相关单位介绍或为配偶、子女、亲属参与同项目工程合同有关的设备、材料、工程承分包、劳务等经济活动。不得以任何理由向乙方和相关单位推荐分包单位和要求购买与项目工程合同规定以外的材料、设备等。

（三）乙方的责任

应与甲方和相关单位保持正常的业务交往，按照有关法律法规和程序开展业务工作，严格执行工程建设的方针、政策，尤其是有关勘察设计、建设施工安装的强制性标准和规范以及监理法规，认真履行监理职责，并遵守以下规定：

1. 不准以任何理由向甲方和相关单位及其工作人员索要、接受或赠送礼金、有价证券、贵重物品及回扣、好处费、感谢费等。

2. 不准以任何理由为甲方和相关单位报销应由对方或个人支付的费用。

3. 不准接受或暗示为甲方、相关单位或个人装修住房、婚丧嫁娶、配偶子女的工作安排以及出国（境）、旅游等提供方便。

4. 不准违反合同约定而使用甲方、相关单位提供的通信、交通工具和高档办公用品。

5. 不准以任何理由为甲方、相关单位或个人组织有可能影响公正执行公务的宴请、健身、娱乐等活动。

（四）违约责任

1. 甲方工作人员有违反责任行为的，按照管理权限，依据有关法律法规和规定给予党纪、政纪处分或组织处理；涉嫌犯罪的，移交司法机关追究刑事责任；给乙方单位造成经济损失的，应予以赔偿。

2. 乙方工作人员有违反责任行为的，按照管理权限，依据有关法律法规和规定给予党纪、政纪处分或组织处理；涉嫌犯罪的，移交司法机关追究刑事责任；给甲方单位造成经济损失的，应予以赔偿。

（五）"责任书"的法律地位

"工程监理廉政责任书"作为工程监理合同的附件，与工程监理合同具有同等法律效力。经双方签署后立即生效。

二、工程监理企业的法律责任

工程监理企业应当按照其拥有的注册资本、专业技术人员和工程监理业绩等资质条件申请资质，经审查合格，取得相应等级的资质证书后，方可在其资质等级许可的范围内从事工程监理活动。违反《工程监理企业资质证书》的监理行为应当承担法律责任。

1. 以欺骗手段取得《工程监理企业资质证书》承揽工程的，吊销资质证书，处合同约定的监理酬金1倍以上2倍以下的罚款；有违法所得的，予以没收。

2. 未取得《工程监理企业资质证书》承揽监理业务的，予以取缔，处合同约定的监理酬金1倍以上2倍以下的罚款；有违法所得的，予以没收。

3. 超越本企业资质等级承揽监理业务的，责令停止违法行为，处合同约定的监理酬金1倍以上2倍以下的罚款；可以责令停业整顿，降低资质等级；情节严重的，吊销资质证书；有违法所得的，予以没收。

4. 转让监理业务的，责令改正，没收违法所得，处合同约定的监理酬金25%以上50%以下的罚款，可以责令停业整顿，降低资质等级；情节严重的，吊销资质证书。

5. 工程监理企业允许其他单位或者个人以本企业名义承揽监理业务的，责令改正，没收违法所得，处合同约定的监理酬金1倍以上2倍以下的罚款；可以责令停业整顿，降低资质等级；情节严重的，吊销资质证书。

6. 有下列行为之一的，责令改正，处50万元以上100万元以下的罚款，降低资质等级或者吊销资质证书；有违法所得的，予以没收；造成损失的，承担连带赔偿责任：

（1）与建设单位或者施工单位串通，弄虚作假、降低工程质量的；

（2）将不合格的建设工程、建筑材料、建筑构配件和设备按照合格签字的。

7. 工程监理单位与被监理工程的施工承包单位以及建筑材料、建筑构配件和设备供应单位有隶属关系或者其他利害关系承担该项建设工程的监理业务的，责令改正，处5万元以上10万元以下的罚款，降低资质等级或者吊销资质证书；有违法所得的，予以没收。

三、监理工程师的法律责任

监理工程师的法律责任与其法律地位密切相关，同样是建立在法律法规和委托监理合同的基础上。因而，监理工程师法律责任的表现行为主要有两方面，一是违反法律法规的行为，二是违反合同约定的行为。

（一）违法行为

现行法律法规对监理工程师的法律责任专门作出了具体规定。例如，《建筑法》第35条规定："工程监理单位不按照委托监理合同的约定履行监理义务，对应当监督检查的项目不检查或者不按照规定检查，给建设单位造成损失的，应当承担相应的赔偿责任"。

《中华人民共和国刑法》第137条规定：建设单位、设计单位、施工单位、工程监理单位违反国家规定，降低工程质量标准，造成重大安全事故的，对直接责任人员，处五年以下有期徒刑或者拘役，并处罚金；后果特别严重的，处五年以上十年以下有期徒刑，并处罚金。

《建设工程质量管理条例》第36条规定：工程监理单位应当依照法律、法规以及有关技术标准、设计文件和建设工程承包合同，代表建设单位对施工质量实施监理并对施工质量承担监理责任。

这些规定能够有效地规范、指导监理工程师的执业行为，提高监理工程师的法律责任意识，引导监理工程师公正守法地开展监理业务。

（二）违约行为

监理工程师一般主要受聘于工程监理企业，从事工程监理业务。工程监理企业是订立委托监理合同的当事人，是法定意义的合同主体。但委托监理合同在具体履行时，是由监理工程师代表监理企业来实现的，因此，如果监理工程师出现工作过失，违反了合同约定，其行为将被视为监理企业违约，由监理企业承担相应的违约责任。当然，监理企业在承担违约赔偿责任后，有权在企业内部向有相应过失行为的监理工程师追偿部分损失。所以，由监理工程师个人过失引发的合同违约行为，监理工程师应当与监理企业承担一定的连带责任。其连带责任的基础是监理企业与监理工程师签订的聘用协议或责任保证书，或监理企业法定代表人对监理工程师签发的授权委托书。一般来说，授权委托书应包含职权范围和相应责任条款。

（三）安全生产责任

安全生产责任是法律责任的一部分，来源于法律法规和委托监理合同。国家现行法律法规未对监理工程师和建设单位是否承担安全生产责任做出明确规定，所以，目前监理工程师和建设单位承担安全生产责任尚无法律依据。由于建设单位没有管理安全生产的权力，因而不可能将不属于其所有的权力委托或转交给监理工程师，在委托监理合同中不会约定监理工程师负责管理建筑工程安全生产。

导致工程安全事故或问题的原因很多，有自然灾害、不可抗力等客观原因，也有建设单位、设计单位、施工企业、材料供应单位等主观原因。监理工程师虽然不管理安全生产，不直接承担安全责任，但不能排除其间接或连带承担安全责任的可能性。如果监理工程师有下列行为之一，则应当与质量、安全事故责任主体承担连带责任。

1. 违章指挥或者发出错误指令，引发安全事故的；

2. 将不合格的建设工程、建筑材料、建筑构配件和设备按照合格签字，造成工程质量事故，由此引发安全事故的；

3. 与建设单位或施工企业串通，弄虚作假、降低工程质量，从而引发安全事故的。

案 例 分 析

案例一

【案情简介】

某小区高层建筑工程在施工过程中，施工单位未经监理工程师事先同意，自行订购了一批钢筋，钢筋运抵施工现场后监理工程师进行了检验，检验中监理人员发现钢筋质量存在以下问题：

1. 施工单位未能提交产品合格证、质量保证书和检测证明资料。

2. 实物外观粗糙、标识不清，且有锈斑。

【问题】

监理工程师应如何处理上述问题？

【案例评析】

1. 由于该批材料由施工单位采购，监理工程师检验发现外观不良、标识不清，且无合格证等情况后，应书面通知施工单位暂不得将该批材料用于工程，并抄送业主备案。

2. 监理工程师应要求施工单位提交该批产品的产品合格证、质量保证书、材质化验单、技术指标报告和生产厂家生产许可证等资料，以便监理工程师对生产厂家和材质保证等方面进行书面资料的审查。

3. 如果施工单位提交了上述资料，经监理工程师审查符合要求，则施工单位应按技术规范要求对该产品进行有监理人员签证的取样送检。如果经检测后证明材料质量符合技术规范、设计文件和工程承包合同要求，则监理工程师可进行质检签证，并书面通知施工单位。

4. 如果施工单位不能提供第二条所述资料，或虽提供了上述资料，但经抽样检测后质量不符合技术规范或设计文件或承包合同要求，则监理工程师应书面通知施工单位不得将该批管材用于工程，并要求施工单位将该批管材运出施工现场（施工方与供货厂商之间的经济、法律问题，由他们双方协商解决）。

5. 监理工程师应将处理结果书面通知业主。工程材料的检测费用由施工单位承担。

案例二

【案情简介】

某建筑工程，建设单位将土建工程、安装工程分别发包给甲、乙两家施工单位。在合同履行过程中发生了如下事件：

事件一：项目监理机构在审查土建工程施工组织设计时，认为脚手架工程危险性较大，要求甲施工单位编制脚手架工程专项施工方案。甲施工单位项目经理部编制了专项施工方案，凭以往经验进行了安全估算，认为方案可行，并安排质量检查员兼任施工现场安全员工作，遂将方案报送总监理工程师签认。

事件二：开工前，专业监理工程师复核甲施工单位报验的测量成果时，发现对测量控制点的保护措施不当，造成建立的施工测量控制网失效，随即向甲施工单位发出了《监理工程师通知单》。

事件三：专业监理工程师在检查甲施工单位投入的施工机械设备时，发现数量偏少，即向甲施工单位发出了《监理工程师通知单》要求整改；在巡视时发现乙施工单位已安装的管道存在严重质量隐患，即向乙施工单位签发了《工程暂停令》，要求对该分部工程停工整改。

事件四：甲施工单位施工时不慎将乙施工单位正在安装的一台设备损坏，甲施工单位向乙施工单位作出了赔偿。因修复损坏的设备导致工期延误，乙施工单位向项目监理机构提出延长工期申请。

【问题】

1. 指出事件一中脚手架工程专项施工方案编制和报审过程中的不妥之处，写出正确做法。

2. 事件二中专业监理工程师的做法是否妥当？《监理工程师通知单》中对甲施工单位的要求应包括哪些内容？

3. 分别指出事件三中专业监理工程师做法是否妥当。不妥之处，说明理由并写出正确做法。

    4. 在乙施工单位申请工程复工后，监理单位应该进行哪些方面的工作？

    5. 乙施工单位向项目监理机构提出延长工期申请是否正确？说明理由。

【案例评析】

    1. 不妥处之一：凭以往经验进行安全估算；正确做法是应进行安全验算。不妥处之二：质量检查员兼任施工现场安全员工作；正确做法是应配备专职安全生产管理人员。不妥处之三：遂将专项施工方案报送总监理工程师签认；正确做法是专项施工方案应先经甲施工单位技术负责人签认。

    2. (1)专业监理工程师的做法是妥当的；(2)《监理工程师通知单》中对甲施工单位的要求应包括：重新建立施工测量控制网，改进保护措施等。

    3. (1)事件三中专业监理工程师发出《监理工程师通知单》是妥当的；(2)不妥之处是专业监理工程师签发《工程暂停令》；理由：专业监理工程师无权签发《工程暂停令》（或只有总监理工程师才有权签发《工程暂停令》）；正确做法是专业监理工程师向总监理工程师报告，总监理工程师在征得建设单位同意后发出《工程暂停令》。

    4. 项目监理机构应重新进行复查验收，符合规定要求后，并征得建设单位同意，总监理工程师应及时签署《工程复工报审表》；不符合规定要求，责令乙施工单位继续整改。

    5. 乙施工单位向项目监理机构提出延长工期申请是正确的；理由：(1)乙施工单位与建设单位有合同关系；(2)甲施工单位与建设单位有合同关系，建设单位应承担连带责任。

复习思考题

    1. 简述工程建设监理的概念、范围？

    2. 建设工程监理的原则是什么？

    3. 建设工程施工阶段的有哪些监理工作？

    4. 旁站监理工作有哪些程序？

    5. 旁站监理人员的工作内容和职责是什么？

    6. 工程监理廉政责任书的主要内容有哪些？

    7. 工程监理单位超越本企业资质等级承揽监理业务的应如何处罚？

    8. 监理工程师有哪些法律责任？

第八章 合同法律基础

本章主要介绍了合同与合同法的概念、基本原则；合同的订立，合同的效力，合同的履行，合同的变更和转让，合同的终止；违约责任和合同争议的解决；合同履行的担保与公证等内容。

第一节 合同与合同法概述

一、合同的概念

一般意义的合同，泛指一切确立权利义务关系的协议，因此，有物权合同、债权合同和身份合同等。《中华人民共和国合同法》（以下简称合同法）中所规定的合同仅指民法意义上的财产合同。《合同法》规定："本法所称合同是平等主体的自然人、法人、其他组织之间设立、变更、终止民事权利义务关系的协议"。并规定："婚姻、收养、监护等有身份关系的协议，适用其他法律规定"。根据这一规定，合同具有以下特点：

(1) 合同是当事人协商一致的协议，是双方或多方的民事法律行为；

(2) 合同的主体是自然人、法人和其他组织等民事主体；

(3) 合同的内容是有关设立、变更和终止民事权利义务关系的约定，通过合同条款具体体现出来；

(4) 合同须依法成立，只有依法成立的合同对当事人才具有法律约束力。

二、合同法的基本原则

（一）平等原则

合同当事人的法律地位平等，一方不得将自己的意志强加给另一方。当事人法律地位平等，是指合同当事人不论自然人，还是法人，也不论其经济实力和经济成分如何，其法律地位无高低之分，即享有民事权利和承担民事义务的资格是平等的。这一原则既是商品经济客观规律的体现，又是民法平等原则的具体表现，当事人只有在平等的基础上，才有可能经过协商，达成意思表示一致的协议。

（二）自愿原则

当事人依法享有自愿订立合同的权利，任何单位和个人不得非法干预。当事人自愿订立合同，是指当事人有订立合同或不订立合同的权利，以及选择合同相对人、确定合同内容和合同形式的权利。自愿原则和平等原则是相辅相成的，有着密切的联系。在平等原则下，一方不得将自己的意志强加给对方，在自愿原则下，其它民事主体乃至国家机关不得对当事人订立合同进行非法干预。当然，当事人自愿订立合同时必须遵守法律、行政法规，不得损害他人的合法权益，不得扰乱社会经济秩序。

（三）公平原则

当事人应当遵循公平原则确定各方的权利和义务。遵循公平原则确定各方权利和义务，是指当事人订立和履行合同时，应根据公平的要求约定各自的权利和义务，正当行使合同权利和履行合同义务，兼顾他人利益。对于显失公平的合同，当事人一方有权请求人民法院或仲裁机构变更或撤销。

（四）诚实信用原则

当事人行使权利，履行义务应当遵循诚实信用原则。诚实信用，是指合同当事人在订立合同时要诚实、真实地向对方当事人介绍与合同有关的情况，不得有欺诈行为；合同生效后，要守信用，积极履行合同义务，不得擅自变更和解除合同，也不能任意违约。

（五）遵守法律、维护社会公共利益的原则

当事人订立合同、履行合同，应当遵守法律、行政法规，尊重社会公德，不得扰乱社会经济秩序，损害社会公共利益。国家法律、行政法律与社会公德在调整当事人的合同关系时，是相互补充不可或缺的，这与民法的基本原则相一致。合同法既要保护合同当事人的合法权益，也要维护社会经济秩序和社会公共利益，因此，当事人在订立和履行合同时不仅要合法，也要尊重社会公德，不得扰乱社会经济秩序，损害社会公共利益。

三、我国合同制度的建立和发展

合同法是商品经济的产物，是商品交换关系的法律表现。我国发展社会主义市场经济，决定了合同制度的必然存在，它是社会主义商品交换的法律工具，对我国社会主义市场经济体制的建立和发展，维护市场经济秩序，促进我国现代化建设起着十分重要的作用。

1981 年 12 月五届全国人大第四次会议通过了《中华人民共和国经济合同法》，初步确定了我国经济合同制度。为了保证《经济合同法》的实施，国务院发布了一系列的合同条例，使经济合同制度形成体系。为了适应对外开放的需要，1985 年 3 月六届全国人大常务委员会第十次会议通过了《中华人民共和国涉外经济合同法》，进一步完善了我国经济合同制度。随着我国科技体制改革的发展，制定一部调整技术商品交换关系的法律显得极为迫切。1987 年 6 月六届全国人大常务委员会第二十一次会议审议通过了《中华人民共和国技术合同法》，从而形成了我国特定历史时期的三部合同法并存的立法模式。

1992 年，中共中央关于经济体制改革的决定指出：经济体制改革的目标是建立社会主义市场经济体制，要尽快建立社会主义市场经济法律体系。为适应建立社会主义市场经济体制的迫切要求，1993 年 9 月八届全国人大常务委员会第三次会议对《中华人民共和国经济合同法》作了修改，经过九届全国人大常务委员会多次审议，于 1999 年 3 月 15 日九届全国人大第二次会议上，《中华人民共和国合同法》顺利获得通过。1999 年 10 月 1 日起正式实施，同时，对《经济合同法》、《涉外经济合同法》和《技术合同法》予以废止。《中华人民共和国合同法》（以下简称《合同法》）是一部反映现代市场经济规律，又符合中国国情的法律文件，它的颁布与实施，标志着我国合同制度的统一和完善，必将促进中国市场经济的发展和改革开放。

四、《合同法》的内容简介

《合同法》共 23 章 428 条，分为总则、分则和附则三个部分。其中，总则部分共 8 章，将各类合同所涉及的共同性问题进行了统一的规定，包括一般规定、合同的订立、合同的效力、合同的履行、合同的变更和转让、合同的权利义务终止、违约责任和其他规定等内容。分则部分共 15 章，分别对买卖合同、供用电、水、气、热力合同、赠与合同、借款合同、租赁合同、融资租赁合同、承揽合同、建设工程合同、运输合同、技术合同、保管合同、仓储合同、委托合同、经纪合同和居间合同进行了具体规定。附则部分仅一条，规定了《合同法》的施行日期。

第二节　合同的订立

合同的订立是指合同当事人依法就合同内容经过协商，达成协议的法律行为。《合同法》对合同订立的基本法律要求作出了明确规定。

一、当事人主体资格

《合同法》规定：当事人订立合同，应当具有相应的民事权利能力和民事行为能力。合同主体包括自然人、法人和其他组织。如前所述，我国民法对自然人和法人作为民事主体的民事权利能力和民事行为能力方面的要求是不同的。对于自然人而言，完全行为能力的人可以订立一切法律允许自然人作为合同主体的合同；限制行为能力的人，只能订立一些与其年龄、智力、精神状况相适应或纯获利益的合同；其他的合同，则应由法定代理人代订或经法定代理人同意。对于法人和其他组织而言，自依法成立或进行核准登记后，便具有民事权利能力和民事行为能力，但各个法人或其他组织，因其设立的目的、宗旨、业务活动范围的不同，而决定了其所具有的民事权利能力和民事行为能力亦互不相同。法人和其它组织只有在其权利能力和行为能力的范围内订立合同，才具有合同主体的资格。

当事人也可以委托代理人订立合同。代理人订立合同时，应向对方出具其委托人签发的授权委托书。如果行为人没有代理权、超越代理权或者代理权终止后，以被代理人名义订立的合同，未经被代理人追认，对被代理人不发生效力，由行为人承担责任。但相对人有理由相信行为人有代理权的，该代理行为有效。

二、合同的形式

合同形式是合同当事人所达成协议的表现形式，是合同内容的载体。《合同法》规定：当事人订立合同，有书面形式、口头形式和其他形式。

口头形式是指当事人只以口头语言的意思表示达成协议，而不以文字表述协议内容的合同。口头合同简便易行，缔约迅速且成本低，但在发生合同纠纷时，难以举证，不易分清责任。

书面形式是指合同书、信件和数据电文（包括电报、电传、传真、电子数据交换和电子邮件）等可以有形地表现所载内容的形式。书面合同既可成为当事人履行合同的依据，一旦发生合同纠纷又可以成为证据，便于确定责任，能够确保交易安全，但不利于交易便捷。

其他形式的合同是指以当事人的行为或者特定情形推定成立的合同。

《合同法》在合同形式的规定上，明确了当事人有合同形式的选择权，但基于对重大交易安全考虑，对此又进行了一定的限制，明确规定：法律、行政法规规定采用书面形式的，应当采用书面形式。当事人约定采用书面形式的，应当采用书面形式。比如，房地产交易，法律规定采用书面形式，当事人如果未采用书面形式，则合同不成立。《建筑法》规定：建筑工程合同必须是书面形式。

三、合同的内容

合同的内容是指当事人的权利、义务和责任的具体规定，通过合同条款具体体现。按照合同自愿原则，《合同法》规定：合同内容由当事人约定，同时，为了起到合同条款的示范作用，规定合同一般包括以下条款：

（一）当事人的名称或姓名和住所

这是有关当事人的条款，通过这一条款，将合同特定化，明确了合同权利义务的享有者和承担者，当事人住所的确定便于明确地域管辖也有利于当事人履行合同。

（二）标的

标的是合同当事人权利义务共同指向的对象。没有标的或者标的不明确，当事人的权利和义务就无所指向，合同就无法指向，合同也就无法履行。不同的合同其标的也有所不同，有的合同其标的是财产，有的合同其标的是行为，因此，当事人必须在合同中明确规定合同的标的。

（三）数量

数量是对标的的计量，是以数字和计量单位来衡量标的的尺度。没有数量条款的规定，就无法确定双方权利义务的大小，使得双方权利义务处于不确定的状态，因此，合同中必须明确标的的数量。

（四）质量

质量是指标的的内在素质和外观形态的综合。如产品的品种、规格、执行标准等，当事人约定质量条款时必须符合国家有关规定和要求。

（五）价款或者报酬

合同中的价款或者报酬，是指合同当事人一方向交付标的的一方支付的表现为货币的代价。当事人在约定价款或报酬时应遵守国家有关价格方面的法律和规定，并接受工商行政机关和物价管理部门的监督。

（六）履行期限、地点和方式

履行期限是指合同当事人履行义务的时间界限，是确定当事人是否按时履行的客观标准，也是当事人主张合同权利的时间依据。履行地点是指当事人交付标的或者支付价款的地方，当事人应在合同中予以明确。履行方式是指当事人以什么方式来完成合同的义务，当事人只有在合同中明确约定合同的履行方式，才便于合同的履行。

（七）违约责任

违约责任是指当事人一方或双方不履行合同或不能完全履行合同，按照法律规定或合同约定应当承担的法律责任。合同中约定的违约责任条款，不仅可维护合同的严肃性，督促当事人切实履行合同，而且一旦出现当事人违反合同的情况时，便于当事人及时按照合同承担责任，减少纠纷。在违约责任条款中，当事人应明确约定承担违约责任的方式。

（八）解决争议的办法

合同发生争议时根据我国现有的法律规定，争议解决的方法有和解、调解、仲裁和诉讼四种，其中仲裁和诉讼是最终解决争议的两种不同的方法，即当事人只能在这两种方法中选择其一。因此当事人在订立合同时，在合同中约定争议的解决方法，有利于当事人在发生争议后，及时解决争议。如果是约定用仲裁解决争议的，应明确仲裁事项和仲裁委员会，便于当事人及时通过仲裁解决争议。

四、订立合同的方式

订立合同的方式是指合同当事人双方依法就合同内容达成一致的过程。《合同法》规定：当事人订立合同，采取要约、承诺方式。

（一）要约

1. 要约的概念

要约是希望和他人订立合同的意思表示。在要约中，提出要约的一方为要约人，要约发向的一方为受要约人。《合同法》规定，要约生效应具备以下条件：

（1）要约必须表明要约人具有与他人订立合同的愿望；

（2）要约的内容必须具体确定；

（3）要约经受要约人承诺，要约人即受该要约的约束。

2. 要约与要约邀请的区别

如果当事人一方所做的是"希望他人向自己发出要约的意思表示"，比如寄送价目表、拍卖公告、招标公告、招股说明书等则是要约邀请，或称为要约引诱，而不是要约。商业广告的内容符合要约规定的，则视为要约。具体区别如下几条：

（1）要约是当事人自己主动表示愿意与他人订立合同，而要约邀请则是希望他人向自己提出要约；

（2）要约的内容必须包括将要订立的合同的实质条件，而要约邀请则不一定包含合同的主要内容；

（3）要约经受要约人承诺，要约人受其要约的约束，要约邀请则不含有受其要约邀请约束的意思。

3. 要约的效力

《合同法》规定：要约到达受要约人时生效。要约生效后，对要约人和受要约人产生不同的法律后果，表现为：使得受要约人取得承诺的资格，而对要约人则受到一定的拘束，《合同法》对要约效力作出了如下规定：

（1）要约的撤回。要约的撤回是指要约人发出要约后，在其送达受要约人之前，将要约收回，使其不生效。《合同法》规定：要约可以撤回。撤回要约的通知应当在要约到达受要约人之前或者与要约同时到达受要约人。

（2）要约的撤消。撤消要约是指要约生效后，在受要约人承诺之前，要约人通过一定的方式，使要约的效力归于消灭。《合同法》规定：要约可以撤消。撤消要约的通知应当在受要约人发生承诺通知之前到达受要约人。

（3）要约失效。要约失效即要约的效力归于消灭。《合同法》规定了要约失效的四种情形：

1）拒绝要约的通知到达要约人；

2）要约人依法撤销要约；

3）承诺期限届满，受要约人未作出承诺；

4）受要约人对要约的内容作出实质性变更。

（二）承诺

1. 承诺的概念

承诺是受要约人同意要约的意思表示。根据《合同法》的规定，承诺生效应符合以下条件：

（1）承诺必须由受要约人向要约人作出。因为要约生效后，只有受要约人取得了承诺资格，如果第三人了解了要约内容，向要约人作出同意的意思表示不是承诺，而是第三人发出的要约。

（2）承诺的内容应当与要约的内容相一致。因为要约失效的原因之一是受要约人对要约的内容作出实质性变更，因此，如果受要约人对要约的内容作出实质性变更的，则不构成承诺，而是受要约人向要约人作出的反要约。如果承诺对要约的内容作出非实质性变更的，要约人及时表示反对，或者要约表明不得对要约的内容作出任何变更，则承诺也不生效。至于哪些变更属于实质性的，《合同法》作出了明确规定：有关合同标的、数量、质量、价款或者报酬、履行期限、履行地点和方式、违约责任和解决争议方法等的变更，是对要约内容的实质性变更。

（3）受要约人应当在承诺期限内作出承诺。

承诺期限有两种规定方式，一种是在要约中规定，另一种是要约中未规定，以合理期限计算。如果受要约人未在承诺期限内作出承诺，则要约人就不再受其要约的拘束。对此，《合同法》规定了两种情况：如果受要约人超过期限发出承诺的，除非要约人及时通知受要约人该承诺有效的以外，则为新要约；如果受要约人虽在承诺期限内发出承诺，按照通常情形能够及时到达要约人，但因其他原因承诺到达要约人时超过承诺期限的，要约人及时通知受要约人承诺超过期限，承诺无效，否则，该承诺有效。

（4）承诺应以通知的方式作出。一般情况下，受要约人应当以明示的方式告知要约人其接受要约的条件。除非根据交易习惯或者要约表示可以通过行为作出承诺。

2. 承诺的效力

《合同法》规定："承诺通知到达要约人时生效。"承诺生效时合同即告成立，对要约人和承诺人来讲，他们相互之间就确立了权利义务关系。《合同法》对合同成立的时间规定了四种情况：

（1）承诺通知到达要约人时生效；

（2）当事人采用合同书形式订立合同的，自双方当事人签字或者盖章时合同成立；

（3）当事人采用信件、数据电文等形式订立合同的，可以在合同成立之前要求签订确认书。签订确认书时合同成立。

（4）法律、行政法规规定或者当事人约定采用书面形式订立合同，当事人未采用书面形式但一方已经履行主要义务，对方接受的，该合同成立。

关于承诺的撤回，《合同法》规定：承诺可以撤回。撤回承诺的通知应当在承诺通知到达要约人之前或者与承诺通知同时到达要约人。

五、订立合同的其他规定

（一）合同成立的地点

关于合同成立地点的确定，《合同法》作出了如下规定：

1. 承诺生效的地点为合同成立的地点；

2. 双方当事人签字或者盖章的地点为合同成立的地点；这种情况适用于当事人采用合同书形式订立合同的。

3. 采用数据电文形式订立合同的，收件人的主营业地为合同成立地点；没有主营业地的，其经常居住地为合同成立的地点。

（二）对合同形式要求的例外规定

《合同法》规定：法律、行政法规规定或者当事人约定采用书面形式订立合同，当事人未采用书面形式但一方已经履行主要义务，对方接受的，该合同成立。

（三）计划合同

《合同法》规定：国家根据需要下达指令性任务或者国家订货任务的，有关法人、其他组织之间应当依照有关法律、行政法规规定的权利和义务订立合同。

（四）违反合同前义务的法律责任

合同前义务是基于诚实信用原则和当事人之间的信赖关系而产生的法定义务，是一种附随义务，不同于合同义务。

当事人订立合同过程中，应依据诚实信用的原则，对合同内容进行磋商，如果当事人违背诚实信用原则，给对方造成损失的应承担相应的法律责任，即缔约过失责任。因此，《合同法》对订立合同违反诚实信用原则和保密义务的责任作出了如下规定：

1. 当事人在订立合同过程中有下列情形之一，给对方造成损失的，应当承担损害赔偿责任：

（1）假借订立合同，恶意进行磋商；

（2）故意隐瞒与订立合同有关的重要事实或者提供虚假情况；

（3）有其他违背诚实信用的原则的行为。

2. 当事人在订立合同过程中知悉的商业秘密，无论合同是否成立，不得泄露或者不正当地使用该商业秘密，给对方造成损失的，应当承担损害赔偿责任。

第三节 合同的效力

合同的效力，是指合同所具有的法律约束力。《合同法》对合同的效力，不仅规定了合同生效、无效合同，而且还对可撤消或变更合同进行了规定。

一、合同生效要件

（一）合同生效的概念

合同生效，即合同发生法律约束力。合同生效应具备下列条件：

1. 当事人具有相应的民事权利能力和民事行为能力；

2. 意思表示真实；

3. 不违反法律或社会公共利益。

（二）合同生效

合同生效后，当事人必须按约定履行合同，以实现其追求的法律后果。《合同法》对合同生效规定了三种情形：

1. 成立生效

对一般合同而言，只要当事人在合同主体资格、合同形式及合同内容等方面均符合法律要求，经协商达成一致意见，合同成立即可生效。如《合同法》规定的：依法成立的合同，自成立时生效。

2. 批准登记生效

批准登记的合同，是指法律、行政法规规定应当办理批准登记手续的合同。按照我国现有的法律和行政法规的规定，有的将批准登记作为合同生效的条件。比如，中外合资经营企业合同必须经过批准后才能成立。《合同法》对此规定：法律、行政法规规定应当办理批准、登记等手续生效的，依照其规定。

3. 约定生效

约定生效是指合同当事人在订立合同时，约定以将来某种事实的发生作为合同生效或合同失效的条件，合同成立后，当约定的某种事实发生后，合同才能生效或合同即告失效。

当事人约定以不正确的将来事实的成就限制合同生效或失效的，称为附条件的合同。《合同法》规定：附生效条件的合同，自条件成就时生效。附解除条件的合同，自条件成就时失效。同时规定：当事人为自己的利益不正当地阻止条件成就的，视为条件已成就；不正当地促成条件成就的，视为条件不成就。当事人约定以确定的将来事实的成就，限制合同生效或失效的，即是附期限的合同。《合同法》规定：附生效期限的合同，自期限届至时生效；附终止期限的合同，自期限届满时失效。

二、效力待定合同

效力待定合同是指行为人未经权利人同意而订立的合同，因其不完全符合合同生效的要件，合同有效与否，需要由权利人确定。根据《合同法》的规定，效力待定合同有以下几种：

（一）限制行为能力人订立的合同

限制民事行为能力人订立的合同，经法定代理人追认后，该合同有效。限制民事行为能力人的监护人是其法定代理人。追认，即事后追认，是经法定代理人明确无误地表示同意限制民事行为能力人与他人订立的合同。相对人可以催告法定代理人在1个月内予以追认，法定代理人未作表示的，视为拒绝追认。

（二）无权代理合同

代理合同是指行为人以他人名义，在代理权限范围内与第三人订立的合同。而无权代理合同则是行为人不具有代理权而以他人名义订立的合同。这种合同具体又有三种情况：

1. 行为人没有代理权，即行为人事先并没有取得代理权却以代理人自居而代理他人订立的合同。

2. 超越代理权，即代理人虽然获得了被代理人的代理权，但他在代订立合同时，超越了代理权限的范围。

3. 代理权终止后以被代理人的名义订立合同，即行为人曾经是被代理人的代理人，但在以被代理人的名义订立合同时，代理权已终止。

对于无权代理合同，《合同法》规定：未经被代理人追认，对被代理人不发生效力，由行为人承担责任。但是，相对人有理由相信行为人有代理权的，该代理行为有效。相对人可以催告被代理人在1个月内予以追认，被代理人未作表示的，视为拒绝追认。

（三）无处分权的人处分他人财产的合同

这类合同是指无处分权的人以自己的名义对他人的财产进行处分而订立的合同。根据法律规定，财产处分权只能由享有处分权的人行使，但《合同法》对无财产处分权人订立的合同，生效情况作出了规定：无处分权的人处分他人财产，经权利人追认或者无处分权的人订立合同后取得处分权的，该合同有效。

三、无效合同

合同从本质上说是合法行为，但并非所有的合同都具有法律效力。无效合同就是指虽经当事人协商订立，但因其不具备合同生效条件，不能产生法律约束力的合同。无效合同从订立时起就不具有法律约束力。《合同法》规定了如下五种无效合同：

(1) 一方以欺诈、胁迫的手段订立合同；

(2) 恶意串通，损害国家、集体或者第三人利益；

(3) 以合法形式掩盖非法目的；

(4) 损害社会公共利益；

(5) 违反法律、行政法规的强制性规定。

此外，《合同法》还对合同中的免责条款及争议解决条款的效力作出了规定。合同的免责条款是指当事人在合同中约定的免除或限制其未来责任的条款。免责条款是由当事人协商一致的合同的组成部分，具有约定性。如果需要，当事人应当以明示的方式依法对免责事项及免责的范围进行约定。但对那些具有社会危害性的侵权责任，当事人不能通过合同免除其法律责任，即使约定了，也不承认其有法律约束力。因此，《合同法》明确规定了两种无效免责条款：

(1) 造成对方人身伤害的；

(2) 因故意或者重大过失造成对方财产损失的。

合同中的解决争议条款具有相对独立性，当合同无效、被撤销或者终止时，解决争议条款的效力不受影响。无效合同的确认权归人民法院或仲裁机构，合同当事人或其他任何机构均无权确认无效合同。

四、可变更、可撤销的合同

可变更合同是指合同部分内容违背当事人的真实意思表示，当事人可以要求对该部分内容的效力予以撤销的合同。可撤销合同是指虽经当事人协商一致，但因非对方的过错而导致一方当事人意思表示不真实，允许当事人依照自己的意思，使合同效力归于消灭的合同。《合同法》规定了下列合同当事人一方有权请求人民法院或者仲裁机构变更或者撤销。

1. 因重大误解订立的合同

所谓"重大误解"，依照最高人民法院《关于贯彻〈中华人民共和国民法通则〉若干问题的意见》（试行）规定："行为人对行为的性质、对方当事人、标的物的品种、质量、规格和数量等的错误认识，使行为的后果与自己的意思相悖，并造成较大损失的，可以认定为重大误解"。因此，有重大误解的合同，是当事人由于自己的错误认识，对合同对方或合同内容在认识上不正确，而并非由于对方当事人的故意行为而作出错误的意思表示。对于这种合同，应当允许当事人要求变更或者撤销。

2. 在订立合同时显失公平的合同

所谓"显失公平"，根据最高人民法院《关于贯彻〈中华人民共和国民法通则〉若干问题的意见》规定"一方当事人利用优势或者利用对方没有经验，致使双方的权利义务明显违反公平、等价有偿原则的，可以认定为显失公平"。因此，显失公平的合同是指当事人的权利义务极不平等，有悖于公平原则的合同，合同的执行必然给当事人一方造成极大的损失。对于这种合同，当事人一方有权请求变更或撤销。

3．一方采用欺诈、胁迫手段或乘人之危订立的合同

当一方当事人以欺诈、胁迫手段或者乘人之危与另一方订立合同时，另一方当事人往往会违背其真实意思作出表示，这与民事法律行为必须意思表示真实的规定相违背，应属无效。但《合同法》根据合同自愿原则，允许受害方选择合同效力，《合同法》规定：一方以欺诈、胁迫的手段或乘人之危，使对方在违背真实意思的情况下订立的合同，受损害方有权请求人民法院或者仲裁机构变更或者撤销。

合同经法院或仲裁机构变更，被变更的部分即属无效，而变更后的合同则为有效合同，对当事人有法律约束力。合同经人民法院或仲裁机构撤销，被撤销的合同即属无效合同，自始不具有法律约束力。因此，对于上述合同，如果当事人请求变更的，人民法院或仲裁机构不得撤销。同时，为了维护社会经济秩序的稳定，保护当事人的合同权益，《合同法》对当事人的撤销权也作出了限制。《合同法》规定：有下列情形之一的，撤销权消灭：

（1）具有撤销权的当事人自知道或者应当知道撤销事由之日起 1 年内没有行使撤销权；

（2）具有撤销权的当事人知道撤销事由后明确表示或者以自己的行为放弃撤销权。

五、无效合同的法律责任

无效合同是一种自始确定的没有法律约束力的合同，从订立时起国家法律就不承认其具有有效性，订立之后也不可能转化为有效合同。而可撤销的合同，其效力并不稳定，只有在有撤销权的当事人提出请求，并被人民法院或者仲裁机构予以撤销，才成为被撤销的合同。被撤销的合同也是自始没有法律约束力的合同。但是，如果当事人没有请求撤销，则可撤销的合同对当事人就具有法律约束力。因此，可撤销合同的效力取决于当事人是否依法行使了撤销权。

既然无效合同和被撤销合同自始没有法律约束力，如果当事人一方或双方已对合同进行了履行，就应对因无效合同和被撤销合同的履行而引起的财产后果进行处理，以追究当事人的法律责任。《合同法》对此作出了如下规定：

1．返还财产

返还财产是指合同当事人应将履行无效合同或被撤销合同而取得的对方财产归还给对方。如果只有一方当事人取得对方的财产，则单方返还给对方；如果双方当事人均取得了对方的财产，则应双方返还给对方。通过返还财产，使合同当事人的财产状况恢复到订立合同时的状况，从而消除了无效合同或者被撤销合同的财产后果。但返还财产不一定返还原物，如果不能返还财产或者没有必要返还财产的，也可通过折价补偿的方式，达到恢复当事人的财产状况的目的。

2．赔偿损失

当事人对因合同无效或者被撤销而给对方造成的损失，并不能因返还财产而被补偿，因此，还应承担赔偿责任。但当事人承担赔偿损失时，应以过错为原则。如果一方有过错给对方造成损失，则有过错一方应赔偿对方因此而受到的损失；如果双方都有过错，则双方均应承担各自相应的责任。

3．追缴财产

对于当事人恶意串通，损害国家、集体或者第三人利益的合同，由于其有着明显的违

法性，应追缴当事人因合同而取得的财产，以示对其违法行为的制裁。对损害国家利益的合同，当事人因此取得的财产应收归国家所有；对损害集体利益的合同，应将当事人因此而取得的财产返还给集体；对损害第三人利益的合同，应将当事人因此而取得的财产返还给第三人，从而达到维护国家、集体或者第三人合法权益的目的。

第四节　合同的履行、变更与转让

一、合同的履行

合同的履行是指合同生效后，当事人双方按照合同约定的标的、数量、质量、价款、履行期限、履行地点和履行方式等，完成各自应承担的全部义务的行为。如果当事人只完成了合同规定的部分义务，称为合同的部分履行或不完全履行，如果合同的义务全部没有完成称为合同未履行或不履行合同。有关合同履行的规定，是合同法的核心内容。

（一）全面履行合同

当事人订立合同不是目的，只有全面履行合同，才能实现当事人所追求的法律后果。因此，为了确保合同生效后，能够顺利履行，当事人应对合同内容作出明确具体的约定。但是如果当事人所订立的合同，对有关内容约定不明确或没有约定，为了确保交易的安全与效率，《合同法》允许当事人协议补充，如果当事人不能达成协议的，按照合同有关条款或者交易习惯确定。如果按此规定仍不能确定的，则按《合同法》规定处理：

1. 质量要求不明确的，按照国家标准、行业标准履行；没有国家、行业标准的，按照通常标准或者符合合同目的的特定标准履行。

2. 价款或者报酬不明确的，按照订立合同时履行地的市场价格履行；依法应当执行政府定价或者政府指导价的，按照规定履行。

3. 履行地点不明确，给付货币的，在接收货币一方所在地履行；交付不动产的，在不动产所在地履行；其他标的，在履行义务一方所在地履行。

4. 履行期限不明确的，债务人可以随时履行，债权人也可以随时要求履行，但应当给对方必要的准备时间。

5. 履行方式不明确的，按照有利于实现合同目的的方式履行。

6. 履行费用的负担不明确的，由履行义务一方负担。

（二）债务人履行抗辩权

抗辩权是指双方在合同的履行中，都应当履行自己的债务，一方不履行或者有可能不履行时，另一方可以据此拒绝对方的履行要求。《合同法》规定了双务合同中的三种抗辩权，即同时履行抗辩权、后履行抗辩权和不安抗辩权。

1. 同时履行抗辩权

《合同法》规定：当事人互负债务，没有先后履行顺序的，应当同时履行，一方在对方履行之前有权拒绝其履行要求，一方在对方履行债务不符合约定时，有权拒绝其相应的履行要求。

2. 后履行抗辩权

《合同法》规定：当事人互负债务，有先后履行顺序的，先履行的一方未履行的，后履行的一方有权拒绝其履行要求；先履行的一方履行债务不符合约定时，后履行的一方有权拒绝其相应的履行要求。

3. 不安抗辩权

不安抗辩权是指合同中约定了履行的顺序，合同成立后发生了应当后履行合同一方财务状况恶化的情况，应当先履行合同一方在对方未履行或者提供担保前有权拒绝履行。

当事人行使了不安抗辩权，并不意味着合同终止，只是当事人暂时停止履行其到期债务。这时，应如何处理双方之间合同呢？《合同法》对此作出了规定：当事人依照本法第六十八条的规定中止履行的，应当及时通知对方。对方提供适当担保时，应当恢复履行。中止履行后，对方在合理期限内未恢复履行能力并且未提供适当担保的，中止履行的一方可以解除合同。

（三）债权人的代位权、撤消权和抗辩权

1. 债权人的代位权

债权人的代位权是指债权人为了使其债权免受损害，代为行使债务人权利的权利。《合同法》规定：因债务人怠于行使其到期债权，对债权人造成损害的，债权人可以向人民法院请求以自己的名义代位行使债务人的债权，但该债权专属于债务人自身的除外。根据这一规定，债权人行使代位权的条件是：第一，债务人怠于行使其到期债权；第二，基于债务人怠于行使权利，会造成债权人的损害；第三，债务人的权利非专属债务人自身；第四，代位权的范围应以债权人的债权为限。

2. 债权人的撤消权

撤销权是指因债务人放弃其到期债权或者无偿转让财产，对债权人造成伤害的，债权人可以请求人民法院撤销债务人的行为。债权人无论是行使代位权，还是行使撤销权，均应当向人民法院提起诉讼，由人民法院作出裁判。当债权人行使撤销权，人民法院依法撤销债务人行为的，导致债务人的行为自始无效，第三人因此取得的财产，应当返还给债务人。由于债权人行使撤销权，涉及到第三人的利益，对债权人行使撤销权的期限，《合同法》作出了规定：撤销权自债权人知道或者应当知道撤销事由之日起 1 年内行使。自债务人的行为发生之日起 5 年内没有行使撤销权的，该撤销权取消。

3. 债权人的抗辩权

债权人的抗辩权是指当债务人履行债务不符合合同约定，债权人可以拒绝债务人履行债务的权利。债权人行使抗辩权的情形有两种：一种是在债务人提前履行合同时；另一种是在债务人部分履行合同时。对此，《合同法》分别作出了规定：债权人可以拒绝债务人提前履行债务，但提前履行不损害债权人利益的除外。债务人提前履行债务给债权人增加的费用由债务人负担。债权人可以拒绝债务人部分履行债务，但部分履行不损害债权人利益的除外。债务人部分履行债务给债权人增加的费用由债务人负担。

二、合同的变更

合同的变更是指合同依法成立后，在尚未履行或尚未完全履行时，当事人双方依法对合同的内容进行修订或调整所达成的协议。例如，对合同约定的标的数量、质量标准、履行期限、履行地点和履行方式等进行变更。合同变更一般不涉及已履行的部分，而只对未履行的部分进行变更，因此，合同变更不能在合同履行后进行，只能在完全履行合同之前。

按照《合同法》的规定，只要当事人协商一致，即可变更合同。因此，当事人变更合同的方式类似订立合同的方式，经过提议和接受两个步骤。首先，要求变更合同的一方当事人提出变更合同的建议，在该提议中，当事人应当明确变更的内容，以及变更合同引起的财产后果的处理。然后，由另一方当事人对变更建议表示接受。至此，双方当事人对合同变更达成协议。一般来说，当事人凡书面形式订立的合同，变更协议，亦应采取书面形式；凡是法律、行政法规规定合同变更应当办理批准、登记手续的，依照其规定。

应当注意的是，当事人对合同变更只是一方提议，而未能达成协议时，不产生合同变更的效力；当事人对合同变更的内容约定不明确的，同样也不产生合同变更的效力。

三、合同的转让

合同的转让，是指当事人一方将合同的权利和义务转让给第三人，由第三人接受权利和承担义务的法律行为。当事人一方将合同的部分权利和义务转让给第三方的称为合同的部分转让，其后果是：一方面在当事人另一方与第三人之间形成的权利义务关系，另一方未转让的那部分权利和义务，对原合同当事人仍然有效，双方仍应履行。当事人一方将合同的权利和义务全部转让给第三人的，成为合同的全部转让。合同的全部转让，实际上是合同一方当事人的变更，即主体变更，而原合同中约定的权利和义务依然存在，并未变更。随着合同的全部转让原合同当事人之间的权利和义务关系消灭，与此同时，又在未转让一方当事人与第三人之间形成的新的权利义务关系，即由第三人代替转让方的合同地位，享有权利和承担义务。允许当事人转让权利和义务，是合同法自愿原则的具体体现，但法律、行政法规对转让合同有所规定的，应依照其规定。

《合同法》规定了合同权利转让、合同义务转让和合同权利义务一并转让的三种情况。

1. 合同权利的转让

合同权利的转让也称为债权让与，是指合同当事人将合同中的权利全部或部分转让给第三人的行为。转让合同权利的当事人也称让与人，接受转让的第三人称受让人。《合同法》对债权的让与作出了如下规定：

第一、不得转让的情形：

（1）根据合同性质不得转让；

（2）按照当事人约定不得转让；

（3）依照法律规定不得转让。

第二、债权人转让权利的条件：

债权人转让权利的，应当通知债务人。未经通知，该转让对债务人不发生效力。除非受让人同意，债权人转让权利的通知不得撤销。

第三、债权的让与，对其从权利的效力：

债权人转让权利的，受让人取得与债权有关的从权利，但该从权利专属于债权人自身的除外。

第四、债权的让与，对债务人的抗辩权及抵消权的效力：

债务人接到债权让与通知后，债务人对让与人的抗辩，可以向受让人主张债务人对让与人享有债权，并且债务人的债权先于转让债权到期或者同时到期的，债务人可以向受让人主张抵消。

2. 合同义务的转让

合同义务的转让也称债务承担，是指债务人将合同的义务全部或部分地转移给第三人的行为。《合同法》对债务人转让合同义务作出了如下规定：

(1) 债务人转让合同义务的条件：

债务人将合同的义务全部或者部分转让给第三者的，应该经债权人同意。

(2) 新债务人的抗辩权：

债务人转让义务的，新债务人可以主张原债务人对债权人的抗辩。

(3) 债务转让对其从债务的效力：

债务人转让义务的，新债务人应当承担与主债务有关的从债务，但该从债务专属于原债务人自身的除外。

3. 合同权利与义务一并转让

合同权利与义务一并转让也称债权债务的概括转让，是指合同当事人一方将债权债务一并转移给第三人，由第三人概括地接受这些债权债务的行为。合同权利和义务一并转让，分两种情况：一种是合同转让，即依据当事人之间的约定而发生债权债务的转让，对这种情况，《合同法》规定：当事人一方经对方同意，可以将自己在合同中的权利和义务一并转让给第三人。并且，《合同法》中有关合同权利转让和义务转让的规定亦适用。另一种情况是因当事人的组织变更而引起合同权利义务转让。当事人的组织变更是指当事人在合同订立后，发生合并或分立。《合同法》对这种情况下引起的权利义务的转让规定如下：当事人订立合同后合并的，由合并后的法人或者其他组织行使合同权利，履行合同义务。当事人订立合同后分立的，除债权人和债务人另有约定外，由分立的法人或者其他组织对合同的权利和义务享有连带债权，承担连带债务。

第五节 合同的终止

合同的终止，又称合同的消灭，是指当事人之间的合同关系由于某种原因而不复存在。《合同法》对合同终止的情形、合同后义务以及合同解除等作出了规定。

1. 合同终止的情形

(1) 债务已经按照约定履行；

(2) 合同解除；

(3) 债务相互抵消；

(4) 债务人依法将标的物提存；

(5) 债权人免除债务；

(6) 债权债务同归于一人；

(7) 法律规定或者当事人约定终止的其他情形。

2. 合同后义务

《合同法》规定：合同的权利义务终止后，当事人应当遵循诚实信用的原则，根据交易习惯履行通知、协助、保密义务。

3. 合同的解除

合同的解除，是指合同依法成立后，在尚未履行或者尚未完全履行时，提前终止合同效力的行为，分为约定解除和法定解除两种。约定解除是当事人通过行使约定的解除权或经双方协商一致同意而进行的合同解除。法定解除是解除条件直接由法律规定的合同解除。

《合同法》规定，有下列情形之一者，当事人可解除合同：

（1）因不可抗力致使不能实现合同目的；

（2）在履行期限届满之前，当事人一方明确表示或者以自己的行为表明不履行主要债务；

（3）当事人一方延迟履行主要债务，经催告后在合理期限内仍未履行；

（4）当事人一方延迟履行债务或者有其他违法行为致使不能实现合同目的；

（5）法律规定的其他情形。

第六节　违约责任和合同争议的解决

一、违约责任的概念及方式

违约责任，是指当事人任何一方违约后，依照法律规定或者合同约定必须承担的法律制裁。关于违约责任的方式，《合同法》规定了三种主要的方式：

（一）继续履行合同

继续履行合同是要求违约当事人根据对方的要求，在自己能够履行的条件下，按照合同的约定，切实履行所承担的合同义务。具体来讲包括两种情况：一是债权人要求债务人按合同的约定履行合同；二是要债务人向法院提出起诉，由法院判决强迫违约一方具体履行其合同义务。

当事人违反金钱债务，一般不能免除其继续履行的义务，《合同法》规定：当事人一方未支付价款或者报酬的，对方可以要求其支付价款或者报酬。当事人违反非金钱债务的，除法律规定不适用继续履行的情形外，也不能免除其继续履行的义务。非金钱债务是指以物、行为和智力成果为标的的债务。《合同法》规定：当事人一方不履行非金钱债务或者履行非金钱债务不符合约定的，对方可以要求履行，但有下列情形之一的除外：（1）法律上或者事实上不能履行；（2）债务的标的不适合于强制履行或者履行费用过高；（3）债权人在合理期限内未要求履行。

（二）采取补救措施

采取补救措施，是指当事人违反合同后，为防止损失发生或者扩大，由其依照法律或者合同约定而采取的修理、更换、退货、减少价款或者报酬等措施。采用这一违约责任的方式，主要是在发生质量不符合约定的时候。《合同法》规定：质量不符合约定的，应当按照当事人的约定承担违约责任，依照本法第61条的规定仍不能确定的，受损害方根据标的的性质以及损失的大小，可以合理选择要求对方承担修理、更换、重作、退货、减少价款或者报酬等违约责任。

（三）赔偿损失

赔偿损失，是指合同当事人就其违约而给对方造成的损失给予补偿的一种方式。《合同法》规定：当事人一方不履行合同义务或者履行合同义务不符合约定的，在履行义务或者采取措施后，对方还有其它损失的，应当赔偿损失。采取赔偿损失的方式时，涉及到赔偿损失的范围和方法等问题。关于赔偿损失的范围，《合同法》规定：当事人一方不履行合同义务或者履行合同义务不符合约定，给对方造成损失的，损失赔偿额应当相当于因违约所造成的损失，包括合同履行后可以获得的利益，但不得超过违反合同一方订立合同预见到或者应当预见到的因违反合同可能造成的损失。

关于赔偿损失的方法，《合同法》规定：当事人可以约定一方违约时应当根据违约情况向对方支付一定数额的违约金，也可以约定因违约产生的损失赔偿额的计算方法。约定的违约金低于造成的损失的，当事人可以请求人民法院或者仲裁机构予以增加；约定的违约金过分高于造成的损失的，当事人可以请求人民法院或者仲裁机构予以减少。此外，当事人在合同中约定定金担保的，通过定金罚则，也可达到弥补损失的目的。因此，《合同法》规定：当事人可以依照《中华人民共和国担保法》约定一方向对方给付定金作为债权的担保。债务人履行债务后，定金应当抵作价款或者收回。给付定金的一方不履行约定的债务的，无权要求返还定金；收受定金的一方不履行约定的债务的，应当双倍返还定金。当事人既约定违约金，又约定定金的，一方违约时，对方可以选择适用违约金或者定金条款。

二、非违约一方的义务

当一方当事人违约后，另一方当事人应当及时采取措施，防止损失的扩大，否则无权就扩大的损失要求赔偿。《合同法》对此明确规定：当事人一方违约后，对方应当采取适当措施防止损失的扩大；没有采取适当措施致使损失扩大的，不得就扩大的损失要求赔偿，当事人因防止损失扩大而支出的合理费用，由违约方承担。

三、违约责任的免除

合同生效后，当事人不履行合同或者履行合同不符合合同约定，都应承担违约责任。但是，如果是由于发生了某种非常情况或者意外事件，使合同不能按约定履行时，就应当作为例外来处理。根据《合同法》规定，只有发生不可抗力才能部分或全部免除当事人的违约责任。

1. 不可抗力的概念

《合同法》规定：不可抗力，是指不能预见、不能避免并不能克服的客观情况。根据这一规定，不可抗力的构成条件是：

（1）不可预见性。法律要求构成一个合同的不可抗力事件必须是有关当事人在订立合同时，对这个事件是否发生不能预见到。在正常情况下，对于一般合同当事人能否预见到某一事件的发生，可以从两个方面来考察：一是客观方面，即凡正常人能预见到的或具有专业知识的一般水平的人能预见到的，合同当事人就应该预见到；二是主观方面，即根据合同当事人的主观条件来判断对事件的预见性。

（2）不可避免性。即合同生效后，当事人对可能出现的意外情况尽管采取了合理措施，但是客观上并不能阻止这一意外情况的发生，就是事件发生的不可避免性。

（3）不可克服性。不可克服性是指合同的当事人对于意外情况发生导致合同不能履行这一后果克服不了。如果某一意外情况发生而对合同履行产生不利影响，但只要通过当事人努力能够将不利影响克服，则这一意外情况就不能构成不可抗力。

（4）履行期间性。不可抗力作为免责理由时，其发生必须是在合同订立后、履行期限届满前。当事人迟延履行后发生不可抗力的，不能免除责任。

2. 不可抗力的法律后果

一个不可抗力事件发生后，可能引起三种法律后果：一是合同全部不能履行，当事人可以解除合同，并免除全部责任；二是合同部分不能履行，当事人可部分履行合同，并免除其不履行部分的责任；三是合同不能按期履行，当事人可延期履行合同，并免除其迟延履行的责任。

3. 遭遇不可抗力一方当事人的义务

根据《合同法》的规定，一方当事人因不可抗力不能履行合同义务时，应承担如下义务：第一，应当及时采取一切可能采取的有效措施避免或者减少损失；第二，应当及时通知对方；第三，当事人应当在合理期限内提供证明。

4. 不可抗力条款

合同中关于不可抗力的约定称为不可抗力条款，其作用是补充法律对不可抗力的免责事由所规定的不足，便于当事人在发生不可抗力时及时处理合同。一般来说，不可抗力条款应包括下述内容：

(1) 不可抗力的范围：

由于不可抗力情况非常复杂，往往在不同环境下不可抗力事件对合同的影响是不同的，因此，在合同中约定不可抗力的范围是有必要的。

(2) 不可抗力发生后，当事人一方通知另一方的期限。

(3) 出具不可抗力证明的机构及证明的内容。

(4) 不可抗力发生后对合同的处置。

四、合同争议的解决

及时解决合同争议，不仅关系到维护当事人的合同利益和避免损失的扩大，而且对维护社会经济秩序也有重要作用。《合同法》规定："当事人可以通过和解或者调解解决合同争议"。"当事人不愿和解、调解或者和解、调解不成的，可以根据仲裁协议向仲裁机构申请仲裁。涉外合同的当事人可以根据仲裁协议向中国仲裁机构或者其他仲裁机构申请仲裁。当事人没有订立仲裁协议或者仲裁协议无效的，可以向人民法院起诉。当事人应当履行发生法律效力的判决、仲裁裁决、调解书；拒不履行的，对方可以请求人民法院执行"。根据上述规定，合同争议的解决方式主要有和解、调解、仲裁和诉讼等。

1. 和解

和解，是指争议的合同当事人，依据有关法律规定和合同约定，在互谅互让的基础上，经过谈判和磋商，自愿对争议事项达成协议，从而解决合同争议的一种方法。和解的特点在于无须第三者介入，简便易行，能及时解决争议，并有利于双方的协作和合同的继续履行。但由于和解必须以双方自愿为前提，因此，当双方分歧严重，一方或双方不愿协商解决争议时，和解方式往往受到局限。和解应以合法、自愿和平等为原则。

2. 调解

调解，是争议当事人在第三方的主持下，通过其劝说引导，在互谅互让的基础上自愿达成协议，以解决合同争议的一种方式。调解也是以合法、自愿和平等为原则。实践中，依调解人的不同，合同争议的调解有民间调解、仲裁机构调解和法庭调解三种。

民间调解是指当事人临时选任的社会组织或者个人作为调解人对合同争议进行调解。通过调解人的调解，当事人达成协议的，双方签署调解协议书，调解协议书对当事人具有与合同一样的法律约束力。

仲裁机构调解是指当事人将其争议提交仲裁机构后，经双方当事人同意，将调解纳入仲裁程序中，由仲裁庭主持进行，仲裁庭调解成功，制作调解书，双方签字后生效，只有调解不成才进行仲裁。调解书与裁决书具有同等的效力。

法庭调解是指由法院主持进行的调解。当事人将其争议提起诉讼后，可以请求法庭调解，调解成功的，法院制作调解书，调解书经双方当事人签收后生效，调解书与生效的判决书具有同等的效力。

调解解决合同争议，可以不伤和气，使双方当事人互相谅解，有利于促进合作。但这种方式受当事人自愿的局限，如果当事人不愿调解，或调解不成时，则应及时采取仲裁或诉讼以最终解决合同争议。

3. 仲裁

仲裁也称公断，是双方当事人通过协议自愿将争议提交第三者（仲裁机构）作出裁决并负有履行裁决义务的一种解决争议的方式。这种方式的特点是：第一，从受案依据看，仲裁机构受理案件的依据是双方当事人的仲裁协议，在仲裁协议中，当事人应对仲裁事项的范围、仲裁机构等内容作出约定，因此具有一定的自治性。第二，从办案速度看，合同争议往往涉及许多专业性或技术性的问题，需要有专门知识的人才能解决，而仲裁人员一般都是各个领域和行业的专家和知名人士，具有较高的专业水平，熟悉有关业务，能迅速查清事实，作出处理，而且仲裁是一裁终局，从而有利于及时解决争议，节省时间和费用。根据《中华人民共和国仲裁法》的规定，仲裁包括国内仲裁和国际仲裁。

4. 诉讼

诉讼作为一种合同争议的解决方法，是指因当事人相互间发生合同争议后而在法院进行的诉讼活动。在诉讼过程中，法院始终居于主导地位，代表国家行使审判权，是解决争议案件的主持者和审判者，而当事人则各自基于诉讼法所赋予的权利，在法院的主持下为维护自己的合法权益而活动。诉讼不同于仲裁的主要特点在于：它不必以当事人的相互同意为依据，只要不存在有效的仲裁协议，任何一方都可以向有管辖权的法院起诉。由于合同争议往往具有法律性质，涉及到当事人的切身利益，通过诉讼，当事人的权利可得到法律的严格保护，尤其是当事人发生争议后，缺少或达不成仲裁协议的情况下，诉讼也就成了必不可少的补救手段了。

除了上述四种主要的合同争议解决方法外，在国际工程承包中，又出现了一些新的解决方法。比如在 FIDIC《土木工程施工合同条件》中有关"工程师的决定"的规定。按照该条件的通用条件第 67.1 款规定，业主和承包商之间发生的任何争端，均应首先提交工程师处理。工程师对争端的处理决定，通知双方后，在规定的期限内，双方均未发出仲裁意向通知，则工程师的决定即被视为最后的决定并对业主和承包商双方产生约束力。又比如在 FIDIC《设计——建造与交钥匙工程合同条件》的第一部分中，规定了雇主和承包商之间产生的任何争端应首先以书面形式提交由合同双方共同任命的争端裁决委员会（DRB）裁定。争端裁决委员会对争端作出决定并通知双方后，在规定期限内，如果任何一方未将其不满事宜通知对方的话，则该决定被视为最终决定并对双方具有约束力。

无论工程师的决定，还是争端裁决委员会的决定，都与合同具有同等的约束力。任何一方不执行决定，另一方即可将不执行决定的行为提交仲裁。显然，这种方法，不同于调解，因其决定不是争端双方达成的协议；也不同于仲裁，一是决定的效力不同于仲裁裁决的效力，二是身份不同，工程师和争端裁决委员会只能以专家身份作出决定，而不能以仲裁人的身份作出裁决。尽管如此，这种方法仍不失为解决国际工程承包合同争议的有效方法，因而越来越受到人们的欢迎，并得到应用。

第七节　合同的担保与公证

担保是指当事人根据法律规定或者双方约定，为促使债务人履行债务实现债权人的权利的法律制度。担保活动应当遵循平等、自愿、公平、诚实信用的原则。《担保法》规定担保的方式有保证、抵押、质押、留置和定金。

一、保证

（一）概念

保证是指保证人和债权人约定，当债务人不履行债务时，保证人按照约定履行债务或承担责任的行为。保证的基本方式是书面保证合同。第三人单方以书面形式向债权人出具担保书，债权人接受且未提出异议的，以及主合同中虽然没有保证条款，但是，保证人在主合同上以保证人的身份签字或者盖章的，保证合同成立。

（二）保证人资格

保证人必须是具备独立清偿能力或代位清偿能力的法人、其他经济组织或者个人。

（三）保证的方式

保证的方式分为一般保证和连带责任保证，应在合同中明确约定。当事人对保证方式没有约定或者约定不明确的，推定为连带保证责任。两者的区别在于是否有先诉抗辩权。

（四）保证责任

1. 保证担保的范围。包括主债权及利息、违约金、损害赔偿金及实现债权的费用（保证合同另有约定的除外）。对保证范围无约定或约定不明的，推定为对全部债务承担责任。

2. 保证期间。由保证人与债权人在合同中约定。未约定的，保证期间，为主债务履行期限届满之日起 6 个月。保证合同约定的保证期间早于或者等于主债务履行期限的，视为没有约定，保证期间为主债务履行期届满之日起 6 个月。保证合同约定保证人承担保证责任直至主债务本息还清时为止等类似内容的，视为约定不明，保证期间为主债务履行期届满之日起 2 年。

3. 保证期间债权发生变更时的保证责任。

（1）债权变更的，保证人在原保证范围内继续承担保证责任；

（2）债务人经债权人同意后变更的，应当取得保证人书面同意，保证人对未经其同意转让的债务，不再承担保证责任；

（3）保证期间，债权人与债务人对主合同的内容作了变动，未经保证人同意的，如果减轻债务人的债务的，保证人仍应当对变更后的合同承担保证责任；如果加重债务人的债务的，保证人对加重的部分不承担保证责任；

（4）债权人与债务人对主合同履行期限作了变动，未经保证人书面同意的，保证期间为原合同约定的或者法律规定的期间。

二、抵押

（一）概念

1．抵押是指债务人或第三人向债权人以不转移占有的方式提供一定的财产作为抵押物，用以担保债务履行的担保方式。债务人不履行债务时，债权人有依照法律规定以抵押物折价或者从变卖抵押物的价款中优先受偿。

（二）可以抵押的财产

1．抵押人所有的房屋和其他地上定着物；

2．抵押人所有的机器、交通运输工具和其他财产；

3．抵押人依法有权处分的国有土地使用权、房屋和其他地上定着物；

4．抵押人依法有权处置的国有机器、交通运输工具和其他财产；

5．抵押人依法承包并经发包人同意抵押的荒山、荒沟、荒丘、荒滩等荒地的土地使用权；

6．依法可抵押的其他财产。

（三）不得抵押的财产

1．土地所有权；

2．耕地、宅基地、自留地、自留山等集体所有的土地使用权；

3．学校、幼儿园、医院等以公益为目的的事业单位、社会团体的教育设施、医疗卫生设施和其他社会公益设施；

4．所有权、使用权不明或者有争议的财产；

5．依法被查封、扣押、监管的财产；

6．依法不得抵押的其他财产。

（四）抵押合同及抵押物的登记

以特定的财产抵押的，应当办理抵押物登记。办理抵押物登记的，抵押合同自登记之日起生效。当事人以其他财产抵押的，可以自愿办理抵押物登记，登记部门为抵押人所在地的公证部门，抵押合同自签订之日起生效。

办理抵押物登记，应当向登记部门提供主合同、抵押合同、抵押物的所有权或者使用权证书。

（五）抵押的效力和实现

1．抵押担保的范围包括主债权及利息、违约金、损害赔偿金和实现抵押权的费用。抵押合同另有约定的，从约定。

2．抵押的效力

（1）对抵押权人的效力。抵押人不能按期偿还债务时，抵押权人就抵押物变卖的价款有优先受偿（优先权）的权利；

（2）对抵押人的效力。抵押人不丧失抵押物的所有权，但其对物的处分权受到限制；

（3）对第三人的效力。拍卖抵押物时，承租人在同等条件下有优先购买的权利。

3．抵押权的实现

债务履行期届满债权人未受清偿时，可以与抵押人协议以抵押物折价或以拍卖、变卖该抵押物所得的价款受偿；协议不成的，抵押权人可以向人民法院提起诉讼。

三、质押

（一）质押的概念及分类

1．质押是指债务人或者第三人将其动产交或权利移交债权人占有，用以担保债权的担保。

2.分类

质押可分为动产质押和权利质押。

动产质押是指债务人或者第三人将其动产交债权人占有，将该动产作为债权履行的担保。能够用作质押的动产没有限制。

权利质押一般是将权利凭证交付质押人的担保。可以质押的权利包括：

（1）汇票、支票、本票、债券、存款单、仓单、提单；

（2）依法可以转让的股份、股票；

（3）依法可以转让的商标专用权、专利权、著作权中的财产权；

（4）依法可以质押的其他权利。

（二）抵押和质押的区别

1.抵押权人不占有抵押物，质押权人占有质押物。后者因此而产生了占有质物所承担的保管义务与相应的权利。

2.抵押权人只有在法院扣押抵押物后才享有收取孳息的权利。质押权人占有质物后，就有收取孳息的权利。

3.债务人届期未履行债务时，抵押权人无权独立决定以何种方式实现抵押权，即如果与抵押人协商不成时，只能通过向法院提起诉讼才能实现抵押权。质押权人则享有独立决定实现质权的权利（可以与出质人协商，也可以依法兑现或行使权利）。

四、留置

1.留置是指债权人依照合同约定占有对方（债务人）的财产，当债务人不能按照合同约定期限履行债务时，债权人有权依照法律规定留置该财产并享有处置该财产得到优先受偿的权利。

2.留置适用的范围：因保管合同、运输合同、加工承揽合同发生的债权，债务人不履行债务的，债权人有留置权。留置权是法定的担保物权（非当事人约定）。

3.留置权成立的要件

（1）债权人按照合同约定占有债务人的财产；

（2）债权人的留置物与债权有关联或有牵连关系；

（3）债权已届清偿期。

4.留置权的特征

（1）留置权留置的只能是动产；

（2）留置权人对留置物只有占有权，无所有权。因此，因保管留置物而支付的必要费用，有权请求债务人偿还。同时，留置权人有妥善保管留置物的义务。

5.留置权的实现

债务人逾期不履行的，债权人可以与债务人协议以留置物折价，也可以依法拍卖、变卖留置物。留置物折价、拍卖、变卖后，其价款超过债权数额的部分归债务人所有，不足部分由债务人清偿。

6.留置权的消灭

留置权因债权消灭或债务人另行提供担保并被债权人接受而消灭。

五、定金

1. 定金是指当事人双方为了担保债务的履行，约定由当事人一方先行支付给对方一定数额的货币作为担保。

2. 定金合同：定金应当以书面形式约定。当事人在定金合同中应当约定交付定金的期限。定金合同从实际交付定金之日起生效。

3. 定金的数额：定金的数额由当事人约定，但不得超过主合同标的额的20%。当事人约定的定金数额超过主合同标的额20%，超过的部分，人民法院不予支持。

4. 定金与预付款的关系：二者都是先行给付，但性质不同。第一，定金的主要作用是担保，预付款是履行合同部分给付义务；第二，定金具有惩罚性，预付款无惩罚性，不发生丧失和双倍返还的情况。

另外，当事人交付留置金、担保金、保证金、订约金、押金或者订金等，但没有约定定金性质的，当事人主张定金权利的，人民法院不予支持。

5. 定金的分类

(1) 定约定金：当事人约定以交付定金作为订立主合同担保的，给付定金的一方拒绝订立主合同的，无权要求返还定金；收受定金的一方拒绝订立合同的，应当双倍返还定金。

(2) 成约定金：当事人约定以交付定金作为主合同成立或者生效要件的，给付定金的一方未支付定金，但主合同已经履行或者已经履行主要部分的，不影响主合同的成立或者生效。

(3) 解约定金：定金交付后，交付定金的一方可以按照合同的约定以丧失定金为代价而解除主合同，收受定金的一方可以双倍返还定金为代价而解除主合同。对解除主合同后责任的处理，适用《合同法》的规定。

6. 定金的适用

(1) 因当事人一方迟延履行或者其他违约行为，致使合同目的不能实现，可以适用定金罚则。但法律另有规定或者当事人另有约定的除外。

(2) 当事人一方不完全履行合同的，应当按照未履行部分所占合同约定内容的比例，适用定金罚则。

(3) 因不可抗力、意外事件致使主合同不能履行的，不适用定金罚则。

六、合同的公证

合同公证是指国家公证机关根据当事人的申请，依法证明当事人之间签订的合同具有真实性、合法性的活动。

公证机关通过审查合同当事人的主体资格以及合同内容，使合同建立在真实合法的基础上，确立合同当事人的权利和义务，保证合同目的的实现。合同公证起了预防经济纠纷，减少经济诉讼，保护合同当事人合法权益，实现合同所要达到的预期效果，确保实现良好的合同秩序。合同公证有两种情形：一是国家的法律、法规、规章规定合同必须办理公证；二是合同当事人约定，合同经过公证后才正式开始生效。

经过公证的合同，并赋予强制执行效力的，如果一方当事人违约而又拒不履行违约责任时，另一方当事人不需要经过仲裁和诉讼这两道程序，即可直接向有管辖权的人民法院申请强制执行。其法律依据体现在《公证程序规则（试行）》第35条规定中："赋予债权文书具有强制执行效力的公证，应当符合下列条件：（一）债权文书经过公证证明；（二）债权文书以给付一定货币、物品或有价证券为内容；（三）债权文书中载明债务人不履行义务时应受强制执行的意思表示"。

案 例 分 析

【案情简介】

1998 年 11 月 12 日，A 市软轴机具厂（以下简称 A 厂）与 B 市建筑装修机具厂（以下简称 B 厂）签订了一份购销合同。合同规定：B 厂在 1999 年度供应 A 厂托人式震动器电机（以下简称电机）600 台，单价 192 元。之后，因原材料涨价，B 厂先后两次与 A 厂协商提高电机价格，双方于 7 月 15 日第二次在 A 市达成了协议：B 厂自 8 月至 12 月供给 A 厂电机 400 台，单价提高到 219 元；交货期限为同年 8 月 15 日前交 40 台，8 月 31 日前交 40 台，9 月至 12 月每月交 80 台，总价款 87600 元；交货方式，凭 B 厂的交货电报，A 厂在接到交货电报之日起 3 日内办好信汇手续，B 厂代办托运；如任何一方违约须承担 10% 的违约金。协议生效后，B 厂于 8 月 28 日交货 40 台，A 厂已付款；同年 9 月份 B 厂未交货，A 厂遂派人去 B 厂催货，B 厂答复要到 10 月 15 日有货，并给 A 厂厂长写信，提出"下个月按省物价局所定价格办理"。同年 10 月 14 日，A 厂再次派人到 B 厂催货时，B 厂提出，因原材料价格上涨，每台电机价格涨到 330 元，不能再按原定价格供货。A 厂因生产急需，只好同意按 330 元提货，但 B 厂又提出只能在同年 10 月 26 日交货，经 A 厂与 B 厂协商由 A 厂给付赶工费 200 元，A 厂才得以在同年 10 月 18 日提走电机 40 台。提货后，A 厂以 B 厂没按期交货为由，拒付货款，并于到货后次日向 B 厂发电，要求 B 厂继续履行合同，赔偿损失后再付款。后经 A、B 两厂多次协商，仍未达成一致意见。

A 厂诉诸 A 市中级人民法院，要求 B 厂履行 7 月 15 日双方签订的协议，并给付违约金和赔偿金；B 厂则辩称：我方交货 40 台以后，就预料到电机材料价格要上涨，所以我们暂时不交货，可 A 厂于 10 月 18 日提货后不付款，应当承担违约责任，因为 A 厂再提这批货时也同意按每台 330 元结算。

【案例评析】

本案中，A 厂与 B 厂的买卖电机合同有效成立。后又经第二次协议，更改了第一份买卖合同的内容，该更改合法有效。

第二次达成协议之后，B 厂部分履行了交货义务，且该履行部分构成了履行迟延。后 B 厂给 A 厂写信的行为视为要约，因 A 厂未作答复而形成新的协议。后 A 厂再次前往 B 厂催货时，B 厂乘 A 厂处于生产急需之时，提出新的价格条款，使 A 厂在违背真实意思的情况下达成了第三份协议。争议的问题在于：（1）B 厂的行为构成了迟延履行，该迟延履行是否可免责？（2）第三份协议是否有效？是否可认定为乘人之危？（3）A 厂在接受交付后，是否有权拒绝付款？

从案情介绍看，B 厂的行为构成履行迟延。由于履行期间原材料不断上涨，B 厂对第一份合同中所定的电机价格提出变动尚属合理。但在双方达成第二份协议以后，B 厂在可以预见原材料价格继续上涨的情况下，有意拖延履行时间，以期获得更高的电机价格，此时的履行迟延已属恶意，因为第二份协议的价格已考虑了原材料价格上涨的情况，迟延履行无非是为了获取额外利益。第三份协议的订立可以认定为是乘人之危。由于 B 厂的一再迟延履行，使 A 厂陷于越来越紧迫的生产急需中，而 B 厂的行为是为了获取额外的不正当利益，严重损害了 A 厂的利益，可以认定为乘人之危。因此，可以认定第三份协议无效。

由于第三份协议无效，A 厂可拒绝按新价格付款，但无权拒绝付款。且有权要求 B 厂按第二份协议继续履行，支付违约金，并赔偿因迟延履行造成的损失。

双方的价格，应根据《合同法》第 63 条的规定确定：逾期交付标的物的，与价格上涨时，按照原价格执行；价格下降时，按照新价格执行。

本案例所揭示的就是卖方恶意迟延履行以求获得涨价之利益，且因一再迟延履行而使对方陷入困境，以致违背自己真实意思而接受不合理的条款。

复 习 思 考 题

1. 什么是合同？
2. 合同的法律特征是什么？
3. 什么是合同法？
4. 合同法的基本原则有哪些？
5. 什么是合同的生效？
6. 简述合同的生效要件。
7. 简述合同成立和合同生效的区别。
8. 简述可变更、可撤销合同的种类。
9. 简述合同履行的原则。
10. 什么是同时履行抗辩权？其适用条件有哪些？
11. 什么是先履行抗辩权？其适用条件有哪些？
12. 什么是不安抗辩权？其适用条件有哪些？
13. 什么是先诉抗辩权？
14. 什么是代位权？简述代位权的行使要件。
15. 什么是撤销权？简述撤销权的行使要件
16. 简述合同变更的条件。
17. 简述合同争议解决有哪些方式。
18. 简述合同权利转让的要件。
19. 简述债务承担合同成立后发生债务承担效力的条件。
20. 什么是合同解除？有哪几种解除方式？
21. 简述合同担保的含义、类型和法律性质。
22. 简述保证的含义和法律性质。
23. 什么是定金？它有哪些种类？

第九章 建设工程合同

本章主要介绍了建设工程合同的概念、特征与种类；重点阐述了建设工程委托监理合同、建设工程勘察设计合同、建设工程施工合同、建设工程其他相关合同的内容。

第一节 建设工程合同概述

一、建设工程合同的概念

建设工程合同是承包人进行工程建设，发包人支付价款的合同。我国建设领域习惯上把建设工程合同的当事人双方称为发包方和承包方，这与我国《合同法》将他们称为发包人和承包人是没有区别的。双方当事人在合同中明确各自的权利和义务，但主要是承包人进行工程建设，发包人支付工程款。进行工程建设的行为包括勘察、设计、施工。建设工程实行监理的，发包人也应当与监理人采取书面形式订立委托监理合同。建设工程合同是一种诺成合同，合同订立生效后双方应当严格履行。建设合同也是一种双务、有偿合同，当事人双方都应当在合同中有各自的权利和义务，在享有权利的同时也必须履行义务。

从合同理论上说，建设工程合同是广义上承揽合同的一种，也是承揽人按定作人的要求完成工作，交付工作成果，定作人给报酬的合同。但由于工程建设合同在经济活动、社会活动中的重要作用，以及国家管理、合同标的等方面均有别于一般承揽合同，我国一直将建设工程合同列为单独一类的重要合同。但考虑到建设工程合同毕竟是从承揽合同中分离出来的，《合同法》规定：建设工程合同中没有规定的，适用承揽合同的有关规定。

二、建设工程合同的特征

（一）合同主体的严格性

建设工程合同主体一般只能是法人。发包人一般只能是经过批准进行工程项目建设的法人，必须有国家批准的建设项目，落实投资计划，并且具备相应的协调能力；承包人必须具备法人资格，而且应当具备相应的从事勘察、设计、施工等资质。无营业执照或无承包资质的单位不能作为建设工程合同的主体，资质等级低的单位不能越级承包建设工程。

（二）合同标的的特殊性

建设工程合同的标的是各类建筑商品，建筑商品是不动产，其基础部分与大地相连，不能移动。这就决定了每个建设工程合同标的都是特殊的，相互间具有不可代替性。这还决定了承包方工作的流动性。建筑物所在地就是勘察、设计、施工生产地，施工队伍、施工机械必须围绕建筑产品不断移动。另外建筑产品都需要单独建设和施工，即建筑产品是单体性生产，这也决定了建设工程合同的标的特殊性。

（三）合同履行期限的长期性

建设工程由于结构复杂、体积大、建筑材料类型多、工作量大，使得合同履行期限都较长。而且，建设工程合同的订立和履行都需要较长的准备期；在合同履行的过程中，还可能因为不可抗力、工程变更、材料供应不及时等原因而导致合同期顺延。所有这些情况决定了建设合同的履行期限具有长期性。

（四）计划和程序的严格性

由于工程建设对国家的经济发展、公民的工作生活都具有重大的影响，因此，国家对建设工程的计划和程序都有严格的管理制度。订立建设工程合同必须以国家批准的投资计划为前提，即使国家投资以外的、以其他方式筹集的投资也要受到当年的贷款规模和批准限额的限制，纳入当年的投资规模的平衡，并经过严格的审批程序。建设工程合同的订立和履行还必须符合国家关于基本建设程序的规定。

三、建设工程合同的种类

建设工程合同的划分，从划分方式的不同可以分为不同的种类。

（一）从承发包的工程范围进行划分

从承发包不同的范围和数量进行划分，可以将承包工程合同分为建设工程总承包合同、建设工程承包合同、分包合同。发包人将工程建设的全过程发包给一个承包人的合同即为建设工程的总承包合同。发包人如果将建设工程的勘察、设计、施工等的每一项分别发包给一个承包人的合同即为建设工程承包合同。

（二）从完成承包的内容进行划分

从完成承包的的内容进行划分，建设工程合同可以分为建设工程勘察合同、建设工程设计合同、建设工程施工合同、建设工程监理合同等。

（三）从付款方式进行划分

以付款方式不同进行划分，建设工程合同可以分为总价合同、单价合同和成本加酬金合同。

1. 总价合同

总价合同是指在合同中确定一个完成建设工程的总价、承包单位据此完成项目全部内容的合同。

2. 单价合同

单价合同是承包单位在投标时，按招标文件就分部分项工程所列出的工程量表确定各分部分项工程费用的合同类型。

3. 成本加酬金合同

成本加酬金合同，是由业主向承包单位支付建设工程的实际成本，并按事先约定的某一种方式支付酬金的合同类型。

第二节 建设工程监理合同

鉴于建设工程监理合同与建设工程施工活动密切相关，只有熟悉建设工程监理合同的内容，才能正确从事建设工程监理活动。

一、建设工程监理合同概述

（一）建设工程监理合同的概念

建设监理合同是业主与监理单位签订，为了委托监理单位承担监理业务而明确双方权利、义务关系的协议。建设工程监理的内容是依据法律、行政法规及有关技术标准、设计文件和建设工程合同，对承包单位在工程质量、建设工期和建设资金使用等方面，代表建设单位实施监督。建设监理可以是对工程建设的全过程进行监理，也可以分阶段进行设计监理、施工监理等。但目前实践中监理大多是施工监理。

（二）建设工程监理合同的主体

建设工程监理合同的主体是合同确定的权利的享有者和义务的承担者，包括建设单位（业主）和监理单位。监理单位与业主是平等的主体关系，这与其他合同主体关系是一致的，也是合同的特点决定的。双方的关系是委托与被委托的关系。

1. 业主

在我国，业主是指由投资方派代表组成，全面负责项目投资、项目建设、生产经营、归还贷款和债券本息并承担投资风险的管理班子。

2. 监理单位

监理单位，是指取得监理资质证书，具有法人资格的监理公司、监理事务所和兼承监理业务的工程设备、科学研究及工程建设咨询的单位。监理单位的资质分为甲级、乙级和丙级。

（三）《工程建设监理合同》示范文本简介

建设部、国家工商行政管理局 1995 年 10 月 9 日颁发的《工程建设监理合同（示范文本）》·（GF—95—0202）于 2000 年进行了修订，颁布了《工程建设监理合同（示范文本）》（GF—2000—0202），由工程建设监理合同、工程建设监理合同标准条件（以下简称标准条件）和工程建设监理合同专用条件（以下简称专用条件）组成。

工程建设监理合同实际上是协议书，其篇幅并不大。但它却是监理合同的总纲，规定了监理合同的一些原则、合同的组成文件，意味着业主与监理单位对双方商定的监理业务、监理内容的承认和确认。标准条件适用于各类工程项目建设监理委托，业主和监理单位都应当遵守。标准条件是监理合同的主要部分，它明确而详细地规定了双方的权利义务。标准条件共有 46 条。专用条件是各个工程项目根据自己的个性和所处的自然、社会环境，由业主和监理单位协商一致后填写的。双方如果认为需要，还可在其中增加约定的补充条款和修正条款。专用条件的条款是与标准条件的条款相对应的。在专用条件中，并非每一条款都必须出现。专用条件不能单独使用，它必须与标准条件结合在一起才能使用。

二、建设工程监理合同当事人的权利义务

（一）监理单位的义务

监理单位应承担以下义务：

1. 向业主报送委派的总监理工程师及其监理机构主要成员名单、监理规划，完成监理合同专用条件中约定的监理工程范围内的监理业务。

2. 监理机构在履行本合同的义务期间，应运用合理的技能，为业主提供与其监理机构水平相适应的咨询意见，认真、勤奋地工作。帮助业主实现合同预定的目标，公正地维护各方的合法权益。

3. 监理机构使用业主提供的设施和物品属于业主的财产。在监理工作完成或终止时，应将其设施和剩余的物品库存清单提交给业主，并按合同约定的时间和方式移交此类设施和物品。

4. 在本合同期内或合同终止后，未征得有关方同意，不得泄露与本工程、本合同业务活动有关的保密资料。

（二）业主的义务

业主应承担以下义务：

1. 业主应当负责工程建设的所有外部关系的协调，为监理工作提供外部条件。

2. 业主应在双方约定的时间内免费向监理机构提供与工程有关的为监理工作所需要的工程资料。

3. 业主应当在约定的时间内就监理单位书面提交并要求作出决定的一切事宜作出书面决定。

4. 业主应当授权一名熟悉本工程情况、能迅速作出决定的常驻代表，负责与监理单位联系。更换常驻代表，要提前通知监理单位。

5. 业主应当将授予监理单位的监理权利，以及该机构主要成员的职能分工，及时书面通知已选定的第三方，并在与第三方签订的合同中予以明确。

6. 业主应为监理机构提供如下协助：

（1）获得本工程使用的原材料、构配件、机械设备等生产厂家名录。

（2）提供与本工程有关的协作单位、配合单位的名录。

7. 业主免费向监理机构提供合同专用条件约定的设施，对监理单位自备的设施给予合理的经济补偿。

8. 如果双方约定，由业主免费向监理机构提供职员和服务人员，则应在监理合同专用条件中增加与此相应的条款。

（三）监理单位的权利

在委托的工程范围内，监理单位享有以下权利：

1. 选择工程总设计单位和施工总承包单位的建议权。

2. 选择工程分包设计单位和施工分包单位的确认权与否定权。

3. 工程建设有关事项包括工程规模、设计标准、规划设计、生产工艺设计和使用功能要求，向业主的建议权。

4. 工程结构设计和其他专业设计中的技术问题，按照安全和优化的原则，自主向设计单位提出建议，并向业主提出书面报告；如果由于拟提出的建议会提高工程造价，或延长工期，应当事先取得业主的同意。

5. 工程施工组织设计和技术方案，按照保质量、保工期和降低成本的原则，自主向承建商提出建议、并向业主提供书面报告；如果由于拟提出的建议会提高工程造价、延长工期，应当事先取得业主的同意。

6. 工程建设有关的协作单位的组织协调的主持权，重要协调事项应当事先向业主报告。

7. 工程上使用的材料和施工质量的检验权。对于不符合设计要求及国家质量标准的材料设备，有权通知承建商停止使用；不符合规范和质量标准的工序、分项分部工程和不完全的施工作业，有权通知承建商停工整改、返工。承建商取得监理机构复工令后才能复工。发布停、复工令应当事先向业主报告，如在紧急情况下未能事先报告时，则应在24小时内向业主作出书面报告。

8. 工程施工进度的检查、监督权，以及工程实际竣工日期提前或超过工程承包合同规定的竣工期限的签认权。

9. 在工程承包合同约定的工程价格范围内，工程款支付的审核和签认权，以及工程结算的复核确认权与否定权。未经监理机构签字确认，业主不支付工程款。

10. 监理机构在业主授权下，可对任何第三方合同规定的义务提出变更。如果由此严重影响了工程费用或质量、进度，则这种变更须经业主事先批准。在紧急情况下未能事先报业主批准时，监理机构所作的变更也应尽快通知业主。在监理过程中如发现承建商工作不力，监理机构可提出调换有关人员的建议。

11. 在委托的工程范围内，业主或第三方对对方的任何意见和要求（包括索赔要求）均须首先向监理机构提出，由监理机构研究处置意见，再同双方协商确定。当业主和第三方发生争议时，监理机构应根据自己的职能，以独立的身份判断，公正地进行调解。当其双方的争议由政府建设行政主管部门或仲裁机关进行调解和仲裁时，应当提供作证的事实材料。

（四）业主的权利

业主享有以下权利：

1. 业主有选定工程总设计单位和总承包单位，以及与其订立合同的签定权；

2. 业主有对工程规模、设计标准、规划设计、生产工艺设计和设计使用功能要求的认定权，以及对工程设计变更的审批权；

3. 监理单位调换总监理工程师须经业主同意；

4. 业主有权要求监理机构提交监理工作月度报告及监理业务范围内的专项报告；

5. 业主有权要求监理单位更换不称职的监理人员，直到终止合同。

三、建设工程监理合同的履行

建设监理合同的当事人应当严格按照合同的约定履行各自的义务。当然，最主要的是，监理单位应当完成监理工作，业主应当按照约定支付监理酬金。

（一）监理单位完成监理工作

工程建设监理工作包括正常的监理工作、附加的工作和额外的工作。正常的监理工作是合同约定的投资、质量、工期三大控制，以及合同、信息两项管理。附加的服务，是指合同内规定的附加服务或通过双方书面协议附加于正常服务的那类工作。额外服务，是指那些既不是正常的，也不是附加的，但根据合同规定监理单位必须履行的工作。

（二）监理酬金的支付

合同双方当事人可以在专用条件中约定以下内容：①监理酬金的计取方法；②支付监理酬金的时间和数额；③支付监理酬金所采用的货币币种、汇率。

如果业主在规定的支付期限内未支付监理酬金，自规定支付之日起，应当向监理单位补偿应付的酬金利息。利息额按规定支付期限最后一日银行贷款利息率乘以拖欠酬金时间计算。

如果业主对监理单位提交的支付通知书中酬金或部分酬金项目提出异议，应当在收到支付通知书 24 小时内向监理单位发出异议的通知，但业主不得拖延其他无异议酬金项目的支付。

（三）违约责任

任何一方对另一方负有责任时的赔偿原则是：

1. 赔偿应限于由于违约所造成的，可以合理预见到的损失和损害的数额。

2. 在任何情况下，赔偿的累计数额不应超过专用条款中规定的最大赔偿限额；在监理单位一方，其赔偿总额不应超出监理酬金总额（除去税金）。

3. 如果任何一方与第三方共同对另一方负有责任时，则负有责任一方所应付的赔偿比例应限于由其违约所应负责的那部分比例。

监理工作的责任期即监理合同有效期。监理单位在责任期内，如果因过失而造成了经济损失，要负监理失职的责任。在监理过程中，如果完成全部议定监理任务因工程进展的推迟或延误而超过议定的日期，双方应进一步商定相应延长的责任期，监理单位不对责任期以外发生的任何事件所引起的损失或损害负责，也不对第三方违反合同规定的质量要求和交工时限承担责任。

第三节　建设工程勘察、设计合同

一、建设工程勘察、设计合同概述

（一）建设工程勘察、设计合同的概念

建设工程勘察、设计合同是委托人与承包人为完成一定的勘察、设计任务，明确双方的权利和义务关系的协议。承包人应当完成委托人的勘察设计任务，委托人则应接受符合要求的勘察、设计成果并支付报酬。

建设工程勘察、设计合同的委托人一般是项目业主或建设项目总承包单位；承包人是持有国家认可的勘察、设计证书，具有资质等级的勘察、设计单位。合同的委托人承包人均应具有法人地位。委托人必须是有国家批准的建设项目，落实投资计划的企事业单位、社会团体；或者是获得总承包合同的建设项目的总承包单位。

（二）建设工程勘察、设计合同示范文本简介

建设部、国家工商行政管理局于 1996 年 7 月 25 日发布了《建设工程勘察、设计合同（示范文本）》，并于 2000 年发布修订版本，即《建设工程勘察合同》（GF - 2000 - 0203/0204）和《建设工程设计合同》（GF - 2000 - 0209/0210）。这两个示范文本采用的是填空式文本，即合同示范文本的编制者将勘察、设计中共性的内容抽象出来编写成固定的条款，但对于一些需要在具体勘察、设计任务中明确的内容则是留下空格由合同当事人在订立合同时填写。

《建设工程勘察合同（示范文本）》共 10 条，内容包括：工程勘察范围；委托方应当向承包方提供的文件资料；承包方应当提交的勘察成果；取费标准及拨付办法；双方责任；违约责任；纠纷的解决；其他事宜等。《建设工程设计合同（示范文本）》共 7 条，内容包括：签订依据；设计项目的名称、阶段、规模、投资、设计内容及标准；委托方应当向承包方提供的文件资料；承包方应当提交的设计文件；取费标准及拨付办法；双方责任；其他（包括纠纷的解决）等。

二、建设工程勘察、设计合同的订立

勘察合同，由建设单位、设计单位或有关单位提出委托，经双方同意即可签订。设计合同，须具有上级机关批准的设计任务书方能签订。勘察、设计合同在当事人双方经过协

商取得一致意见，由双方负责人或指定代表签字并加盖公章后，方为有效。

三、建设工程勘察、设计合同的主要内容

（一）委托方提交有关基础资料的期限

这是对委托方提交有关基础资料在时间上的要求。勘察或者设计的基础资料是指勘察、设计单位进行勘察、设计工作所依据的基础文件和情况。勘察基础资料包括项目的可行性研究报告，工程需要勘察的地点、内容，勘察技术要求及附图等。设计的基础资料包括工程的选址报告等勘察资料以及原料（或者经过批准的资源报告）、燃料、水、电、运输等方面的协议文件，需要经过科研取得的技术资料。

（二）勘察、设计单位提交勘察、设计文件（包括概预算）的期限

这是指勘察、设计单位完成勘察设计工作，交付勘察或者设计文件的期限。勘察、设计文件主要包括勘察、建设设计图纸及说明，材料设备清单和工程的概预算等。勘察、设计文件是工程建设的依据，工程必须按照勘察设计文件进行施工，因此勘察设计文件的交付期限直接影响工程建设的期限，所以当事人在勘察或者设计合同中应当明确勘察、设计文件的交付期限。

（三）勘察或者设计的质量要求

这主要是委托方对勘察、设计工作提出的标准和要求。勘察、设计单位应当按照确定的质量要求进行勘察、设计，按时提交符合质量要求的勘察、设计文件。勘察、设计的质量要求条款明确了勘察、设计成果的质量，也是确定勘察、设计单位工作责任的重要依据。

（四）勘察、设计费用

勘察、设计费用是委托方对勘察、设计单位完成勘察、设计工作的报酬。支付勘察、设计费是委托方在勘察、设计合同中的主要义务。双方应当明确勘察、设计费用的数额和计算方法，勘察设计费用支付方式、地点、期限等内容。

（五）双方的其他协作条件

其他协作条件是指双方当事人为了保证勘察、设计工作顺利完成所应当履行的相互协助的义务。委托方的主要协作义务是在勘察、设计人员进入现场工作时，为勘察、设计人员提供必要的工作条件和生活条件，以保证其正常开展工作。勘察、设计单位的主要协作义务是配合工程建设的施工，进行设计交底，解决施工中的有关设计问题，负责设计变更和修改预算，参加试车考核和工程验收等。

（六）违约责任

合同当事人双方应当根据国家的有关规定约定双方的违约责任。

四、建设工程勘察、设计合同的履行

（一）勘察、设计合同的定金

按规定收取费用的勘察、设计合同生效后，委托方应向承包方付给定金。勘察、设计合同履行后，定金抵作勘察、设计费。设计任务的定金为估算的设计费的20%。委托方不履行合同的，无权请求返还定金。承包方不履行合同的，应当双倍返还定金。

（二）勘察、设计合同双方的权利义务

勘察、设计合同作为双务合同，当事人的权利义务是相互的，一方的义务就是对方的权利。我们在这里只介绍各自的义务。

1. 委托方的义务

(1) 向承包方提供开展勘察、设计工作所需的有关基础资料，并对提供的时间、进度与资料的可靠性负责。委托勘察工作的，在勘察工作开展前，应提出勘察技术要求及附图。

委托初步设计的，在初步设计前，应提供经过批准的设计任务书、选址报告以及原料（或经过批准的资料报告）、燃料、水、电、运输等方面的协议文件和能满足初步设计要求的勘察资料、需要经过科研取得的技术资料。

委托施工图设计的，在施工图设计前，应提供经过批准的初步设计文件和能满足施工图设计要求的勘察资料、施工条件以及有关设备的技术资料。

(2) 在勘察、设计人员进入现场作业或配合施工时，应负责提供必要的工作和生活条件。

(3) 委托配合引进项目的设计任务，从询价、对外谈判、国内外技术考察直至建成投产的各阶段，应吸收承担有关设计任务的单位参加。

(4) 按照国家有关规定付给勘察、设计费。

(5) 维护承包方的勘察成果和设计文件，不得擅自修改，不得转让给第三方重复使用。

2. 承包方的责任

(1) 勘察单位应按照现行的标准、规范、规程和技术条例，进行工程测量、工程地质、水文地质等勘察工作，并按合同规定的进度、质量提交勘察成果。

(2) 设计单位要根据批准的设计任务书或上一阶段设计的批准文件，以及有关设计技术经济协议文件、设计标准、技术规范、规程、定额等提出勘察技术要求和进行设计，并按合同规定的进度和质量提交设计文件（包括概预算文件、材料设备清单）。

(3) 初步设计经上级主管部门审查后，在原定任务书范围内的必要修改，由设计单位负责。原定任务书有重大变更而重作或修改设计时，须具有设计审批机关或设计任务书批准机关的意见书，经双方协商，另订合同。

(4) 设计单位对所承担设计任务的建设项目应配合施工，进行设计技术交底，解决施工过程中有关设计的问题，负责设计变更和修改预算，参加试车考核及工程竣工验收。对于大中型工业项目和复杂的民用工程应派现场设计代表，并参加隐蔽工程验收。

五、勘察、设计合同的变更和解除

设计文件批准后，就具有一定的严肃性，不得任意修改和变更。如果必须修改，也需经有关部门批准，其批准权限，根据修改内容所涉及的范围而定。如果修改部分属于初步设计的内容，必须经设计的原批准单位批准；如果修改的部分是属于可行性研究报告的内容，则必须经可行性研究报告的原批准单位批准；施工图设计的修改，必须经设计单位批准。

委托方因故要求修改工程设计，经承包方同意后，除设计文件的提交时间另定外，委托方还应按承包方实际返工修改的工作量增付设计费。

原定可行性研究报告或初步设计如有重大变更而需重作或修改设计时，须经原批准机关同意，并经双方当事人协商后另订合同。委托方负责支付已经进行了的设计的费用。

委托方因故要求中途停止设计时，应及时书面通知承包方，已付的设计费不退，并按该阶段实际所耗工时，增付和结清设计费，同时终止合同关系。

六、勘察、设计合同的违约责任

（一）勘察、设计合同承包方的违约责任

勘察、设计合同承包方违反合同规定的，应承担以下违约的责任：

1. 因勘察、设计质量低劣引起返工或未按期提交勘察、设计文件拖延工期造成发包人损失的，由勘察、设计单位继续完善勘察、设计任务，并应视造成的损失、浪费大小减收或免收勘察、设计费并赔偿损失。

2. 因承包人的原因致使建设工程在合理使用期限内造成人身和财产损害的，承包人应当承担损害赔偿责任。

（二）勘察、设计合同发包方的违约责任

勘察、设计合同发包方违反合同规定的，应承担以下违约的责任：

1. 由于变更计划，提供的资料不准确，未按期提供勘察、设计必需的资料或工作条件而造成勘察、设计的返工、停工、窝工或修改设计，委托方应按承包方实际消耗的工作量增付费用。因委托方责任造成重大返工或重新设计，应另行增费。

2. 委托方超过合同规定的日期付费时，应偿付逾期的违约金。偿付办法与金额，由双方按照国家的有关规定协商，在合同中订明。

第四节 建设工程施工合同

一、建设工程施工合同概述

（一）建设工程施工合同的概念

建设工程施工合同即建筑安装工程承包合同，是发包人与承包人之间为完成商定的建设工程项目，明确双方权利和义务的协议。依据施工合同，承包人应完成一定的建筑、安装工程任务，发包人应提供必要的施工条件并支付工程价款。

施工合同是建设工程合同的一种，它与其他建设工程合同一样，是一种双务合同，在订立时也应遵守自愿、公平、诚实信用等原则。

建设工程施工合同是建设工程合同的主要合同，是工程建设质量控制、进度控制、投资控制的主要依据。通过合同关系，可以确定建设市场主体之间的相互权利义务关系，这对规范建筑市场有重要作用。《合同法》对建设工程合同做了专章规定。《建筑法》、《招标投标法》也有许多涉及建设工程施工合同的规定。这些法律是我国建设工程施工合同管理的依据。

（二）建设工程施工合同的当事人

施工合同的当事人是发包人和承包人，双方是平等的民事主体。承发包双方签订施工合同，必须具备相应的资质条件和履行施工合同的能力。对合同范围内的工程实施建设时，发包人必须具备组织协调能力；承包人必须具备有关部门核定的资质等级并持有营业执照等证明文件。

1. 发包人

发包人可以是具备法人资格的国家机关、事业单位、国有企业、集体企业、私营企业、经济联合体和社会团体，也可以是依法登记的个人合伙、个体经营户或个人，即一切以协议、法院判决或其他合法手续取得发包人的资格，承认全部合同条件，能够而且愿意履行合同规定义务（主要是支付工程价款能力）的合同当事人。与发包人合并的单位、兼并发包人的单位、购买发包人合同和接受发包人出让的单位和个人（即发包人的合法继承人），均可成为发包人，履行合同规定的义务，享有合同规定的权利。发包人既可以是建设单位，也可以是取得建设项目总承包资格的项目总承包单位。

2. 承包人

承包人应是具备与工程相应资质和法人资格的、并被发包人接受的合同当事人及其合法继承人。

（三）建设工程施工合同的类型

按合同的计价方式不同，建设工程施工合同主要有固定价格合同、可调整价格合同、成本加酬金合同三种。

1. 固定价格合同

固定价格合同是指在约定的风险范围内价款不再调整的合同。这种合同的价款并不是绝对不可调整的，而是约定范围内的风险由承包人承担。双方应当在专用条件内约定合同价款包括的风险费用、承担风险的范围及范围以外的合同价款调整方法。

2. 可调整价格合同

可调整价格合同是指合同价格可以调整，合同双方应当在专用条件内约定合同价款的调整方法。

通常，可调整价格合同中合同价款的调整范围包括：国家法律、法规和政策变化影响合同价款；工程造价管理部门公布的价格调整；1周内非承包人原因停水、停电、停气造成停工累计超过8小时；双方约定的其他调整或增减等。

3. 成本加酬金合同

成本加酬金合同是由发包人向承包人支付工程项目的实际成本，并按事先约定的某一种方式支付酬金的合同类型。合同价款包括成本和酬金两部分，合同双方应在专用条件中约定成本构成和酬金的计算方法。

（四）建设工程施工合同的作用

1. 明确建设单位和施工承包单位在施工中的权利和义务

施工合同一经签订，即具有法律效力。施工合同明确了建设单位（发包人）和施工承包单位（承包人）在工程施工中的权利和义务。这是双方在履行合同中的行为准则，双方都应以施工合同为行为的依据，认真履行各自的义务，任何一方无权随意变更或解除施工合同。任何一方违反合同规定内容，都必须承担相应的法律责任。

2. 有利于对工程施工的管理

合同当事人对合同施工的管理应以合同为依据，这是毫无疑问的。同时，有关的国家机关、金融机构对工程施工的监督和管理，施工合同也是其重要依据。不订立施工合同将给工程施工的管理带来很大的困难。

3. 有利于建筑市场的培育和发展

在计划经济条件下，行政手段是施工管理的主要方法；在市场经济条件下，合同是维系市场运转的主要因素。因此，培育和发展建筑市场，首先要培育合同意识。同时，推行建设监理制度、实行招标投标制度等，都是以签订施工合同为基础的。因此，不订立施工合同，建筑市场的培育和发展将无从谈起。

二、建设工程施工合同示范文本简介

《建设工程施工合同（示范文本）》（GF—1999—0201）由协议书、通用条款、专用条款三部分及三个附件组成。三个附件分别是承包人承揽工程项目一览表、发包人供应材料设备一览表和工程质量保修书。

（一）协议书

协议书开头是发包人、承包人依照《合同法》、《建筑法》及其他有关法律、行政法规，遵循平等、自愿、公平和诚实信用的原则，双方就某一项建设工程施工事项协商一致，订立文本合同的承诺（或确认）。结尾是发包人、承包人的住所，法定代表人、委托代理人联系方式、开户行账号、签字盖章。中间部分是协议书内容。

协议书内容包括10项内容：工程概况、工程承包范围、合同工期、质量标准、合同价款、组成合同的文件、本协议书中有关词语含义与本合同第二部分《通用条款》中分别赋予它们的定义相同、承包人向发包人承诺按照合同约定进行施工、竣工并在质量保修期内承担工程质量保修责任、发包人向承包人承诺按照合同约定的期限和方式支付合同价款及其他应当支付的款项、合同生效等。

（二）通用条款

通用条款是制定本文本的部门根据法律、行政法规及建设工程施工的需要而制定的，通用于所有建设工程项目施工的条款。通用条款是一般建设工程所共同具备的共性条款，具有规范性、可靠性、完备性和适用性等特点，是合同文本的基本及指导性部分，并作为指标文件的组成部分而予以直接采用。

《建设工程施工合同（示范文本）》的通用条款内容包括11个方面共47大条172小条，部分小条中又分若干子条。共有下列11个方面：词语定义及合同文件；双方的一般权利和义务；施工组织设计和工期；质量与检验；安全施工；合同价款与支付；材料设备供应；工程变更；竣工验收与结算；违约、索赔和争议；其他等。

其中词语定义条目中就包含了建设工程施工中最常用的23个词语，它们是：通用条款、专用条款、发包人、承包人、项目经理、设计单位、监理单位、工程师、工程造价管理部门、工程、合同价款、追加合同价款、费用、工期、开工日期、竣工日期、图纸、施工现场、书面形式、违约责任、索赔、不可抗力、小时或天。

例如：不可抗力是指不能预见、不能避免并不能克服的客观情况。索赔是指在合同履行过程中，对于并非自己的过错，而是应由对方承担责任的情况造成的实际损失，向对方提出经济补偿和（或）工期顺延的要求。

（三）专用条款

专用条款是对通用条款规定内容的确认与具体化，它的大小条目号与通用条款相一致，是合同双方根据企业实际情况和工程项目的具体特点，经过协商达成一致的内容。

例如：通用条款中第9.1条中包括9小条，第9.1（2）条中规定：承包人应向工程师提供年、季、月度工程进度计划及相应的进度统计报表；则专用条款中第9.1（2）条规定了承包人应提供计划、报表的名称及完成时间。

在通用条款中讲得笼统的、普遍的或者不够明确的问题在专用条款中要作补充和修改。

（四）工程质量保修书

工程质量保修书是《建设工程施工合同》的一个子合同，开头是发包人（全称）、承包人（全称）对保修书的认定：为保证×××工程在合同使用期限内正常使用，发包人、承包人协商一致，签订工程质量保修书。承包人在质量保修期内按照有关管理规定及双方约定承担工程质量保修责任。保修书最后是双方代表人签字及单位公章、时间。

保修书包括如下6项内容：工程质量保修范围和内容、质量保修期、质量保修责任、质量保修金的支付、质量保证金的返还、其他需要双方约定的工程质量保证事项。

三、建设工程施工合同双方的一般权利和义务

在《建设工程施工合同（示范文本）》中的双方，是指发包方和承包方，在合同的通用条款中叫发包人和承包人。在具体合同的签订和语言交流过程中，习惯上把发包方简称甲方，把承包方简称乙方。在实行工程监理的建设工程项目中，除甲、乙方之外还有监理方存在，监理方是受甲方委托，依法对建设工程进行监理。监理单位委派的总监理工程师在本合同中称工程师。

（一）发包人的义务

发包人有义务按专用条款约定的内容和时间完成以下工作：

1. 办理土地征用、拆迁补偿、平整施工场地等工作，给施工单位创造良好的工作环境，避免与周边群众产生纠纷。

2. 将施工所需水、电、电信线路从施工场地外部接至专用条款约定地点，保证施工期间的需要。

3. 开通施工场地与城乡公共道路的通道，以及专用条款约定的施工场地内的主要道路，满足施工运输的需要，保证施工期间物流畅通。

4. 向承包人提供施工现场的工程地质和地下管线资料，为提供给工程设计单位作为地下工程及建筑物基础设计的依据。

5. 办理施工许可证及其他施工所需证件、批件和临时用地、停水、停电、中断道路交通、爆破作业等的申批手续等。

6. 确定水准点和坐标控制点，以书面形式交给承包人，并进行现场交验。

7. 组织承包人和设计单位进行图纸会审和设计交底。

8. 协调处理施工场地周围地下管线和邻近建筑物、构筑物（包括文物保护建筑）、古树名木的保护工作，承担有关费用。

9. 发包方应做的其他工作，双方在专用条款内约定。

由于建设工程的复杂性、个体性、生产周期长且涉及到的政策法规、技术条文多，在施工过程中常常会出现一些未能预见的问题则双方在专用合同条款中做一些特殊约定。

发包人未能履行以上各项义务，导致工期延误或给承包人造成损失的，发包人应赔偿承包人有关损失，并顺延因此而延误的工期。

（二）承包人的义务

承包人应按专用条款约定的内容和时间完成以下工作：

1. 根据发包人委托，在其设计资质等级和业务允许的范围内，完成施工图设计或与工程配套的设计，经工程师确认后使用，发包人承担由此发生的费用。

2. 向工程师提供年、季、月度工程进度计划及相应的进度统计报表。

3. 根据工程需要，提供和维修非夜间施工使用的照明、围栏设施，并负责安全保卫。

4. 按专用条款约定的数量和要求，向发包人提供施工场地办公和生活的房屋及设施，发包人承担由此发生的费用。

5. 遵守政府有关主管部门对施工场地交通、施工噪声以及环境保护安全生产等的规定，按规定办理有关手续，并以书面形式通知发包人，发包人承担由此发生的费用。若是施工单位违章造成的罚款则应由施工单位自己负责。

6. 已竣工工程未交付发包人之前，承包人按专用条款约定负责已完工程的保护工作，保护期间发生损坏，承包人自费予以修复；发包人要求承包人采取特殊措施保护的工程部位要相应的追加合同条款，双方在专用条款中约定。

7. 按专用条款约定做好施工场地地下管线和邻近建筑物、构筑物（包括文物保护建筑）、古树名木的保护工作。

8. 保证施工场地符合环境卫生管理的有关规定，交工前清理现场达到专用条款约定的要求，承担因自身原因违反有关规定造成的损失和罚款。

除了上述 8 个方面，还会有承包人应做的其他工作，双方应在专用条款中约定。

承包人未能履行以上各项义务，造成发包人损失的，承包人应赔偿发包人有关损失。

（三）工程师的义务

工程师按合同约定行使职权，发包人在专用条款内要求工程师在行使某些职权前需要征得发包人批准的，工程师应征得发包人批准。

合同履行中，发生影响甲、乙双方权力或义务的事件时，监理工程师应依据合同在其职权范围内客观公正地进行处理。一方对监理工程师的处理有异议时，按通用条款中关于争议的约定处理。

除合同内有明确约定或经发包人同意外，监理工程师无权解除本合同约定的承包人的任何权利和义务。

工程师可委派工程师代表，行使合同约定的自己的职权，并可在认为必要时撤回委派。委派和撤回均应提前 7 天以书面形式通知承包人，负责监理的工程师还应将委派和撤回通知发包人。委派书和撤回通知作为本合同附件。

工程师代表在工程师授权范围内向承包人发出的任何书面形式的函件，与工程师发出的函件具有同等效力。承包人对工程师代表向其发出的任何书面形式的函件有疑问时，可将此函件提交工程师，工程师应进行确认。工程师代表发出指令有失误时，工程师应进行纠正。除工程师或工程师代表外，发包人派驻工地的其他人员均无权向承包人发出任何指令。

工程师的指令、通知由其本人签字后，以书面形式交给项目经理，项目经理在回执上签署姓名和收到时间后生效。确有必要时，工程师可发出口头指令，并在 48 小时内给予书面确认，承包人对工程师的指令应予执行。工程师不能及时给予书面确认的，承包人应于工程师发出口头指令 7 天内提出书面确认要求。工程师在承包人提出确认要求后 48 小时内不予答复的，视为口头指令已被确认。

承包人认为工程师指令不合理，应在收到指令后 24 小时内向工程师提出修改指令的书面报告，工程师在收到承包人报告后 14 小时内作出修改指令或继续执行原指令的决定，并以书面形式通知承包人。紧急情况下，工程师要求承包人立即执行的指令或承包人虽有异议，但工程师决定仍继续执行的指令，承包人应予执行。因指令错误发生追加合同价款和给承包人造成的损失由发包人承担，延误的工期相应顺延。

以上有关工程师指令的规定，同样适用于由工程师代表发出的指令、通知。

工程师应按合同约定，及时向承包人提供所需指令、批准并履行约定的其他义务。由于工程师未能按合同约定履行义务造成工期延误，发包人应承担延误造成的追加合同价款，并赔偿承包人有关损失，顺延延误的工期。

四、建设工程施工合同的质量条款

建筑工程质量是指在国家现行的有关法律、法规、技术标准、设计文件和合同条款中，对工程的安全、适用、经济、美观等特性的综合要求。

建筑工程质量直接关系到国家的利益和形象，关系到国家财产、集体财产、私有财产和人民的生命安全，因此必须加强对建筑工程质量的法律规范。

（一）质量检查与验收

工程质量应当达到协议书约定的质量标准，质量的验收以国家或行业的质量验收标准为依据。因承包人原因工程质量达不到约定的质量标准，承包人承担违约责任。

双方对工程质量有争议，由双方同意的工程质量检测机构鉴定，所需费用及因此造成的损失，由责任方承担。双方均有责任，由双方根据其责任大小分别承担。

承包人应认真按照标准、规范和设计图纸要求以及工程师依据合同发出的指令施工，随时接受工程师的检查检验，为检查检验提供便利条件。

工程质量达不到约定标准的部分，工程师一经发现，应要求承包人拆除和重新施工，承包人应按工程师的要求拆除和重新施工，直到符合约定标准。因承包人原因达不到约定标准，由承包人承担拆除和重新施工的费用，工期不予顺延。

工程师的检查检验不应影响施工正常进行。如影响正常施工进行，检查检验不合格时，影响正常施工的费用由承包人承担。除此之外影响正常施工和追加合同价款由发包人承担，相应顺延工期。

因工程师指令失误或其他非承包人原因发生的追加合同价款，由发包人承担。

工程验收包括下列内容：隐蔽工程的中间验收、重新检验、工程试车和竣工验收。

（二）材料设备控制

一般的建设工程材料设备供应分两部分：重要的材料及大件设备由发包人自己供应而普通建材及小件设备由承包人供应。

实行发包人供应材料设备的，双方应当约定发包人供应材料设备的一览表，作为本合同附件。一览表包括发包人供应材料设备的品种、规格、型号、数量、单位、质量等级、提供时间和地点。发包人按一览表约定的内容提供材料设备，并向承包人提供产品合格证明，对其质量负责。发包人在所供应材料设备到货前24小时，以书面形式通知承包人，由承包人派人与发包人共同清点。

发包人供应的材料设备，承包人派人参加清点后由承包人妥善保管，发包人支付相应费用。因承包人原因发生丢失损坏，由承包人负责赔偿。发包人未通知承包人清点，承包人不负责材料设备的保管，丢失损坏由发包人负责。

发包人供应的材料设备与一览表不符时，发包人承担有关责任。发包人应承担责任的具体内容，双方根据情况在专用条款内约定。

发包人供应的材料设备使用前，由承包人负责检验或试验，不合格的不得使用，检验或试验费用由发包人承担。

承包人负责采购材料设备的，应按照专用条款约定及设计和有关标准要求采购，并提供产品合格证明，对材料质量负责。承包人在材料设备到货前 24 小时通知工程师清点。

承包人采购的材料设备与设计或者标准要求不符时，承包人应按工程师要求的时间运出施工场地，重新采购符合要求的产品，承担由此发生的费用，由此延误的工期不予顺延。

承包人采购的材料在使用前，承包人应按工程师的要求进行检验或试验，不合格的不得使用，检验或试验费用由承包人承担。

工程师发现承包人采用或使用不符合设计或标准要求的材料设备时，应要求承包人修复、拆除或重新采购，并承担发生的费用，由此延误的工期不予顺延。

承包人需要使用代用材料时，应经工程师认可后才能使用，由此增减的合同价款双方以书面形式议定。

由承包人采购的材料设备，发包人不得指定生产商或供应商。

（三）工程试车

工程试车是指设备安装工程中部分或整体安装完毕后进行的设备试运转，用以检验安装工程质量是否合格。工程试车包括单机试车、联动试车和投料试车三种形式。单机试车是整个工程中某一部设备安装完毕，它的开机运转不影响其他设备；联动试车是整个设备系统都已安装完毕，各部分之间水、气、电管线都已联通，一旦启动整个系统都处于运转状态；投料试车是联动试车合格后在系统内投入产品原料进行试生产。

1. 单机试车

设备安装工程具备单机无负荷试车条件，承包人组织试车，并在试车前 48 小时以书面形式通知工程师。通知包括试车内容、时间、地点。承包人准备试车记录，发包人根据承包人要求为试车提供必要条件。试车合格，工程师在试车记录上签字。工程师不能按时参加试车，须在开始试车前 24 小时以书面形式向承包人提出延期要求，延期不能超过 48 小时。工程师未能按以上时间提出要求，不参加试车，应承认试车记录。

2. 联动试车

设备安装具备无负荷联动试车条件，发包人组织试车，并在试车前 48 小时以书面形式通知承包人。通知包括试车内容、时间、地点和对承包人的要求，承包人按要求做好准备工作。试车合格，双方在试车记录上签字。

3. 投料试车

投料试车应在工程竣工验收后由发包人负责，如发包人要求在工程竣工前进行或需要承包人配合时，应征得承包人同意，另行签订补充协议。

五、建设工程施工合同的管理性条款

（一）工程分包

《建筑法》明确规定：提倡对建筑工程实行总承包，禁止将建筑工程肢解发包；禁止承包单位将其承包的全部建筑工程转包他人；禁止承包单位将承包的全部建筑工程肢解以后以分包的名义转包给他人；禁止分包单位将其承包的工程再分包。

《建设工程施工合同（示范文本）》关于工程分包的条款规定：

1. 承包人按专用条款的约定分包所承包的工程，并与分包单位签订分包合同。未经发包人同意，承包人不得将其承包工程的任何部分分包。

2. 承包人不得将其承包的全部工程转包给他人，也不得将其承包的全部工程肢解以后以分包的名义转包给他人。

3. 工程分包不能解除承包人的任何责任与义务。承包人应在分包场地派驻相应管理人员，保证本合同的履行。分包单位的任何违约行为或疏忽导致工程损害或给发包人造成其他损失，承包人承担连带责任。

4. 分包工程价款由承包人与分包单位结算。发包人未经承包人同意不得以任何形式向分包单位支付各种工程款项。

（二）工程变更

工程变更主要是指工程设计变更。由于建设工程的技术复杂性及多专业相互配合设计，施工图纸虽经多方审核，也难免不出一丝一毫的差错。一项工程在施工过程中所用材料供应、施工方法难易、自然条件变化等因素也会影响到原设计意图的实施。因此，任何建设工程施工过程中出现一些图纸变更都是正常的。变更的原因可能来自甲方也可能来自乙方，有时可能来自城市建设管理或上级主管部门。任何工程设计变更都必须在政策法规允许的范围内进行，一些重要的设计意图如使用性质、规模、建筑坐标等于城市规划及上级批文有关的设计内容，任何方面都无权随意变更。工程设计变更的程序及责任如下：

1. 施工中发包人需对原工程设计进行变更，应提前14天以书面形式向承包人发出变更通知。变更超过原设计标准或批准的建设规模时，发包人应报规划管理部门和其他有关部门重新审查批准，并由原设计单位提供变更的相应图纸和说明。

2. 施工中承包人不得对原工程设计进行变更。因承包人擅自变更设计发生的费用和由此导致发包人的直接损失，由承包人承担，延误的工期不予顺延。

3. 承包人在施工中提出的合理化建议涉及到对设计图纸或施工组织设计的更改及对材料的换用，须经工程师同意。未经同意擅自更改或换用时，承包人承担由此发生的费用，并赔偿发包人的有关损失，延误的工期不予顺延。

工程师同意采用承包人合理化建议，所发生的费用和获得的收益，发包人承包人另行约定分担或分享。

此外，合同履行中发包人要求变更工程质量标准及发生其他实质性变更，由双方协商解决。

（三）违约责任

在建设工程施工合同中的甲、乙双方，同为合同当事人。根据《合同法》规定：合同当事人的法律地位平等，一方不得将自己的意志强加给另一方；依法成立的合同，对当事人具有法律约束力；当事人应当按照约定履行自己的义务，不得擅自变更或者解除合同；依法成立的合同，受法律保护。所以，在建设工程施工合同实施过程中，甲、乙双方都应当而且必须努力按合同约定履行自己的义务，不使自己违约。违约则应当承担责任。

发包人承担违约责任，赔偿因其违约给承包人造成的经济损失，顺延延误的工期。双方在专用条款内约定发包人赔偿承包人损失的计算方法或者发包人应当支付违约金的数额或计算方法。

承包人承担违约责任，赔偿因其违约给发包人造成的损失。双方在专用条款内约定承包人赔偿发包人损失的计算方法或者承包人应当支付违约金的数额或计算方法。

一方违约后，另一方要求违约方继续履行合同时，违约方承担上述违约责任后仍应继续履行合同。

（四）施工索赔

建设工程索赔在国际建筑市场上是承包商保护自身正当权益、弥补工程损失、提高经济效益的重要和有效手段。由于我们国家社会主义市场经济体制建立较晚，所以在建设工程实施过程中发生的索赔事件还很少，甚至多数工程技术人员还不了解施工索赔的程序及重要性。但是随着我国改革开放的不断深入及加入 WTO 之后，世界银行贷款项目、外资项目在国内大量开工，国内建筑承包公司也逐步走向国际建筑承包市场，建设工程索赔也必将逐渐被国内的建设单位、施工单位、工程咨询公司等所认识和重视。建设工程索赔的具体内容参见本书第 11 章相关内容。

六、建设工程施工合同的订立

（一）订立施工合同的条件及原则

1. 订立施工合同应具备的条件

（1）初步设计已经批准；

（2）工程项目已经列入年度建设计划；

（3）有能够满足施工需要的设计文件和有关技术资料；

（4）建设资金和主要建筑材料设备来源已经落实；

（5）招投标工程中标通知书已经下达。

2. 订立施工合同应当遵守的原则

（1）遵守国家法律、行政法规和国家计划原则

订立施工合同，必须遵守国家法律、行政法规，也应遵守国家的建设计划和其他计划（如贷款计划等）。建设工程施工对经济发展、社会生活有多方面的影响，国家有许多强制性的管理规定，施工合同当事人必须遵守。

（2）平等、自愿、公平的原则

签订施工合同当事人双方，都具有平等的法律地位，任何一方都不得强迫对方接受不平等的合同条件。当事人有权决定是否订立施工合同和施工合同的内容，合同内容应当是双方当事人真实意思的体现。合同的内容应当是公平的，不能损害任何一方的利益，对于显失公平的施工合同，当事人一方有权申请人民法院或者仲裁机构予以变更或者撤销。

（3）诚实信用原则

诚实信用原则要求在订立施工合同时要诚实，不得有欺诈行为，合同当事人应当如实将自身和工程的情况介绍给对方。在履行合同时，施工合同当事人要守信用，严格履行合同。

（二）订立施工合同的程序及内容

1. 订立施工合同的程序

施工合同作为合同的一种，其订立也应经过要约和承诺两个阶段。通常，施工合同的订立方式有两种：直接发包和招标发包。对于必须进行招标的建设工程项目的施工都应通过招标方式确定承包人。

中标通知书发出后，中标人应当与建设单位及时签订合同。依据《招标投标法》规

定，中标通知书发出30天内，中标人应与建设单位依据招标文件、投标书等签订工程承发包合同（施工合同）。签订合同的承包人必须是中标人，投标书中确定的合同条款在签订时不得更改，合同价应与中标价相一致。如果中标人拒绝与建设单位签订合同，则建设单位将不再返还其投标保证金（如果是由银行等金融机构出具投标保函的，则投标保函出具者应当承担相应的保证责任），建设行政主管部门或其授权机构还可给予一定的行政处罚。

2. 施工合同的内容

订立施工合同通常按所选定的合同示范文本或双方约定的合同条件协商签订以下主要内容：合同的法律基础；合同语言；合同文本的范围；双方当事人的权利及义务（包括工程师的权力及工作内容）；合同价格；工期与进度控制；质量检查、验收和工程保修；工程变更；风险、双方的违约责任和合同的终止；索赔和争议的解决等内容。

七、建设工程施工合同的履行

工程施工过程就是施工合同的履行过程。要使合同顺利实施，合同双方必须共同完成各自的合同责任，确保工程圆满完成。

（一）发包人（工程师）的施工合同履行

发包人和监理工程师在合同履行中，应当严格按照施工合同的规定，履行应尽的义务。施工合同内规定应由发包人负责的工作，都是合同履行的基础，是为承包人开工、施工创造的先决条件，发包人必须严格履行。

在履行管理中，发包人及工程师也应实现自己的权利、履行自己的职责，对承包人的施工活动进行监督、检查。发包人对施工合同履行的管理主要是通过工程师进行的。在合同履行中进行以下管理工作。

1. 进度管理

按合同规定，要求承包人在开工前提出包括分月、分阶段进度施工的总进度计划，并加以审核；按照分月、分阶段进度计划，进行实际检查；对影响进度计划的因素进行分析，属于发包人的原因，应及时主动解决，属于承包人的原因，应督促其迅速解决；在同意承包人修改进度计划时，审批承包人修改的进度计划；确认竣工日期的延误等。

2. 质量管理

按合同规定，检验工程使用的材料、设备质量；检验工程使用的半成品及构件质量；按合同规定的规范、规程，监督检验施工质量；按合同规定的程序，验收隐蔽工程和需要中间验收工程的质量；验收单项竣工工程和全部竣工工程的质量等。

3. 费用管理

严格进行合同约定的价款的管理；当出现合同约定的情况时，对合同价款进行调整；对预付工程款进行管理，包括批准和扣还；对工程量进行核实确认；进行工程款的结算和支付；对变更价款进行确定；对施工中涉及的其他费用，如安全施工、专利技术等方面涉及的费用进行管理；办理竣工结算；对保修金进行管理等。

4. 施工合同档案管理

发包人和工程师应做好施工合同的档案管理工作。工程项目全部竣工之后，应将全部合同文件加以系统整理，建档保管。在合同履行过程中，对合同文件，包括有关的签证、记录、协议、补充合同、备忘录、函件、电报、电传等都应做好系统分类，认真管理。

5. 工程变更及索赔管理

发包人及工程师应尽量减少不必要的工程变更，对已发生的变更，应按合同的有关规定进行变更工程的估价。

在索赔管理中应按合同规定的索赔程序和方法，认真地分析承包人提出的索赔要求，仔细计算索赔费用及工期补偿，公平、合理、及时地解决索赔争议，以便顺利完成合同。

（二）承包人的施工合同履行

在工程施工阶段合同管理的基本目标是全面地完成合同责任，按合同规定的工期、质量、价格要求完成工程。合同签订后，承包人的首要任务是选定项目经理，由他全面负责工程管理工作（目前实行的招标项目中，在投标书中承包人就已列出准备派驻该工程的主要管理和技术人员名单）。而项目经理首先必须组建包括合同管理人员在内的项目管理小组，并着手进行施工准备工作。现场的施工准备工作一经开始，合同管理的工作重点就转移到施工现场，直到工程全部结束。承包人在施工合同履行过程中的合同管理的主要工作主要有：

（1）建立合同实施的保证体系，以保证合同实施过程中的一切日常事务性工作有秩序地进行，使工程项目的全部合同事件处于控制中，保证合同目标的实现。

（2）监督承包人的工程小组和分包商按合同实施，并做好各分包合同的协调和管理工作。承包人应以积极合作的态度完成自己的合同责任，努力做好自我监督。同时，也应督促发包人、工程师完成他们的合同责任，以保证工程顺利进行。

（3）对合同实施情况进行跟踪。收集合同实施的信息，收集各种工程资料，将合同实施情况与合同分析资料进行对比分析，找出其中的偏差，对合同履行情况作出诊断，向项目经理及时通报合同实施情况及问题，提出合同实施方面的意见、建议、甚至警告。

（4）进行合同变更管理。这里主要包括参与变更谈判，对合同变更进行事务性的处理：落实变更措施，修改变更相关的资料，检查变更措施的落实情况。

（5）日常的索赔管理。在工程实施过程中，承包人与业主、总（分）包商、材料供应商、银行之间都可能有索赔，合同管理人员承担着主要的索赔任务，负责日常的索赔处理事务。具体包括：对收集到的对方的索赔报告进行审查分析，收集反驳理由和证据，复核索赔值，起草索赔报告；对由于干扰事件引起的损失，向责任者提出索赔要求，收集索赔证据和理由，分析干扰事件的影响，计算索赔值，起草索赔报告；参加索赔谈判，对索赔中涉到的问题进行处理。

八、建设工程施工合同的解除

施工合同订立后，当事人应当按照合同的约定履行。但是，在一定的条件下，合同没有履行或者没有完全履行，当事人也可以解除合同。

（一）可以解除合同的情形

1. 合同的协商解除

施工合同当事人协商一致，可以解除。这是在合同成立以后、履行完毕以前，双方当事人通过协商而同意终止合同关系的解除。当事人的这项权利是合同中意思自治的具体体现。

2. 发生不可抗力时合同的解除

因为不可抗力或者非合同当事人的原因，造成工程停建或缓建，致使合同无法履行，合同双方可以解除合同。

3. 当事人违约时合同的解除

（1）发包人不按合同约定支付工程款（进度款），双方又未达成延期付款协议，导致施工无法进行，承包人停止施工超过56天，发包人仍不支付工程款（进度款），承包人有权解除合同。

（2）承包人将其承包的全部工程转包给他人或者肢解后以分包的名义分别转包他人，发包人有权解除合同。

（3）合同当事人一方的其他违约致使合同无法履行，合同双方可以解除合同。

（二）一方主张解除合同的程序

一方主张解除合同的，应向对方发出解除合同的书面通知，并在发出通知前7天告知对方。通知到达对方时合同解除。对解除合同有异议的，按照解决合同争议程序处理。

（三）合同解除后的善后处理

合同解除后，当事人双方约定的结算和清理条款仍然有效。承包人应当按照发包人要求妥善做好已完工程和已购材料、设备的保护和移交工作，按发包人要求将自有机械设备和人员撤出施工场地。发包人应为承包人撤出提供必要条件，支付以上所发生的费用，并按合同约定支付已完工程款。已订货的材料、设备由订货方负责退货或解除订货合同，不能退还的货款和退货、解除订货合同发生的费用，由发包人承担。

第五节　建设工程其他相关合同

建筑施工企业在项目的进行过程中，必然会涉及多种合同关系，如建设物资的采购涉及买卖合同及运输合同、工程投保涉及保险合同，有时还会涉及租赁合同、承揽合同等。建筑施工企业的项目经理不但要做好对施工合同的管理，也要做好对建设工程涉及的其他合同的管理，这是项目施工能够顺利进行的基础和前提。

一、买卖合同

买卖合同是经济活动中最常见的一种合同，也是建设工程中需经常订立的一种合同。在建设工程中，建筑材料、设备的采购是买卖合同，施工过程中的一些工具、生活用品的采购也是买卖合同。在建设工程合同的履行过程中，承包方和发包方都需要经常订立买卖合同。当然，建设工程合同当事人在买卖合同中总是处于买受人的位置。

（一）买卖合同概述

1. 买卖合同的概念

买卖合同是出卖人转移标的物的所有权于买受人，买受人支付价款的合同。买卖合同是经济活动中最常见的一种合同，它以转移财产所有权为目的，合同履行后，标的物的所有权转移归买受人。

买卖合同的出卖人除了应当向买受人交付标的物并转移标的物的所有权外，还应对标的物的瑕疵承担担保义务。即出卖人应保证他所交付的标的物不存在可能使其价值或使用价值降低的缺陷或其他不符合合同约定的品质问题，也应保证他所出卖的标的物不侵犯任何第三方的合法权益。买受人除了应按合同约定支付价款外，还应承担按约定接受标的物的义务。

2. 买卖合同的特点

买卖合同具有以下特点：

（1）买卖合同是双务、有偿合同。即买卖双方互负一定义务，出卖人必须向买受人转移财产所有权，买受人必须支付价款，双方权利的取得都是有偿的。

（2）买卖合同是诺成合同。买卖合同以当事人意思表示一致为其成立条件，不以实物的交付为成立条件。

（3）买卖合同是不要式合同。在一般情况下，买卖合同的成立和生效并不需要具备特别的形式或履行审批手续；但是，这并不排除一些特殊的买卖合同，如标的额较大的材料设备买卖合同，国家或有关部门在合同形式或订立过程中有一定的要求。

3. 买卖合同的内容

买卖合同除了应当具备合同一般应当具备的内容外，还可以包括包装方式、检验标准和方法、结算方式、合同使用的文字及其效力等条款。

（二）买卖合同的履行

1. 标的物的交付

标的物的交付是买卖合同履行中最重要的环节，标的物的所有权自标的物交付时转移。

（1）标的物的交付期限。合同双方应当约定交付标的物的期限，出卖人应当按照约定的期限交付标的物。如果双方约定交付期间的，出卖人可以在该交付期间内的任何时间交付。

当事人没有约定标的物的交付期间或者约定不明确的，可以协议补充，不能达成补充协议的，按照合同有关条款或者交易习惯确定。如果仍不能确定，则出卖人可以随时履行，买受人也可以随时要求履行，但应当给对方必要的准备时间。

标的物在订立合同之前已为买受人占有的，合同生效的时间为交付的时间。

（2）标的物的交付地点。合同双方应当约定交付标的物的地点，出卖人应当按照约定的地点交付标的物。如果当事人没有约定交付地点或者约定不明确，事后没有达成补充协议，也无法按照合同有关条款或者交易习惯确定，则适用下列规定：

第一、标的物需要运输的，出卖人应当将标的物交付给第一承运人以运交给买受人。

第二、标的物不需要运输，出卖人和买受人订立合同时知道标的物在某一地点的，出卖人应当在该地点交付标的物，不知道标的物在某一地点的，应当在出卖人订立合同时的营业地交付标的物。

2. 标的物的风险承担

所谓风险，是指标的物因不可归责于任何一方当事人的事由而遭受的意外损失。一般情况下，标的物毁损、灭失的风险，在标的物交付之前由出卖人承担，交付之后由买受人承担。

因买受人的原因致使标的物不能按照约定的期限交付的，买受人应当自违反约定之日起承担标的物毁损、灭失的风险。

出卖人出卖交由承运人运输的在途标的物，除当事人另有约定的以外，毁损、灭失的风险自合同成立时起由买受人承担。

出卖人按照约定未交付有关标的物的单证和资料的，不影响标的物毁损、灭失风险的转移。

3. 买受人对标的物的检验

检验即检查与验收，对买受人来说既是一项权利也是一项义务。买受人收到标的物时应当在约定的检验期间内检验，没有约定检验期间的，应当及时检验。当事人约定检验期间的，买受人应当在检验期间内将标的物的数量或者质量不符合约定的情形通知出卖人。买受人怠于通知的，视为标的物的数量或者质量符合约定。当事人没有约定检验期间的，买受人应当在发现或者应当发现标的物的数量或者质量不符合约定的合理期间内通知出卖人。买受人在合理期间内未通知或者自标的物收到之日起两年内未通知出卖人的，视为标的物的数量或者质量符合约定，但对标的物有质量保证期的，适用质量保证期，不适用该两年的规定。

出卖人知道或者应当知道提供的标的物不符合约定的，买受人不受前两款规定的通知时间的限制。

4. 买受人支付价款

买受人应当按照约定的数额支付价款。对价款没有约定或者约定不明确的，由当事人协议补充，或按合同其他条款或交易习惯确定。

买受人应当按照约定的地点支付价款。对支付地点没有约定或者约定不明确，买受人应当在出卖人的营业地支付，但约定支付价款以交付标的物或者交付提取标的物单证为条件的，在交付标的物或者交付提取标的物单证的所在地支付。

买受人应当按照约定的时间支付价款。对支付时间没有约定或者约定不明确，买受人应当在收到标的物或者提取标的物单证的同时支付。

（三）买卖合同不当履行的处理

出卖人多交标的物的，买受人可以接收或者拒绝接收多交的部分。买受人接收多交部分的按照合同的价格支付价款；买受人拒绝接收多交部分的，应当及时通知出卖人。

标的物在交付之前产生的孳息，归出卖人所有，交付之后产生的孳息，归买受人所有。

因标的物的主物不符合约定而解除合同的，解除合同的效力及于从物。因标的物的从物不符合约定被解除的，解除的效力不及主物。

标的物为数物，其中一物不符合约定的，买受人可以就该物解除，但该物与他物分离使标的物的价值显受损害的，当事人可以就数物解除合同。

二、货物运输合同

在工程建设过程中，存在着大量的建筑材料、设备、仪器等的运输问题。做好货物运输合同的管理对确保工程建设的顺利进行有重要的作用。

（一）货物运输合同的概念

货物运输合同是由承运人将承运的货物从起运地点运送到指定地点，托运人或者收货人向承运人交付运费的协议。

货物运输合同中至少有承运人和托运人两方当事人，如果运输合同的收货人与托运人并非同一人，则货物运输合同有承运人、托运人和收货人三方当事人。在我国，可以作为承运人的有以下民事主体：1. 国有运输企业，如铁路局、汽车运输公司等；2. 集体运输组织，如运输合作社等；3. 城镇个体运输户和农村运输专业户。可以作为托运人的范围则是非常广泛的，国家机关、企事业法人、其他社会组织、公民等可以成为货物托运人。

（二）货物运输合同的种类

货物运输合同根据不同的标准可以进行不同的分类。

1. 以运输的货物进行分类

以运输的货物进行分类，可以将货物运输合同分为普通货物运输合同、特种货物（如鲜活货物等）运输合同和危险货物运输合同。

2. 以运输工具进行分类

以运输工具进行分类，可以将货物运输合同分为铁路货物运输合同、公路货物运输合同、水路货物运输合同、航空货物运输合同等。由于我国对运输业的管理是根据运输工具的不同而分别进行的，因此这种分类方式是最重要的。另外，由于科学技术的发展，运输工具的种类也越来越多，以此种方法分类，仍将不断出现新的运输合同，如管道货物运输合同等。

（三）货物运输合同的管理

在工程建设中，如果需要运输的货物是大批量的，则应做好物资供应计划，并根据自己的物资供应计划向运输部门申报运输计划。在合同的履行中还应特别注意以下问题：

1. 做好货物的包装

需要包装的货物，应当按照国家包装标准或者行业包装标准进行包装。没有规定统一包装标准的，要根据货物性质，在保证货物运输安全的原则下进行包装，并按国家规定标明装储运指示标志。

2. 应及时交付和领取托运的货物

运输行业具有较强的时间性，一定要按照约定的时间交货。同时，应及时地将领取货物凭证交付给收货人，并通知其到指定地点领取。如领取货物需准备人力、设备、工具的，则提前安排。

3. 对特种货物和危险货物的运输应做好准备工作

特种货物和危险货物的运输，必须单独填写运单，如实写明运输物品的名称、性质等，按有关部门的要求包装和附加明显标志。如果特种货物和危险货物中须有关部门证明文件才能运输的货物，托运人应将证明文件与货物运单同时交给承运人。

4. 出现应由承运人承担的责任应及时索赔

我国的运输法规对货物运输合同的索赔时效作了特别规定，其时效大大短于我国《民法通则》规定的诉讼时效，一般都是货物运抵到达地点或货运记录交给托运人、发货人的次日起算不超过 180 天。这就要求托运人或收货人应对运抵目的货物及时进行检查验收，发现由承运人承担的责任则应及时提出索赔。

三、保险合同

（一）保险合同的概念

保险合同是指投保人与保险人约定保险权利义务关系的协议。

投保人是指与保险人订立保险合同，并按照保险合同负有支付保险费义务的人。保险人指与投保人订立保险合同，并承担赔偿或者给付保险金责任的保险公司。

保险公司在履行中还会涉及到被保险人和受益人的概念。被保险人是指其财产或者人身受保险合同保障，享有保险金请求权的人，投保人可以为被保险人。受益人是指人身保险合同中由被保险人或者投保人指定的享有保险金请求权的人，投保人、被保险人可以为受益人。

（二）保险合同的基本条款

保险合同应包括下列事项：

1. 保险人名称和住所；

2. 投保人、被保险人名称和住所，以及人身保险的受益人的名称和住所；

3. 保险标的；

4. 保险责任和责任免除；

5. 保险期间和保险责任开始时间；

6. 保险价值；

7. 保险金额（指保险人承担赔偿或给付保险金责任的最高限额）；

8. 保险费以及支付办法；

9. 保险金赔偿或者给付办法；

10. 违约责任和争议处理；

11. 订立合同的年、月、日。

保险人与投保人也可就与保险有关的其他事项作出约定。

（三）保险合同的分类

1. 财产保险合同

财产保险合同是以财产及其有关利益为保险标的的保险合同。在财产保险合同中，保险合同的转让应当通知保险人，经保险人同意继续承保后，依法转让合同。在合同的有效期内，保险标的危险程度增加的，被保险人按照合同约定应当及时通知保险人，保险人有权要求增加保险费或者变更合同。

建筑工程一切险和安装工程一切险都为财产保险合同。

2. 人身保险合同

人身保险合同是以人的寿命和身体为保险标的的保险合同。投保人应向保险人如实申报被保险人的年龄、身体状况。投保人于合同成立后，可以向保险人一次支付全部保险费，也可以按照合同规定分期支付保险费。人身保险的受益人由被保险人或者投保人指定。保险人对人身保险的保险费，不得用诉讼方式要求投保人支付。

（四）保险合同的履行

保险合同订立后，当事人双方必须严格、全面地按保险合同订明的条款履行各自的义务。在订立保险合同前，当事人双方均应履行告知义务。即保险人应将办理保险的有关事项告知投保人；投保人应当按照保险人的要求，将主要危险情况告知保险人。在保险合同订立后，投保人应按照约定期限交纳保险费，应遵守有关消防、安全、生产操作和劳动保护方面的法规及规定。保险人可以对被保险财产的安全情况进行检查，如发现不安全因素，应及时向投保人提出清除不安全因素的建议。在保险事故发生后，投保人有责任采取一切措施，避免扩大损失，并将保险事故发生的情况及时通知保险人。保险人对保险事故所造成的保险标的损失或者引起的责任，应当按照保险合同的规定履行赔偿或给付责任。

保险事故发生后，保险人已支付了全部保险金额，并且保险金额相等于保险价值的，受损保险标的全部权利归于保险人；保险金额低于保险价值的，保险人按照保险金额与保险时此保险标的的价值取得保险标的的部分权利。

四、租赁合同

（一）租赁合同概述

租赁合同是出租人将租赁物交付承租人使用、收益，承租人支付租金的合同。租赁合同是转让财产使用权的合同，合同的履行不会导致财产所有权的转移，在合理有效期满后，承租人应当将租赁物交还出租人。

租赁合同的形式没有限制，但租赁期限在6个月以上的，应当采用书面形式。

随着市场经济的发展，在工程建设过程中出现了越来越多的租赁合同。特别是建筑施工企业的施工工具、设备，如果自备过多，则购买费用、保管费用都很高，所以大多依靠设备租赁来满足施工高峰期的使用需要。

（二）租赁合同的内容

租赁合同的内容包括以下条款：

1. 租赁物的名称

租赁物的名称，是指租赁合同的标的，必须是有形、特定的非消费物，即能够反复使用的各种耐耗物品。租赁物还必须是法律允许流通的物。

2. 租赁物的数量

租赁物的数量，是指以数字和计量单位表示的租赁物的尺度。

3. 用途

合同中约定的用途对双方都有约束力。出租人应当在租赁期间保持租赁物符合约定的用途。承租人应当按照约定的用途使用租赁物。

4. 租赁期限

当事人应当约定租赁期限，租赁期限不得超过20年，但无最短租赁期限的限制。租赁期限超过20年的，超过部分无效。当事人对租赁期限没有约定或者约定不明确的，可以协议补充；不能达成补充协议的，按照合同有关条款或者交易习惯确定。如果仍不能确定的，视为不定期租赁。当事人未采用书面形式的租赁合同也视为不定期租赁。对于不定期租赁，当事人可以随时解除合同，但出租人解除合同应当在合理期限之前通知承租人。

5. 租金及其支付期限和方式

租金是指承租人为了取得财产使用权而支付给出租人的报酬。当事人在合同中应当约定租金的数额、支付期限和方式。对于支付期限没有约定或者约定不明确的，可以协议补充；不能达成补充协议的，按照合同有关条款或者交易习惯确定。如果仍不能确定的，租赁期间不满1年的，应当在租赁期间届满时支付；租赁期间1年以上的，应当在每届满1年时支付，剩余期间不满1年的，应当在租赁期间届满时支付。

6. 租赁物的维修

合同当事人应当约定，租赁期间应当由哪一方承担维修责任及维修对租金和租赁期限的影响。在正常情况下，出租人应当履行租赁物的维修义务，但当事人也可约定由承租人承担维修义务。

（三）租赁合同的履行

1. 关于租赁物的使用

出租人应当按照约定将租赁物交付承租人。承租人应当按照约定的方法使用租赁物，对租赁物的使用方法没有约定或者约定不明确，可以协议补充；不能达成补充协议的，按照合同有关条款或者交易习惯确定。如果仍不能确定的，应当按照租赁物的性质使用。

承租人按照约定的方法或者租赁物的性质使用租赁物，致使租赁物受到损耗的，不承担损害赔偿责任。承租人未按照约定的方法或者租赁物的性质使用租赁物，致使租赁物受到损失的，出租人可以解除合同并要求赔偿损失。

2. 关于租赁物的维修

如果没有特殊的约定，承租人可以在租赁物需要维修时要求出租人在合理期限内维修。出租人未履行维修义务的，承租人可以自行维修，维修费用由出租人承担。因维修租赁物影响承租人使用的，应当相应减少租金或者延长租期。

3. 关于租赁物的保管和改善

承租人应当妥善保管租赁物，因保管不善造成租赁物毁损的、灭失的，应当承担损害赔偿责任。承租人经出租人同意，可以对租赁物进行改善或者增设他物。承租人未经出租人同意，对租赁物进行改善或者增设他物的，出租人可以要求承租人恢复原状或者赔偿损失。

4. 关于转租和续租

承租人经出租人同意，可以将租赁物转租给第三承租人转租的，承租人与出租人之间的租赁合同继续有效，第三人对租赁物造成损失的，承租人应当赔偿损失。承租人未经出租人同意转租的，出租人可以解除合同。

租赁期间届满，承租人应当返还租赁物。返还的租赁物应当符合按照约定或者租赁物的性质使用后的状态。当事人也可以续订租赁合同，但约定的租赁期限自续订之日起不得超过 20 年。租赁期届满，承租人继续使用租赁物，出租人没有提出异议的，原租赁合同继续有效，但租赁期限为不定期。

五、承揽合同

由于我国合同法规定，建设工程合同一章中没有规定的，适用承揽合同的有关规定。因此，承揽合同的有如下主要内容。

（一）承揽合同概述

承揽合同是承揽人按照定作人的要求完成工作，交付工作成果，定作人给付报酬的合同。承揽包括加工、定作、修理、复制、测试、检验等工作。

承揽合同的标的即当事人权利义务指向的对象是工作成果，而不是工作过程和劳务、智力的支出过程。承揽合同的标的一般是有形的，或至少要以有形的载体表现，不是单纯的智力技能。

承揽合同的内容包括承揽的标的、数量、质量、报酬、承揽方式、材料的提供、履行期限、验收标准和方法等条款。

（二）承揽合同的履行

1. 承揽人的履行

承揽人应当以自己的设备、技术和劳力，完成主要工作，但当事人另有约定的除外。承揽人可以将承揽的辅助工作交由第三人完成。承揽人将其承揽的辅助工作交由第三人完成的，应当就该第三人完成的工作成果向定作人负责。

如果合同约定由承揽人提供材料的，承揽人应当按照约定选用材料，并接受定作人检验。如果是定作人提供材料的，承揽人应当及时检验，发现不符合约定的，应当及时通知定作人更换、补齐或者采取其他补救措施。承揽人发现定作人提供的图纸或者技术要求不合理，应当及时通知定作人。

承揽人在工作期间，应当接受定作人必要的监督检验。定作人不得因监督检验妨碍承揽人的正常工作。承揽人完成工作，应当向定作人交付工作成果，并提交必要的技术资料和有关质量证明。

2. 定作人的履行

定作人应当按照约定的期限支付报酬。定作人未向承揽人支付报酬或者材料费等价款，承揽人对完成的工作成果享有留置权。

承揽工作需要定作人协助的，定作人有协助的义务。定作人不履行协助义务致使承揽工作不能完成的，承揽人可以催告定作人在合理期限内履行义务，并可以顺延履行期限；定作人逾期不履行的，承揽人可以解除合同。

如果合同约定由定作人提供材料，定作人应当按照约定提供材料。承揽人通知定作人提供的图纸或者技术要求不合理后，因定作人怠于答复等原因造成承揽人损失的，应当赔偿损失。

定作人中途变更承揽工作的要求，造成承揽人损失的，应当赔偿损失。定作人可以随时解除承揽合同，造成承揽人损失的，应当赔偿损失。定作人可以变更和解除承揽合同，这是对定作人的特别保护。因为定作物往往是为了满足定作人的特殊需要的，如果定作人需要的定作物发生变化或者根本不再需要定作物，再按照合同约定制作定作物将没有任何意义。

案 例 分 析

【案情简介】

A 公司为修建一座综合楼，经过一系列的招标、投标，最后选定 B 公司作为承包方，并于 2000 年 8 月 10 日签订了一份合同。合同约定，B 公司于 10 月 10 日开始施工，施工前一个月内，A 公司提供技术资料和设计图纸，并且在正式开工前一个月将工程的用电、用水等前期问题解决；工程造价 800 万元，A 公司先行支付 200 万元的前期资金，余款在工程验收合格后由 A 公司一次性付清；B 公司在 2001 年 12 月 20 前交楼；工程保修期为 3 年。

合同签订后，A 公司依约将有关图纸、资料交给了 B 公司，用水问题也得到了解决，但直至 11 月 20 日，A 公司仍未能解决工地用电问题，导致 B 公司被迫停工，造成了近 5 万元的损失。2001 年 12 月，工程主体建筑基本完工。由于开工前延误工期，为了尽早交楼，B 公司经 A 公司同意，将工程的室内工程转包给 C 公司，C 公司又将该工程中的门窗安装工程分包给了 D 公司。A 公司在工程验收时发现，该室内装修工程质量和门窗安装质量均没有达到合同约定的标准，因此 A 公司要求扣除 B 公司工程款 50 万元，双方发生纠纷，A 公司以 B 公司违约为由向人民法院提起诉讼。

【问题】

1. 对 B 公司的损失，A 公司是否应承担赔偿责任？为什么？

2. B 公司的转包行为是否有效?

3. C 公司的分包行为是否有效?

4. 室内工程不合格,谁应当向 A 公司承担赔偿责任?

5. 对于不合格的室内工程,A 公司可以采取哪些措施?

6. 如果工程验收合格后,A 公司经催告仍不按约定支付工程款,B 公司可以怎么做?

7. 若大楼使用 10 年后,因工程质量问题导致部分楼体坍塌,给 A 公司造成重大损失。对此,B 公司是否应当承担赔偿责任?

【案例评析】

1.《合同法》第 283 条规定:"发包人未按约定时间和要求提供原材料、设备、场地、技术资料的,承包人可以顺延工程日期,并有权要求赔偿停工、窝工等损失"。

2.《合同法》第 272 条第 2 款规定:"总承包人或者勘察、设计、施工承包人经发包人同意,可以将自己承包的部分工作交由第三人完成"。B 公司将部分工程分包给 C 公司经过了 A 公司的同意所以 B 公司的转包行为有效。

3.《合同法》第 272 条第 3 款规定:"禁止分包单位将其承包的工程再分包"。C 公司已经是分包单位了,所以 C 公司的分包行为无效。

4.《合同法》第 272 条第 2 款规定:"总承包人或者勘察、设计、施工承包人经发包人同意,可以将自己承包的部分工作交由第三人完成。第三人就其完成的工作成果与总承包人或者勘察、设计、施工承包人向发包人承担连带责任"。所以 B 公司和 C 公司向 A 公司承担连带责任。

5.《合同法》第 281 条规定:"因施工人的原因致使建设工程质量不符合约定的,发包人有权要求施工人在合理期限内无偿修理或者返工、改建,经无偿修理或者返工,改建后造成逾期交付的,施工人应当承担违约责任"。

6.《合同法》第 286 条规定:"发包人逾期不支付价款的协议将该工程折价,也可以申请人民法院将该工程依法拍卖,并就该工程折价或者拍卖的价款优先受偿。"

7.《合同法》第 282 条规定:"因承包人的原因致使建设工程在合理的使用期限内造成人身和财产损害的,承包人应当承担损害赔偿责任"。楼房的使用年限一般是 70 年,题中 10 年属合理使用年限。

8. 结论:

A 公司应当承担赔偿责任。依据法律规定,发包人未按约定时间和要求提供原材料、设备、场地、技术资料的,承包人可以顺延工程日期,并有权要求赔偿停工、窝工等损失。

B 公司的转包行为有效。

C 公司的分包行为无效。

应当由 B 公司和 C 公司向 A 公司承担连带责任。

A 公司有权要求 B 公司和 C 公司无偿修理或者返工、改建,因修理等超过合同约定的期限的,A 公司有权要求 B 公司和 C 公司承担违约责任。

B 公司可以与 A 公司协议将该工程折价,也可以申请人民法院将该工程依法拍卖,并就该工程折价或者拍卖的价款优先受偿。

B 公司应当承担赔偿责任。

复习思考题

1. 什么是建设工程合同？有何特征？
2. 建设工程合同的种类分别是哪几种？
3. 建设工程勘察、设计合同主要内容是什么？
4. 建设工程勘察、设计合同的订立、履行的基本内容？
5. 建设工程勘察、设计合同的变更和解除及违约责任如何处理？
6. 建设监理合同的概念？其当事人的权利义务有哪些？
7. 建设工程施工合同的类型有哪些？
8. 说明《建设工程施工合同（示范文本）》的主要结构。
9. 《建设工程施工合同（示范文本）》关于工程分包有哪些条款规定？
10. 建设工程其他相关合同有哪些？各自主要内容有哪些？

第十章　FIDIC 土木工程施工合同条件

本章主要是针对国际工程承包中通常采用的 FIDIC 合同条件，阐述了其发展过程、合同文件的构成、FIDIC 合同条件的应用范围及前提条件，应用 FIDIC 合同条件的工作程序等；根据 1999 年第 1 版的 FIDIC 施工合同条件，重点介绍了涉及权利义务的条款、涉及质量控制的条款、涉及工程进度控制的条款、涉及费用控制的条款和涉及法规性的条款五部分内容。

第一节　概　　述

合同条件是合同文件最重要的组成部分。在国际工程承发包中，业主和承包商在订立工程合同时，常参考一些国际性的专业组织编制的标准合同条件，本章主要介绍国际咨询工程师联合会（FIDIC）编制的施工合同条件。

一、FIDIC 简介

FIDIC 是指国际咨询工程师联合会（Federation Internationale Des Ingenieurs Conseils）法文名称的缩写，在国内一般译为"菲迪克"。它总部设在瑞士洛桑，是世界上最具权威性的咨询工程师组织，推动了全球范围内高质量的工程咨询服务业的发展。它在每个国家只吸收一个独立的咨询工程师协会作为团体会员。中国工程咨询协会 1996 年代表中国加入 FIDIC，成为其正式会员。

FIDIC 下设五个长期性的专业委员会：业主咨询工程师关系委员会（CCRC）；合同委员会（CC）；风险管理委员会（RMC）；质量管理委员会（QMC）；环境委员会（ENVC）。FIDIC 的各专业委员会编制了许多规范性的文件，这些文件不仅为 FIDIC 成员国采用，世界银行、亚洲开发银行、非洲开发银行的招标样本也常常采用。其中最常用的有《土木工程施工合同条件》、《电气和机械工程合同条件》、《业主/咨询工程师标准服务协议书》、《设计——建造与交钥匙工程合同条件》（国际上分别通称为 FIDIC "红皮书"、"黄皮书"、"白皮书"和"桔皮书"）以及《土木工程施工分包合同条件》。1999 年，FIDIC 又出版了新的《施工合同条件》、《工程设备和设计——施工合同条件》、《EPC（设计采购施工）交钥匙工程合同条件》及《简明合同格式》四本新的合同标准格式。本章重点介绍 FIDIC 新版《施工合同条件》的有关内容。

二、FIDIC《施工合同条件》简介

FIDIC 施工合同条件由通用合同条件和专用合同条件两部分构成。

（一）通用合同条件

FIDIC 通用条件的含义是：工程建设项目只要是属于土木工程施工，如：工业与民用建筑工程、水电工程、路桥工程、港口工程等建设项目，均可适用。通用条件共分 20 条，内含 163 款。其中 20 条分别是：一般规定，雇主，工程师，承包商，指定的分包商，员

工，工程设备、材料和工艺，开工、延误和暂停，竣工检验，雇主接受，缺陷责任，测量和估价，变更和调整，合同价款和支付，由雇主终止，由承包商暂停和终止，风险与职责，保险，不可抗力，索赔、争端和仲裁。在通用条件中还有附录及程序规则。

由于通用条件适用于所有土木工程，条款也非常具体而明确。但不少条款还需要前后串联、对照才能最终明确其全部含义，或与其专用条件相应序号的条款联系起来，才能构成一条完整的内容。FIDIC 条款属于双务合同，即施工合同的签约双方（业主和承包商）都承担风险，又各自分享一定的权益。因此，其大量的条款明确地规定了在工程实施某一具体问题上双方的权利和职责。

（二）专用合同条件

基于不同地区、不同行业的土建类工程施工共性条件而编制的通用条件已成为分门别类、内容详尽的合同文件范本。但有这些仍是不够的，具体到某一工程项目，有些条款应进一步明确，有些条款还必须考虑工程的具体特点和所在地区情况予以必要的变动，FIDIC 专用合同条件恰好实现了这一目的。第二部分专用条件和第一部分的通用条件，构成了决定一个具体工程项目各方的权利和义务。

第二部分专用条件的编制原则是，根据具体工程的特点，针对通用条件中的不同条款进行选择、补充或修正，使由这两部分相同序号组成的条款内容更为完备。因此第二部分专用条件并不像第一部分通用条件那样，条款序号依次排列，以及每一序号下都有具体的条款内容，而是视第一部分条款内容是否需要修改、取代或补充，而决定相应序号的专用条款是否需要修改、取代或补充，从而决定相应序号的专用条款是否存在。

三、FIDIC 合同条件的应用

（一）FIDIC 合同条件的适用范围

1. FIDIC 合同条件适用于一般的土木工程，其中包括工业与民用建筑工程、水电工程、路桥工程和港口工程等建设项目。

2. FIDIC 合同条件在传统上主要适用于国际工程施工。也同样适用于国内合同（只要把专用条件稍加修改即可）。

（二）FIDIC 合同条件的应用前提

FIDIC 合同条件注重业主、承包商、工程师三方的关系协调，强调工程师在项目管理中的作用。在土木工程施工中应用 FIDIC 合同条件应具备以下前提：

1. 通过竞争性招标确定承包商；

2. 委托工程师对工程施工进行管理；

3. 按照固定单价方式编制招标文件。

（三）FIDIC 合同条件应用的基本工作程序

应用 FIDIC 合同条件大致需要经过以下主要工作程序：

1. 确定工程项目，筹措资金。

2. 选择工程师，签订监理委托合同。

3. 委托勘察设计单位对工程项目进行勘察设计，也可委托工程师对此进行监理。

4. 通过竞争性招标，确定承包商。

5. 业主与承包商签订施工承包合同，作为 FIDIC 合同文件的组成部分。

6. 承包商办理合同要求的履约担保、预付款保函、保险等事项，并取得业主的批准。

7. 业主支付预付款。在国际工程中，一般情况下，业主都在合同签订后施工前，支付给承包商一定数额的无息资金，以供承包商进行施工人员的组织、材料设备的购置及进入现场、完成临时工程等准备工作，这笔资金称预付款。预付款的有关事项如数量、支付时间和方式、支付条件、扣还方式等，应在专用合同条件或投标书附件中规定。一般为合同款的 10% ~ 15%。

8. 承包商提交工程师所需的施工组织设计、施工技术方案、施工进度计划和现金流量估算。

9. 准备工作就绪后，由工程师下达开工令，业主同时移交工地占有权。

10. 承包商根据合同的要求进行施工，而工程师则进行日常的监理工作。这一阶段是承包商与工程师的主要工作阶段，也是 FIDIC 合同条件要规范的主要内容。这在本章中还要做详细介绍。

11. 根据承包商的申请，工程师进行竣工检验。若工程合格，颁发接收证书，业主归还部分保留金。

12. 承包商提交竣工报表，工程师签发支付证书。

13. 在缺陷通知期内，承包商应完成剩余工作并修补缺陷。

14. 缺陷通知期满后，经工程师检验，证明承包商已根据合同履行了施工、竣工以及修补所有工程缺陷的义务，工程质量达到了工程师满意的程度，则由工程师颁发履约证书，业主应归还履约保证金及剩余保留金。

15. 承包商提出最终报表，工程师签发最终支付证书，业主与承包商结清余款。随后，业主与承包商的权利义务关系即告终结。

（四）FIDIC 合同条件下合同文件的组成及优先次序

在 FIDIC 合同条件下，合同文件除合同条件外，还包括其他对业主、承包方都有约束力的文件。构成合同的这些文件应该是互相说明、互相补充的，但是这些文件有时会产生冲突或含义不清。此时，应由工程师进行解释，其解释应按构成合同文件的内容按以下先后次序进行：

1. 合同协议书

合同协议书有业主和承包商的签字，有对合同文件组成的约定，是使合同文件对业主和承包商产生约束力的法律形式和手续。

2. 中标函

中标函是由业主签署的正式接受投标函的文件，即业主向中标的承包商发出的中标通知书。它的内容很简单，除明确中标的承包商外，还明确项目名称、中标标价、工期、质量等事项。

3. 投标书

这是由承包商填写的提交给业主的对其具有法律约束力的文件。其主要内容是工程报价，同时保证按合同条件、规范、图纸、工程量表、其他资料表、所附的附录及补充文件的要求，实施并完成招标工程并修补其任何缺陷；保证中标后，在规定的开工日期后尽早地开工，并在规定的竣工日期内完成合同中规定的全部工程。

4. 合同条件第二部分（专用条件）

这部分即合同条件中的专用条款，它的效力高于通用条款，有可能对通用条款进行修改。

5. 合同条件第一部分（通用条件）

这部分即合同条件中的通用条款，其内容若与专用条款冲突，应以专用条款为准。

6. 规范

这是指对工程范围、特征、功能和质量的要求和施工方法、技术要求的说明书，对承包商提供的材料的质量和工艺标准、样品和试验、施工顺序和时间安排等都要做出明确规定。一般技术规范还包括计量支付方法的规定。

规范是招标文件中的重要组成部分。编写规范时可引用某一通用的外国规范，但一定要结合本工程的具体环境和要求来选用，同时还包括按照合同根据具体工程的要求对选用规范的补充和修改内容。

7. 图纸

图纸是指合同中规定的工程图纸，也包括在工程实施过程中对图纸进行修改和补充。这些修改、补充的图纸均须经工程师签字后正式下达，才能作为施工及结算的依据。另外，招标时提供的地质钻孔柱状图、探坑展示图等地质、水文图纸也是投标者的参考资料。

图纸是投标者拟定施工方案、确定施工方法以至提出替代方案、计算投标报价等必不可少的资料。这对合同当事人双方都有约束力，因而是合同的重要组成部分。

8. 资料表和构成合同组成部分的其他文件。

资料表包括工程量表、数据、表册、费率或价格表等。标价的工程量表是由招标者和投标者共同完成的。作为招标文件的工程量表中有工程的每一类目或分项工程的名称、估计数量以及单位，只留出单价和合价的空格，这些空格由投标者填写。投标者填入单价和合价后的工程量表称为"标价的工程量表"，是投标文件的重要组成部分。

构成合同组成部分的其他文件是指在合同协议书或中标函中列明范围的文件，其中包括合同履行过程中构成对双方有约束力的文件。

四、FIDIC 施工合同条件的条款

FIDIC 施工合同条件可以大致划分为涉及权利义务的条款、涉及费用管理的条款、涉及工程进度控制的条款、涉及质量控制的条款和涉及法规性的条款五大部分。这种划分只能是大致的，因为有相当多的条款很难准确地将其划入某一部分，可能它同时涉及费用管理、工程进度控制等几个方面的内容。本章以 1999 年出版的 FIDIC 施工合同条件为依据，分节对 FIDIC 施工合同条件中各条款的主要内容、功能、作用等方面作一个初步归纳。

第二节　涉及权利和义务的条款

FIDIC 土木工程施工合同条件中涉及权利义务的条款，主要包括业主的权利与义务、工程师的权利与职责、承包商的权利与义务。其主要内容为：

一、业主的权利与义务

业主是指在合同专用条件中指定的当事人以及取得此当事人资格的合法继承人（在 FIDIC 原文中称为雇主），但除非承包商同意，不指此当事人的任何受让人。业主是建设工程项目的所有人，也是合同的当事人，在合同的履行过程中享有大量的权利并承担相应的义务。

（一）业主的权利

1. 有权批准或否决承包商将合同转让

承包商如果要将合同的全部或部分转让给他人，必须经业主同意。因为这种转让行为有可能损害业主的权益。

2. 有权指定分包商

指定分包商是指合同中由业主指定或由业主工程师在工程实施的过程中指定，完成某一项工作内容的施工或材料设备供应工作的承包商。指定分包商虽由业主或业主工程师指定，但他应与承包商签订分包合同，由承包商负责对他的协调与管理并对之进行支付。如果有正当理由，承包商可以反对接受指定的分包商。

3. 承包商违约时业主有权采取补救措施

（1）施工期间出现的质量事故，如果承包商无力修复，或者业主工程师考虑工程安全，要求承包商紧急修复，而承包商不愿或不能立即进行修复。此时，业主有权雇用其他人完成修复工作，所支付的费用从承包商处扣回。

（2）承包商未按合同要求进行投保并保持其有效，或者承包商在开工前未向业主提供说明已按合同要求投保并生效的证明。则业主有权办理合同中规定的承包商应当办理而未办理的投保。业主代替承包商办理投保的一切费用均由承包商承担。

（3）承包商未能在指定的时间将有缺陷的材料、工程设备及拆除的工程运出现场。此时业主有权雇用他人承担此类工作，由此产生的一切费用均由承包商承担。

4. 承包商构成合同规定的违约事件时，业主有权终止合同

在发生下述事件后，业主有权向承包商发出终止合同的书面通知，终止对承包商的雇用：① 承包商宣告破产、停业清理或解体，或由于其他情况失去偿付能力；② 承包商未能按要求及时提交履约保证或按照工程师的通知改正过失；③ 承包商未经业主同意将整个工程分包出去或转让合同；④ 承包商不愿继续履行合同义务；⑤ 承包商无正当理由未按合同规定开工、拖延工期；⑥ 承包商不及时拆除、移走、重建不合格的工程设备、材料或工艺缺陷，或实施补救工作；⑦ 承包商的各种贿赂行为。

在发出终止合同的书面通知 14 天后终止合同，将承包商逐出现场。业主可以自己完成该工程，或雇用其他承包商完成该工程。业主或其他承包商为了完成该工程，有权使用他们认为合适的原承包商的设备、临时工程和材料。

（二）业主的义务

1. 投标函附录规定的时间内向承包商提供施工场地

业主应随时给予承包商占有现场各部分的范围及占用各部分的顺序。业主提供的施工场地应能够使承包商根据工程进度计划开始并进行施工。

2. 业主应在合理的时间内向承包商提供图纸和有关辅助资料

在承包商提交投标书之前，业主应向承包商提供根据有关该项工程的勘察所取得的水文及地表以下包括环境方面的资料。开工后，随着工程进度的进展，业主应随时提供施工图纸。特别是工程变更时，更应避免因图纸提供不及时而影响施工进度。

3. 业主应按合同规定的时间向承包商付款

FIDIC 合同条件对业主向承包商付款有很多具体的规定。在工程师签发首期预付款、

期中支付证书、最终支付证书后，业主应按合同规定的期限，向承包商付款。如果业主没有在规定的时间内付款，则业主应按照合同规定的利率，从应付日期起计算利息付给承包商。

4. 业主应在缺陷责任期内负责照管工程现场

颁发接收证书后，在缺陷责任期内的现场照管由业主负责。如果工程师为永久工程的某一部分工程颁发了接收证书，则这一部分的照管责任随之转移给业主。

5. 业主应协助承包商做好有关工作

业主的协助义务是多方面的。如帮助承包商获得工程所在国的法律文本、申请法律中要求的各项许可、执照和批准等。

二、工程师的职责与权利

工程师是指业主为实现合同规定的目的而指定的工程师。他与业主签订委托协议书，根据施工合同的规定，对工程的质量、进度和费用进行控制和监督，以保证工程项目的建设能满足合同的要求。

（一）工程师的权利

1. 质量管理方面的权利

（1）对现场材料及设备有检查和拒收的权力。对工程所需要的材料和设备，工程师随时有权检查。对不合格的材料、设备，工程师有权拒收。

（2）有权监督承包商的施工。监督承包商的施工，是工程师最主要的工作。一旦发现施工质量不合格，工程师有权指令承包商进行改正或停工。

（3）对已完工程有确认或拒收的权利。任何已完工程，由工程师进行验收并确认。对不合格的工程，工程师有权拒收。

（4）有权对工程采取紧急补救措施。一旦发生事故、故障或其他事件，如果工程师认为进行任何补救或其他工作是工程安全的紧急需要，则工程师有权采取紧急补救措施。

（5）有权要求解雇承包商的雇员。对于承包商的任何人员，如果工程师认为其在履行职责中不能胜任或出现玩忽职守的行为、不遵守合同的规定等，有权要求承包商予以解雇。

（6）有权批准分包商。如果承包商准备将工程的一部分分包出去，他必须向工程师提出申请报告。未经工程师批准的分包商不能进入工地进行施工。

2. 进度管理方面的权利

（1）有权批准承包商的进度计划。承包商的施工进度计划必须满足合同规定工期（包括工程师批准的延期）的要求，同时必须经过工程师的批准。

（2）有权发出开工令、停工令和复工令。承包商应当在接到工程师发出的开工通知后开工。如果由于种种原因需要停工，工程师有权发布停工令。当工程师认为施工条件已达到合同要求时，可以发出复工令。

（3）有权控制施工进度。如果工程师认为工程或其他任何区段在任何时候的施工进度太慢，不符合竣工期限的要求，则工程师有权要求承包商采取必要的步骤，加快工程进度，使其符合竣工期限的要求。

3. 费用管理方面的权利

（1）有权确定变更价格。任何因为工作性质、工程数量、施工时间的变更而发出的变更指令，其变更的价格由工程师确定。工程师确定变更价格时应充分和承包商协商，尽量取得一致性意见。

（2）有权批准使用暂定金额。暂定金额只有在工程师的指示下才能动用。

（3）有权批准使用计日工。对于数量少的零散工作，工程师可以用变更的形式指示承包商实施。并按合同中的计日工表进行估价和支付。

（4）有权批准向承包商付款。所有按照合同规定应由业主向承包商支付的款项，均需由工程师签发支付证书，业主再据此向承包商付款。工程师还可以通过任何临时支付证书对他所签发的任何原有支付证书进行修正或更改。如果工程师认为有必要，他有权停止对承包商付款。

4．合同管理方面的权利

（1）有权批准工程延期。如果由于承包商自身以外的原因，导致工期的延长，则工程师应批准工程延期。经工程师批准的延期时间，应视为合同规定竣工时间的一部分。

（2）有权发布工程变更令。合同中工程的任何部分的变更，包括性质、数量、时间的变更，必须经工程师的批准，由工程师发出变更指令。

（3）颁发接收证书和履约证书。经工程师检查验收后，工程符合合同的标准，即颁发接收证书和履约证书。

（4）有权解释合同中有关文件。当合同文件的内容、字义出现歧义或含糊时，则应由工程师对此做出解释或校正，并向承包商发布有关解释或校正的指示。

（二）工程师的职责

1．认真执行合同

认真执行合同是工程师的根本职责。FIDIC 合同条件的规定，工程师有如下的职责：合同实施过程中向承包商发布信息和指标；评价承包商的工作建议；保证材料和工艺符合规定；批准已完成工作的测量值以及校核，向业主送交支付证书等工作。

2．协调施工有关事宜

工程师对工程项目的施工进展负有重要责任，应当与业主、承包商保持良好的工作关系，协调有关施工事宜，及时处理施工中出现的问题，确保施工的顺利进行。

三、承包商的权利与义务

承包商是指其标书已被业主接受的当事人，以及取得该当事人资格的合法继承人，但不指该当事人的任何受让人（除非业主同意）。承包商是合同的当事人，负责工程的施工。

（一）承包商的权利

1．有权得到工程付款

这是承包商最主要的权利。在合同履行过程中，承包商完成了他的义务后，他有权得到业主支付的各类款项。

2．有权提出索赔

由于不是承包商自身的原因，造成工程费用的增加或工期的延误，承包商有权提出费用索赔和工期索赔。承包商提出索赔，是行使自己的正当权利。

3．有权拒绝接受指定的分包商

为了保证承包商施工的顺利进行，如果承包商认为指定的分包商不能与他很好合作，承包商有权拒绝接受这个分包商。

4. 如果业主违约，承包商有权终止受雇和暂停工作

(1) 承包商暂停工作的权利。如果工程师未能按合同规定开具支付证书；或业主在收到承包商的请求后，未能在 42 天内提出资金安排的证据或未能按合同规定及时足额支付。此时，承包商可以在发出通知 21 天后，暂停工作或降低工作速度，并对造成的拖期和额外费用进行索赔。但在发出终止通知之前，一旦收到了有关证书、证明或支付，应尽快恢复工作。

上述暂停或放慢进度不影响承包商按照合同规定对到期未付的款项收取利息及提出终止合同。

(2) 承包商有权提出终止。如果业主在收到承包商暂停工作通知后的 42 天内，仍未提供合理的资金证明；工程师在收到报表和证明文件后的 56 天内，仍未颁发相应的支付证书；应付款额在规定的支付时间期满后 42 天以上未付；业主基本未履行合同义务；业主未在承包商收到中标函后的 28 天内与其签订合同协议书，或擅自转让了合同；由于非承包商的原因，工程暂停持续了 84 天以上，或停工累计超过 140 天，且影响到了整个工程；或业主在经济上无力执行合同，无力到期偿还债务，或停业清理，或破产等。则承包商可在发出通知 14 天后终止合同（后两种情况下可立即终止）。而业主应尽快退还履约保证，向承包商进行支付并赔偿其由于终止合同遭受的利润损失和其他损失。

(3) 停止工作及承包商设备的撤离。业主或承包商提出终止的通知生效后，或由于不可抗力导致合同终止后，承包商应尽快停止一切工作，但仍应进行工程师为保护生命财产和工程安全而指示其进行的工作；移交他已得到付款的承包商文件、工程设备、材料及其他工作；撤离现场上所有其他的货物（为保护安全必要的货物除外），然后离开现场。

(二) 承包商的义务

1. 按合同规定的完工期限、质量要求完成合同范围内的各项工程

合同范围内的工程包括合同的工程量清单以及清单以外的全部工程和工程师要求完成的与其有关的任何工程。合同规定的完工期限则是指合同工期加上由工程师批准的延期时间。承包商应按期、按质、按量完成合同范围内的各项工程，这是承包商的主要义务。

2. 对现场的安全和照管负责

在施工现场，承包商有义务保护有权进入现场人员的安全及工程的安全，有义务提供对现场照管的各种条件，包括一切照明、防护、围栏及看守。并应避免由其施工方法引起的污染，直到颁发接收证书为止。

3. 遵照执行工程师发布的指令

对工程师发布的指令，不论是口头的还是书面的，承包商都必须遵照执行。但对于口头指令，承包商应在 7 天内以书面形式要求工程师确认。承包商对有关工程施工的进度、质量、安全、工程变更等内容方面的指示，应当只从工程师及其授予相应权限的工程师代表处获得。

4. 对现场负责清理

在施工现场，承包商随时应进行清理，保证施工井然有序。在颁发接收证书时，承包商应对接收证书所涉及的工程现场进行清理，并使原施工用地恢复原貌，达到工程师满意的状态。

5. 提供履约担保

如果合同要求承包商为其正确履行合同提供担保,则承包商应在收到中标函后 28 天内,按投标书附件中注明的金额和货币种类,按一定的格式开具履约担保,并将此保函提交给业主。

6. 应提交进度计划和现金流通量的估算

提交进度计划和现金流通量的估算,有利于工程师对工程施工进度的监督,有利于业主能够保证在承包商需要时提供资金。

7. 保护工程师提供的坐标点和水准点

承包商除了对由工程师书面给定的原始坐标点和水准点进行准确的放线外,他有义务对上述各类的地面桩进行仔细保护。

8. 工程和承包商设备保险

承包商必须以业主和承包商共同的名义,以全部重置成本对工程连同材料和工程配套设备进行保险。保险期限从现场开始工作起到工程竣工移交为止。如为部分工程或单项工程投保时,保险金额则应为除重置成本外,另外加上 15% 的附加金额,用以包括拆除和运走工程某些部分废弃物等的附加费用和临时费用。

9. 保障业主免于承受人身或财产的损害

承包商应保障业主免受任何人员的死亡或受伤及任何财产(除工程外)的损失及其产生的索赔。

10. 遵守工程所在地的一切法律和法规

承包商应保证业主免于承担由于违反法律法规的罚款和责任。由于遵守法律、法规而导致费用的增加,由承包商自己承担。

第三节 涉及质量控制的条款

FIDIC 合同条件中涉及质量控制的条款包括有关承包人员素质的规定、有关合同转让与分包的规定、有关施工现场的材料和工程设备的规定、有关施工质量及验收的规定等内容。

一、有关承包人员素质的规定

工程的施工最终要由承包人员来完成,因此,承包人员的素质是一切质量控制的基础。工程师有权对承包人员的素质进行控制。

(一)对承包商人员的要求

1. 承包商应提供承包人员的详细报告

承包商应按工程师批准的格式,每月向工程师提交说明现场各类承包商人员数量的详细报告。这能够使工程师对承包人员的数量和质量有大概的了解,这也是对承包商雇用劳务人员的一种约束。

2. 承包商应提供的人员

承包商向施工现场提供的人员都应是在他们各自行业或职业内,具有相应资质、技能和经验的人员。

3. 管理人员的能力

在工程施工过程中,承包商应安排一定的管理人员对工作的计划、安排、指导、管理、检验和试验提供一切必要的监督。此类管理人员应具备用投标书附录中规定的语言交流的能力，应具备进行施工管理所需的专业知识及防范风险和预防事故的能力。

4. 承包商不合格的人员的撤换

工程师有权要求承包商立即从该工程中撤掉由承包商提供的受雇于工程的有下列行为的任何人员（包括承包商代表）：经常行为不当，或工作漫不经心；无能力履行义务或玩忽职守；不遵守合同规定或经常出现有损安全、健康、环境保护的行为。

（二）承包商代表

承包商应在开工日期前任命承包商代表，授予他必需的一切权利，由他全权代表承包商履行合同并接受工程师的指示。承包商代表的任命和撤换要经工程师的同意。承包商的代表应用其全部时间去实施合同，他可将权利、职责或责任委任给任何胜任的人员，并可随时撤回，但须事先通知工程师。

二、有关合同转让与分包的规定

（一）合同的转让

如果没有一方的事先同意，另一方不得将合同或者合同的任何部分、合同中的任何利益进行转让。但下列情况除外：（1）任一方在他方完全自主决定的情况下，事先征得他人同意后，可以将合同或者合同的任何部分转让；（2）可以作为以银行或金融机构为受款人的担保。

（二）工程的分包

1. 承包商不得将整个工程分包出去。

2. 责任关系：虽然分包出去的部分工程由分包商来实施，但是对分包商、分包商的代理人及其人员的行为或违约要由承包商负全部责任。

3. 对分包的要求：

（1）雇用分包商（材料供应商和合同中已注明的分包商除外），必须经工程师事先同意；

（2）承包商要提前28天将分包商的开工日期通知工程师；

（3）分包合同中必须规定：如果分包商履行其分包合同义务的期限超过了本合同相应部分的缺陷通知期，承包商应将此分包合同的利益转让给业主。

三、有关施工现场的材料、工程设备的规定

施工使用的材料、工程设备是确保工程质量的物质基础，工程师必须对此严格控制。

（一）对材料、工程设备和工艺的检查和检验

1. 检查

业主的人员在一切合理时间内，有权进入所有现场和获得天然材料的场所；及在生产、制造和施工期间，对材料、工艺进行检查，对工程设备及材料的生产制造进度进行检查。承包商应向业主人员提供进行上述工作的一切方便。未经工程师的检查和批准，工程的任何部分不得覆盖、掩蔽或包装。否则，工程师有权要求承包商打开这部分工程供检验并自费恢复原状。

2. 检验

对于合同中有规定的检验（竣工后的检验除外），由承包商提供所需的一切用品和人员。检验的时间和地点由承包商和工程师商定。工程师可以通过变更改变规定的检验的位

置和详细内容，或指示承包商进行附加检验。工程师应提前 24 小时通知承包商他将参加检验，如果工程师未能如期前往（工程师另有指示除外），承包商可以自己进行检验，工程师应确认此检验结果。承包商要及时向工程师提交具有证明的检验报告，规定的检验通过后，工程师应向承包商颁发检验证书。如果按照工程师的指示对某项工作进行检验或由于工程师的延误导致承包商遭受了工期、费用及合理的利润损失，承包商可以提出索赔。

（二）对不合格的材料和工程设备的拒收

如果工程师经检查或检验发现任何工程设备、材料或工艺有缺陷或不符合合同的其他规定，可以对其拒收，承包商应立即进行修复。工程师可要求对修复后的工程设备、材料和工艺按相同条款和条件再次进行检验，直到其合格为止。

四、有关施工质量及验收的规定

（一）工程师对施工过程的检查

1. 工程师检查的内容

（1）承包商应按合同的要求建立质量保证体系，该体系应符合合同的详细规定。工程师应对承包商的质量保证体系进行审查，使其发挥良好的作用。

（2）工程师应在施工过程中检查和监督承包商的各项工程活动，包括施工中的材料、设备、工艺、人员等每一个环节。

2. 工程师对覆盖前工程的检查

没有工程师的批准，工程的任何部分均不得覆盖或使之无法查看。承包商应在规定的时间内通知工程师参加工程的此类部分的检查，且不得无故拖延。如果工程师认为检查并无必要，则应通知承包商。

3. 工程师对覆盖后工程的检查

如果承包商没有及时通知工程师，工程师可以要求对已覆盖的工程进行检查。承包商则应按工程师随时发出的指示，移去工程的任何部分的覆盖物，或在其内或贯穿其中开孔，并将该部分恢复原状和使之完好，所需费用由承包商承担。

4. 工程师有权指令暂时停工

由于承包商的违约或者为工程的合理的施工或工程的安全，工程师有权指令暂时停工。承包商应按照工程师指示的时间和方式暂停工程，在暂停工程期间承包商应对工程进行必要的保护和安全保障。

（二）工程师在颁发接收证书前对工程的检查

1. 地表应恢复原状

在工程师颁发接收证书前，承包商应将场地或地表面恢复原状。在移交证书中未对此作出规定不能解除承包商自费进行恢复原状工作的责任。

2. 颁发接收证书前的检验

工程师在颁发接收证书前，应对工程进行全面检验，接收证书将确认工程已基本竣工。

3. 非承包商的原因造成的妨碍竣工检验的处理

如果因业主、工程师、业主雇用的其他承包商的原因，使承包商不能进行竣工检验，如果工程符合合同要求，则应认为业主已在本该进行竣工检验的日期接收到了工程。但是，如果工程基本上不符合合同要求，则不能认为工程已被接收。

（三）缺陷通知期的质量控制

在工程的缺陷通知期满之前，工程出现任何缺陷或其他不合格之处，工程师可向承包商下达指示，承包商应该：（1）在移交证书注明的竣工日期之后，尽快地完成在当时尚未完成的工作；（2）工程师指示承包商对工程进行修补、重建和补救缺陷时，承包商应在缺陷通知期内或期满后 14 天内实施这些工作。

当承包商未能在合理的时间内执行这些指示时，业主有权雇用他人从事该项工作，并付给报酬。

颁发履约证书后，承包商对尚未履行的义务仍有承担的责任。

第四节　涉及进度控制的条款

FIDIC 合同条件中涉及工程进度控制的条款主要包括有关工程进度计划管理的规定、有关工程延误的规定、有关接收证书和履约证书的规定等方面的内容。

一、有关工程进度计划管理的规定

（一）承包商应提交工程进度计划

承包商应在收到工程师的开工日期的通知后 28 天内，应以工程师规定的适当格式和详细程度，向工程师递交一份详细的工程进度计划，以取得工程师的同意并按计划开展工作。当进度计划与实际进度或承包商履行的义务不符，或工程师根据合同发出通知时，承包商要修改原进度计划并提交给工程师。

进度计划的内容包括：承包商计划实施工作的次序和各项工作的预期时间；每个指定分包商工作的各个阶段；合同中规定的检查和检验的次序和时间；承包商拟采用的施工方法和各主要阶段的概括性描述，对各个主要阶段现场所需的承包商人员和承包商设备的数量的合理估算和说明等。

另外，当承包商预料到工程将受某事件或情况的不利影响时，应及时通知工程师，并按要求说明估计的合同价格的增加额及工程延误天数，并提交变更建议书。

（二）工程师对工程进度计划的管理

1. 审查、批准工程进度计划

工程师在收到承包商提交的工程进度计划后，应根据合同的规定、工程实际情况及其他方面的因素进行审查。其中如果有不符合合同要求的部分，应在 21 天内通知承包商，承包商应对计划进行修订。否则承包商应立即按进度计划执行。

2. 监督工程进度计划实施

监督工程进度计划实施的依据是被确认的承包商的工程进度计划。如果工程师发现工程的实际进度不符合工程进度计划，或者进度计划某些内容不符合合同的要求，则承包商应根据工程师的要求提出一份修订的进度计划，修改后的工程进度计划也应重新交工程师确认。由此引起的风险和开支，包括由此导致业主产生的附加费用（如工程师的报酬等），均由承包商承担。

（三）承包商对延误工期所应承担的责任

如果由于承包商自身的原因造成工期延误，而承包商又未能按照工程师的指示改变这一状况，则承包商应承担以下责任：

1. 误期损失赔偿

如果承包商未能在合同规定的竣工日期前完成工程，则承包商应向业主支付误期损害赔偿费。误期损害赔偿费应按投标书附件中注明的每天应付的金额与合同中原定的竣工时间到接收证书中注明的实际竣工日期之间的天数的乘积。但损失赔偿费应限制在投标书附件中注明的限额内。这笔金额是承包商为这种过失所应支付的惟一款项。这些赔偿费不应解除承包商对完成该项工程的义务或合同规定的承包商的任何其他义务和责任。

2. 终止对承包商的雇用

如果承包商严重违约，包括拖延工期又固执地不采取补救措施，业主有权终止对其的雇用，而且承包商还要承担由此而造成的业主的损失费用。

二、有关工程延误的规定

（一）工程延误

由于非承包商的原因造成施工工期的延长，不能按竣工日期竣工，称为工期延误。

（二）工程延误的原因

1. 变更或合同范围内某些工程的工作量的实质性的变化。

2. 无法预见的公共当局的干扰引起了延误。

3. 异常不利的气候条件。

4. 传染病、法律变更或其他政府行为导致承包商不能获得充足的人员或货物，而且这种短缺是不可预见的。

5. 业主、业主人员或业主的其他承包商延误、干扰或阻碍了工程的正常进行。

6. 非承包商的原因工程师的暂时停工指示。

得到工程师批准的工程延期，所延长的工期已经属于合同工期的一部分。因而，承包商可以免除由于延长工期而向业主支付误期损失赔偿费的责任。由于工程延期所增加的费用将由业主承担。

（三）工程延误的审批

1. 承包商的通知

承包商应在引起工程延误的事件开始发生后 28 天内通知工程师，随后，承包商应提交要求延期的详细说明。

如果引起工程延期的事件具有持续性的影响，不可能在申请延期的通知书发出后的 28 天内提供最终的详细说明报告。那么承包商应以不超过 28 天的间隔向工程师提交阶段性的详细说明，并在事件影响结束后的 28 天内提交最终详情说明。

2. 工程师做出工程延期的决定

工程师在接到要求延期的通知书后应进行调查核实，在承包商提交详情说明后，应进一步调查核实，对其申述的情况进行研究，并在规定的时间内作出工程竣工时间是否延长的决定。

三、有关接收证书和解除缺陷责任证书的规定

（一）接收证书

1. 工程和分项工程的接收证书

承包商可以在他认为工程达到合同规定的竣工检验标准日期 14 天前，向工程师发出申领接收证书的通知。如果工程分成若干个分项工程时，承包商可类似地对每个分项工程申领接收证书。工程师在收到上述申领通知书 28 天内，或者向承包商颁发一份工程或分项工程接收证书，注明工程或分项工程按照合同要求已基本完工的日期；或者拒绝申请，但要说明理由，并指出在能够颁发接收证书之前承包商需要做的工作。承包商应在再次申领接收证书前，完成上述工作。

如果工程师在 28 天内既不颁发接收证书，又不对承包商作拒绝申请，而工程或分项工程实质上符合合同规定，接收证书应视为已在上述规定期限的最后一日签发。

承包商应在收到接收证书之前或之后将地表恢复原状。

2. 对部分工程的接收

这里所说的"部分"指合同中已规定的区段中的一个部分。只要业主同意工程师就可对永久工程的任何部分颁发接收证书。除非合同中另有规定或合同双方有协议，在工程师颁发包括某部分工程的接收证书之前，业主不得使用该部分。否则，一经使用则：

(1) 可认为业主接收了该部分工程，对该部分要承担照管责任。

(2) 如果承包商要求，工程师应为此部分颁发接收证书。

(3) 如果因此给承包商导致了费用，承包商有权索赔这笔费用及合理的利润。若对工程或某区段中的一部分颁发了接收证书，则该工程或该区段剩余部分的误期损害赔偿费的日费率将按相应比例减小，但最大限额不变。

3. 对竣工检验的干扰

若因为业主的原因妨碍竣工检验已达 14 天以上，则认为在原定竣工检验之日业主已接收了工程或区段，工程师应颁发接收证书。工程师应在 14 天前发出通知，要求承包商在缺陷通知期满前进行竣工检验。若因延误竣工检验导致承包商的损失，则承包商可据此索赔损失的工期、费用和利润。

(二) 履约证书

1. 缺陷通知期的计算。从接收证书中注明的工程（或区段）的竣工日期开始，工程（或区段）进入缺陷通知期。投标函附录中规定了缺陷通知期的时间。

2. 承包商在缺陷通知期内要完成接收证书中指明的扫尾工作，并按业主的指示对工程中出现的各种缺陷进行修正、重建或补救。

3. 修补缺陷的费用。如果这些缺陷的产生是由于承包商负责的设计有问题，或由于工程设备、材料或工艺不符合合同要求，或由于承包商未能完全履行合同义务，则由承包商自担风险和费用。否则按变更处理，由工程师考虑向承包商追加支付。承包商在工程师要求下进行缺陷调查的费用亦按此原则处理。

4. 缺陷通知期的延长。如果在业主接收后，整个工程或工程的主要部分由于缺陷或损坏不能达到原定的使用目的，业主有权通过索赔要求延长工程或区段的缺陷通知期，但延长最多不得超过两年。

5. 未能补救缺陷。如果承包商未能在业主规定的期限内完成他应自费修补的缺陷，业主可以选择采取以下措施：(1) 自行或雇用他人修复并由承包商支付费用；(2) 要求适当减少支付给承包商的合同价格；(3) 如果该缺陷使得全部工程或部分工程基本损失了盈利功能，则业主可对此不能按期投入使用的部分工程终止合同，向承包商收回为此工程已支付的全部费用及融资费，以及拆除工程、清理现场所产生的费用等。

6. 进一步的检验。如果工程师认为承包商对缺陷或损坏的修补可能影响工程运行时，可要求按原检验条件重新进行检验。由责任方承担检验的风险和费用及修补工作的费用。

7. 履约证书的颁发。在最后一个区段的缺陷通知期期满后的 28 天内，或承包商提供了全部承包商文件并完成和通过了对全部工程（包括修补所有的缺陷）的检验后，工程师应向承包商颁发履约证书，以说明承包商已履行了合同义务并达到了令工程师满意的程度。

注意，只有颁发履约证书才代表对工程的批准和接受。

履约证书颁发后，各方仍应负责完成届时尚未完成的义务。

（三）现场的清理

在接到履约证书后 28 天内，承包商应清理现场，运走他的设备、剩余材料、垃圾等。否则业主可自行出售或处理留下的物品，并扣下所花费的费用，如有余额应归还承包商。

接收证书并不是工程的最终批准，不解除承包商对工程质量及其他方面的任何责任。只有工程师颁发的履约证书，才是对工程的批准。

第五节　涉及费用管理的条款

FIDIC 合同条件中涉及费用管理的条款范围很广，有的直接与费用管理有关，有的间接与费用管理有关。概括起来，大致包括有关工程计量的规定、有关合同履行过程中结算与支付的规定、有关合同被迫终止时结算与支付的规定、有关工程变更和价格调整时结算与支付的规定、有关索赔支付的规定等方面的内容。

一、有关工程计量的规定

（一）工程量

投标报价中工程量清单上的工程量是在图纸和规范的基础上对该工程的估算工程量，它们不能作为承包商履行合同过程中应予完成的实际的工程量。

承包商在实施合同中完成的实际工程量要通过测量来核实，以此作为结算工程价款的依据。由于 FIDIC 合同是固定单价合同，承包商报出的单价是不能随意变动的，因此工程价款的支付额是单价与实际工程量的乘积之和。

（二）工程量的计算

为了付款，工程师应根据合同通过计量来核实和确定工程的价值。工程师计量时应通知承包商一方派人参加，并提供工程师所需的一些详细资料。如果承包商一方未参加计量，他应承认工程师的计量结果。

在对永久工程进行计量需要记录时，工程师应准备此类记录。承包商应按照要求对记录进行审查，并就此类记录和工程师达成一致时双方共同签名。如果承包商不出席此类记录的审查和承认时，则应认为这些记录是正确无误的。

如果承包商在审查后认为记录是不正确的，则必须在审查后 14 天内向工程师发出通知，说明上述记录中不正确的部分。工程师则应在接到这一通知后复查这些记录，或予以确认或予以修改。

（三）工程计量的方法

工程计量方法应事先在合同中作出约定。如果合同中没有约定，应测量永久工程各项内容的实际净数量，测量的方法应按照工程量表或资料表中的规定。

二、有关合同价格与支付的规定

(一) 合同价格

合同价格要通过对实际完工工程量的测量和估价来商定或决定,并且包括因法规变化、物价变化等原因对其进行的调整。承包商应支付根据合同应付的各类关税和税费,合同价格不因此类费用而调整。

开工日期开始后 28 天内,承包商应向工程师提交资料表中每个包干项目的价格分解表,供工程师在支付时参考。

(二) 中期付款

承包商应在每个月末按工程师指定的格式向其提交一式 6 份的报表,详细地说明他认为自己到该月末有权得到的款额,同时提交证明文件(包括月进度报表),作为对期中支付证书的申请。此报表中应包括:

1. 截止到该月末已实施的工程及完成的估算合同价值(包括变更)。

2. 由于法规变化和费用涨落应增加和扣减的金额。

3. 作为保留金扣减的金额。

4. 因预付款的支付和偿还应增加和扣减的金额。

5. 根据合同规定,应付的作为永久工程的设备和材料的任何应增加和扣减的金额。

6. 根据合同或其他规定(包括对索赔的规定),应增加和扣减的金额。

7. 对以前所有的支付证书中已经证明的扣减款额。

如果合同中包括支付表,规定了合同价格的分期付款数额,则截止到该月末已实施的工程及完成的估算合同价值(包括变更)中所述估算合同价值即为支付表中对应的分期付额,并且不拨付工程设备和材料运抵工地的预支款。如果实际进度落后于支付表中分期支付所依据的进度,则工程师可根据落后的情况决定修正分期支付款。

只有在业主收到并批准了承包商提交的履约保证之后,工程师才能为任何付款开具支付证书,付款才能得到支付。在收到承包商的报表和证明文件后的 28 天内,工程师应向业主签发中期支付证书,列出他认为应支付给承包商的金额,并提交详细证明材料。在颁发工程的接收证书之前,若该月应付的净金额(扣除保留金和其他应扣款额之后)少于投标函附录中对支付证书的最低限额的规定,工程师可暂不开具支付证书,而将此金额累计至下月应付金额中;若工程师认为承包商的工作或提供的货物不完全符合合同要求,可以从应付款项中扣留用于修理或替换的费用,直至修理或替换完毕;如果他对某项工作的执行情况不满意时,也有权在证书中删去或减少该项工作的价值,但不得因此而扣发中期支付证书。工程师在签发每月支付证书时,有权对以前签发的证书进行修正。支付证书不代表工程师对工程的接受、批准、同意或满意。

中期付款支付时间应在工程师收到报表和证明文件后的 56 天内。

(三) 暂列金额的使用

1. 暂列金额

暂列金额是指在合同中规定作为暂列金额的一笔款项。中标的合同金额包含暂列金额。根据合同中暂列金额的使用规定,用于工程任何部分的施工或用于提供材料设备或服务。

2. 暂列金额的使用

暂列金额按照工程师的指示可全部或部分地使用，也可根本不予动用。

3．暂列金额的使用范围

（1）承包商按工程师的指令进行的变更部分的估价。

（2）包括在合同价格中的，要由承包商从指定分包商或其他单位购买的工程设备材料或服务。

（四）保留金的支付

1．保留金

保留金是指每次中期付款时，从承包商应得款项中按投标书附件中规定比例扣除的金额。保留金额一般情况下为合同款的5%。

2．颁发接收证书时保留金的支付

当颁发整个工程的接收证书时，工程师应开具支付证书，把一半保留金支付给承包商。如果颁发的是分项或部分工程的接收证书时，保留金则应按该分项或部分工程估算的合同价值除以估算的最终合同价格所得的比例的40%支付。

3．工程的缺陷通知期满时保留金的支付

当整个工程的缺陷通知期满时，剩余保留金将由工程师开具支付证书支付给承包商。如果有不同的缺陷通知期适用于永久工程的不同区段或部分时，只有当最后一个缺陷通知期满时才认为该工程的缺陷通知期满。

（五）竣工报表及支付

颁发整个工程的接收证书之后84天内，承包商应向工程师呈交一份竣工报表，并应附有按工程师批准的格式所编写的证明文件。竣工报表应详细说明以下几点：（1）到接收证书证明的日期为止，根据合同所完成的所有工作的最终价值；（2）承包商认为应该支付的任何增加的款项；（3）承包商认为根据合同将支付给他的任何其他款项的估算数额。

（六）最终支付证书

承包商在收到履约证书后56天内，应向工程师提交按照工程师批准的格式编制的最终报表草案，并附证明文件一式6份。该草案应该详细说明以下问题：（1）根据合同所完成的所有工作的价值；（2）承包商认为根据合同或其他规定应支付给他的任何其他的款项。

如果工程师不同意或无法核实该草案的任何部分，则承包商应根据工程师的合理要求提交补充的资料，并按照可能商定的意见对草案进行修改。随后，承包商应按已商定的意见编制最终报表并提交给工程师。当最终报表递交之后，承包商根据合同向业主索赔的权利就终止了。

1．结清证明

在提交最终报表时，承包商应给业主一份书面结清证明，进一步证实最终报表的总额，代表了由合同引起的或与合同有关的全部和最后确定应支付给承包商的所有金额，但结清证明只有当最终证书中的款项得到支付和业主退还履约保证书以后才能生效。

2．最终支付证书的颁发

工程师在接到最终报表及书面结清证明后28天内，应向业主发出一份最终付款证书，以说明：（1）最终应支付的款额；（2）确认业主先前已付的所有金额以及业主有权得到的金额，业主还应支付给承包商，或承包商还应支付给业主的余额（如有的话）。

（七）承包商对指定分包商的支付

承包商在获得业主按实际完成工程量的付款后，扣除分包合同规定的承包商应得款（如税款、协调管理的费用等）和按比例扣除保留金后，应按时付给指定分包商。如果在颁发支付证书前，承包商既提交不出证明，且又没有合法的理由未支付分包商款项，则业主有权根据工程师的证明直接向该指定的分包商支付承包商未支付的分包商应获得的所有费用（扣除保留金）。然后，业主以冲账方式从业主应付或将付给承包商的任何款项中将其扣除。

三、有关合同被迫终止时结算与支付的规定

（一）由于承包商的违约终止合同的结算和支付

1. 对合同终止时承包商已完工作的估价

业主终止对承包商的雇用后，工程师应尽快对合同终止日的工程、货物和承包商的文件的价值作出估价，并决定承包商所有应得的款项。

2. 终止后的支付

终止通知生效后，业主可以：

（1）要求索赔。

（2）在确定施工、竣工和修补工程缺陷的费用、误期损害赔偿费及自己花费的所有其他费用之前，停止对承包商的一切支付。

（3）从工程师估算的合同终止日承包商所有应得款项中扣除因承包商违约对业主造成的损失、损害赔偿费和完成工程所需的额外费用后，余额应支付给承包商。

（二）由于不可抗力而终止合同时的结算和付款

1. 不可抗力的定义

不可抗力是指某种异常事件或情况，这种事件或情况还必须同时满足以下四个条件：① 一方无法控制；② 在签订合同前该方无法防范；③ 情况发生后，该方不能合理避免或克服；④ 情况的发生不是因另一方的责任造成的，而是由于不可抗力。如：战争、入侵、叛乱、暴乱、军事政变、内战、地震、飓风、台风、火山活动等都属于不可抗力的范围。

2. 由于不可抗力而终止合同时的结算和付款

如果因不可抗力而终止合同时，业主除应以合同规定的单价和价格向承包商支付在合同终止前尚未支付的已完工程量的费用外，还应支付以下几种费用：

（1）工程量表中涉及的任何施工准备项目，只要这些项目的准备工作或服务已经进行或部分进行，则应支付该项费用或适当比例的金额。

（2）为工程需要而定货的各种材料、设备或物资中，已交发给承包商或承包商有法定义务要接收的那一部分订购所需的费用，业主支付此项费用后，上述物资、设备即成为业主财产。

（3）承包商撤离自己设备的迁移费，但这部分费用应该是合理的，应该是撤回基地或费用更低的目的地所需费用。

（4）承包商雇用的所有与工程施工有关的职员、工人，在合同终止时的合理遣返费。

另外，业主也有权要求索还任何有关承包商的设备、材料和工程设备的预付款的未估算余额，以及在合同终止时按合同规定应由承包商偿还的任何其他金额。上述应支付的金额均应由工程师在同业主和承包商适当协商后确定，并应相应地通知承包商，同时将一份

副本呈交业主。

（三）因业主违约终止合同的结算和支付

由于业主违约而终止合同时，业主对承包商的义务除与因不可抗力而终止合同时的付款条件一样外，还应再付给承包商由于该项合同终止而造成的损失赔偿费。

四、有关工程变更和价格调整时结算与支付的规定

（一）工程变更的范围

如果工程师认为有必要对工程的形式、质量或数量作出任何变更，他应有权指示承包商进行下述任何工作：（1）增加或减少合同中所包括的任何工作的数量；（2）删减任何工作（要交他人实施的工作除外）；（3）改变任何工作的性质、质量；（4）改变工程任何部分的标高、基线、位置和尺寸；（5）任何永久工程需要的附加工作、工程设备、材料或服务；（6）改变实施工程的施工顺序或时间安排。

承包商应遵守并执行工程师提出的每一项变更，如果承包商无法获得变更所需的货物，应立即通知工程师，工程师应取消、确认、修改指示。

（二）工程变更的估价

1. 使用工程量表中的费率和价格

对变更的工作进行估价，如果工程师认为适当，可以使用工程量表中的费率和价格。

2. 制定新的费率和价格

如果合同中未包括适用于该变更工作的费率和价格，则应在合理的范围内使用合同中的费率和价格作为估价的基础。如做不到这一点，则要求工程师与业主、承包商适当协商后，再由工程师和承包商商定一个合适的费率和价格。当双方意见不一致时，工程师有权确定一个他认为合适的费率和价格。在费率和价格确定之前，工程师应确定临时费率或价格，以便用于中期付款。

五、索赔的支付

在工程师核实了承包商的索赔报告、同期记录和其他有关资料之后，应根据合同规定决定承包商有权获得延期和附加金额。

经证实的索赔款额应在该月的期中支付证书中给予支付。如果承包商提供的报告不足以证实全部索赔，则已经证实的部分应被支付，不应将索赔款额全部拖到工程结束后再支付。

第六节　涉及法规性的条款

FIDIC 合同条件中涉及法规性的条款主要包括有关争端处理的规定、有关劳务方面的规定、有关合同法律适用的规定、有关通知的规定等。

一、有关争端处理的规定

争端处理的程序是首先将争端提交争端裁决委员会，由争端裁决委员会做出裁决，如果争端双方同意则执行，否则一方可要求提交仲裁，再经过 56 天的期限争取友好解决，如未能友好解决则开始仲裁。

1. 争端裁决委员会的委任和终止

（1）委任。合同双方应在投标书附录规定的日期内任命争端裁决委员会成员。根据投标书附录中的规定，争端裁决委员会由 1 人或 3 人组成。若成员为 3 位，则合同双方应各提名 1 位成员供对方批准，并共同确定第三位成员作为主席。如果在上述规定的日期内，不论由于任何原因，合同双方未能就争端裁决委员会成员的任命或替换达成一致，即应由专用条件中指定的机构或官方在与双方适当协商后确定争端裁决委员会成员的最后名单。

合同双方与争端裁决委员会成员的协议应编入附在通用条件后的争端裁决协议书中。由合同双方共同商定对争端裁决委员会成员的支付条件，并各支付酬金的一半。

(2) 替换。除非合同双方另有协议，只要某一成员拒绝履行其职责或由于死亡、伤残、辞职或其委任终止而不能尽其职责，合同双方即可任命合格的人选替代争端裁决委员会的任何成员。

(3) 委任终止。任何成员的委任只有在合同双方都同意的情况下才能终止。除非双方另有协议，在结清单即将生效时，争端裁决委员会成员的任期即告期满。

2. 获得争端裁决委员会的裁决

(1) 如果合同双方由于合同、工程的实施或与之相关的任何事宜产生了争端，包括对工程师的任何证书的签发、决定、指示、意见或估价产生了争端，任一方可以书面形式将争端提交争端裁决委员会裁定，同时将副本送交另一方和工程师。

(2) 争端裁决委员会应在收到书面报告后 84 天内对争端作出裁决，并说明理由。

(3) 如果合同双方中任一方对争端裁决委员会作出的裁决不满，他应在收到该决定的通知后的 28 天内向对方发出表示不满的通知，并说明理由，表明他准备提请仲裁；如果争端裁决委员会未能在 84 天内对争端作出裁决，则合同双方中任一方都可在上述 84 天期满后的 28 天内向对方发出要求仲裁的通知。

如果争端裁决委员会将其裁决通知了合同双方，而合同双方在收到此通知后 28 天内都未就此裁决向对方提出上述表示不满的通知，则该裁决成为对双方都有约束力的最终决定。

只要合同尚未终止，承包商就有义务按照合同继续实施工程。未通过友好解决或仲裁改变争端裁决委员会作出的裁决之前，合同双方应执行争端裁决委员会作出的裁决。

3. 友好解决

在一方发出表示不满的通知后，必须经过 56 天之后才能开始仲裁。这段时间是留给合同双方友好解决争端的。

4. 仲裁

如果一方发出表示不满的通知 56 天后，争端未能通过友好方式解决，那么此类争端应提交国际仲裁机构作最终裁决。除非合同双方另有协议，仲裁应按照国际商会的仲裁规则进行，并按照此规则指定 3 位仲裁人。

仲裁人应有充分的权利公开、审查和修改工程师的任何证书、决定、指示、意见或估价，以及争端裁决委员会对争端事宜作出的任何裁决。仲裁过程中，合同双方都可提交新的证据和论据。

工程师可被传为证人并可提交证据，争端裁决委员会的裁决可作为一项证据。工程竣工之前和竣工之后，均可开始仲裁。在工程进行过程中，合同双方、工程师以及争端裁决委员会均应正常履行各自的义务。

5. 未能遵守争端裁决委员会的裁决

当争端裁决委员会对争端作出决定之后，如果一方既未在 28 天内提出表示不满的通知，而后又不遵守此决定，则另一方可不经友好解决阶段直接将此不执行裁决的行为提请仲裁。

6. 委任期满

如果双方产生争端时已不存在争端裁决委员会，则该争端应直接通过仲裁最终解决。

二、有关劳务方面的规定

1. 劳务人员的工资及劳动条件的标准

承包商应遵守所有适用于其雇员的相关劳动法，向他们合理支付并保障他们享有法律规定的所有权利。另外，承包商应要求其全体雇员遵守所有与承包工作（包括安全工作）有关的法律和规章。承包商所付的工资标准及提供的劳动条件应不低于从事工作的地区同类工商业现行标准。承包商应为其人员提供和维护所有必需的食宿及福利设施。承包商应采取合理预防措施（如配备医务人员、急救设施、病房等）以维护其雇员的健康和安全，并在现场指派安全员负责维持安全秩序及预防事故的发生。一旦发生事故，承包商应及时向工程师报告。

2. 劳务人员的工作时间

在投标函附录中规定的正常工作时间以外及当地公认的休息日，不得在现场进行任何工作。除非合同另有规定，或得到了工程师的批准，或是为了抢救生命财产或工程安全。

3. 劳务人员的遣返

对于为合同目的或与合同有关事宜招收或雇用的所有人员，承包商应负责将他们送回招收地或其户籍所在地。对以合适的方式将要返回的人员，在他们离开工地之前，承包商应给予供养。

三、有关合同法律适用的规定

1. 合同应当明确适用的法律

由于 FIDIC 合同条件在国际工程承包中被广泛采用，而一项国际承包工程要涉及两个或两个以上国家的单位和人员。一般情况下，合同中各方当事人应享受的权利和应承担的义务在合同中都会有十分明确、肯定的表述。但是，在实际履行中，合同的各方当事人仍然会对某些权利义务条款的具体含义有不同的理解。因此，必须在合同中明确，合同适用哪个国家的法律，明确一旦发生纠纷，究竟应按照哪个国家的法律来确定合同当事人的权利义务。

2. 合同适用法律的选择

在国际工程承包合同中，在一般情况下，当事人可以根据自己的意愿，自行商定、任意选择合同所适用的法律，即合同的"意思自治"原则。如果有的国家对"意思自治"原则有一定的限制，则当事人只能在法律允许的范围内选择合同所适用的法律。由于各国的政治制度、经济制度、民族习惯等方面存在很大的差异，必然决定了各国的法律制度也有很大的不同。合同适用不同国家的法律，用以确定同一个合同中的同一项权利义务关系，可能会产生截然不同的结果，对各方当事人的利害得失带来严重的影响。

四、有关通知的规定

1. 致承包商的通知根据合同条款由业主或工程师发给承包商的所有证明、通知、指示均应通过邮件、电报、电传或传真发至（或留在）承包商主要营业地点或承包商为此目的指定的其他该类地址。

2.致业主和工程师的通知根据合同条款发给业主或工程师的任何通知均应通过邮件、电报、电传或传真发至（或留在）合同专用条件中指定的各有关地址。

3.地址的变更

合同双方的任何一方均可事先通知另一方，将指定地址改变为工程施工所在国内的另一地址，并将一份副本送交工程师，工程师也可事先通知合同双方这样做。

案 例 分 析

【案情简介】

某高等级公路工程，是世行贷款项目，按 FIDIC 合同条件进行招投标和施工管理。

公路全长 75.5km，地处山区，穿越黄土沟壑，基岩石地，河谷阶地三大地貌区。沿线地形复杂，水文、地质条件差，地下水、裂隙水丰富，断层、滑坡分布较多。原设计地质勘测薄弱，对滑坡和高边坡的处理均未予以足够重视和考虑。项目共分为 7 个合同段，合同总价为 9.77 亿元人民币。其中暂定金额为 6600 万元人民币，计日工金额为 2950 万元人民币。

在工程施工过程中，发生多处塌方，施工难以继续，且出现大量工程隐患，严重影响工程质量，如不积极采取措施，必将对施工和未来运营造成极大威胁。为保证工程质量，经承包商积极反应，监理工程师确认，业主和监理工程师协商后，不得不在施工过程中对原设计进行修改，并聘请专家会同原设计单位进行现场考察，多次召开技术座谈会，拟定设计修改方案，发布工程变更令，并编写工程变更专题报告，上报世行审批。世行监督团（Supervision Team）通过现场督察后提出：为确保工程质量和项目的顺利实施，并避免将来在运营过程中造成灾祸和损失，建议按照 FIDIC 合同条件第 17.3 款"业主风险"条款，由业主主动承担风险，并按照 FIDIC 合同条件要求发布工程变更令。

这种由业主主动承担风险的工程变更，大大地鼓舞了承包商的积极性，不仅在改进设计方面提出了很多有益的创意，而且在施工中积极主动地采取了大量保证工程质量的措施。在承包商和监理工程师的密切配合下，全线共新增治理滑坡 18 处，处理 20m³ 以上填方的土质边坡和风化石质边坡 158 处。在滑坡治理方面，根据滑坡的不同类型，提出了清方卸载，增设抗滑桩、锚索墙等治理方案。结算费用共计 1.1 亿元人民币。在高坡护理方面，增加防护工程等，结算费用共计 7100 万元人民币。仅此两大类工程变更令，共计增加工程费用 1.81 亿元人民币，大大地改进和保证了工程质量。

关于全线工程变更的分类和程序，世行监督团多次明确要严格按照 FIDIC 合同条件和世行专用条件进行合同管理。考虑到此项目合同总价为 9.77 亿元人民币，而以上两大类工程变更增加的工程费用 1.81 亿元人民币已经超出了合同总价的 15%（约 1.47 亿元人民币），世行监督团同意根据 FIDIC 合同条件第 13.5 款和 13.6 款可以尽量动用项目的"暂定金额"和"计日工"支付工程变更。但是，全线除上述的两大类工程变更外，还发生了其他一些必要的工程变更，共计增加工程费用 1.41 亿元人民币。另外，按照 FIDIC 合同条件第 13.8 款通过重新测量依据工程数量的变化，需要在工程数量上作简单调整增加的工程费用也有 0.38 亿元人民币。各项增加的工程费用累计已达 3.60 亿元人民币，即使全部动用暂定金额和计日工支付工程变更，仍然大大超出了合同总价的 15%，项目工程费用超支现象已必然发生，已经超出了世行规定的合同管理的正常范围。

由于该项目的工程变更的实施是在世行监督团的指导下进行的，并且上述有关滑坡治理和高边坡处理两项重大工程变更均已事先以专题报告的方式报请世行审批过，在合同管理的程序和手续上都比较清楚和完整。因此，世行以特批的方式批准两项重大工程变更专题报告，增拨了 1.81 亿元人民币，并同意原拟从暂定金额和计日工项下支付的工程变更费用 0.96 亿元人民币，其余的 0.84 亿元也不超出合同总价的 15% 同意支付，顺利地解决了超额工程款的支付问题。

【案例评析】

（1）承包商在提高工程质量，参与工程变更方面发挥了积极性，并从具体实施工程变更中既保证和提高了工程质量，又取得了经济效益。

（2）对待项目前期工作不足，地质勘探薄弱，设计质量较差的项目，世行在合同管理上对工程变更采取了既严格又灵活的管理办法。尤其是应用了 FIDIC 合同条件第 17.3 款"业主风险"条款，对一些重大的、必要的工程变更，建议由业主主动承担风险并发起和组织变更，以防止由于工程质量事故或安全事故在施工中或今后运营中可能造成的严重损失。

（3）对一些在设计阶段和招标、投标过程中未曾考虑到的必需的附加工程，合理地通过暂定金额或计日工方式实施工程变更，往往可以有效地将工程费用的增加控制在合同管理的正常范围内，这对合同各方和世行都是有利的。

复 习 思 考 题

1. 简述 FIDIC 施工合同文件的组成。

2. 应用 FIDIC 施工合同条件的前提是什么？

3. 简述业主的权利和义务。

4. 简述工程师的权利和职责。

5. 简述承包商的权利和义务。

6. 简述 FIDIC 施工合同条件中工程计量的有关规定。

7. 简述保留金的支付。

8. 最终支付证书说明的内容有哪些？

9. 因不可抗力而终止合同时应如何结算和付款？

10. 承包商对延误工期应承担哪些责任？

11. FIDIC 施工合同条件对承包商人员有哪些要求？

12. FIDIC 施工合同条件对争端处理是如何规定的？

第十一章 建设工程施工索赔

本章主要介绍建设工程中索赔的概念、原因与分类；索赔的依据与程序；索赔的计算；以及解决索赔的方法等内容。

第一节 建设工程施工索赔概述

一、施工索赔的概念及特征

（一）施工索赔的概念

施工索赔是当事人在合同实施过程中，根据法律、合同规定及惯例，对不应由自己承担责任的情况造成的损失，向合同另一方当事人提出给予赔偿或补偿要求的行为。在工程建设的各阶段，都有可能发生索赔，但在施工阶段索赔发生较多。

（二）索赔的特征

1. 索赔是双向的

在工程建设当中，不仅承包人可以向发包人索赔，发包人同样也可以向承包人索赔。由于实践中发包人向承包人索赔发生的频率相对较低，而且在索赔处理中，发包人始终处于主动和有利地位，对于承包人的违约行为他可以直接从应付的工程款扣抵、扣留保留金或通过履约保函向银行索赔来实现自己的索赔要求。因此，工程实践中大量发生的索赔，主要是承包人向发包人的索赔。

2. 只有实际发生了经济损失或权利损害，一方才能向对方索赔

经济损失是指因对方因素造成合同外的额外支出，如人工费、材料费、机械费、管理费等额外开支；权利损害是指虽然没有经济上的损失，但造成了一方权利上的损害，如由于恶劣气候条件对工程进度的不利影响，承包人有权要求工期延长等。因此发生了实际的经济损失或权利损害，应是一方提出索赔的基本前提条件。例如发包人未及时交付施工图纸，对承包人的工程进度不利的影响，承包人有权要求工期延长；如果是不可抗力造成的承包方工程延误，承包方只能要求工期延长，不得要求经济补偿。

3. 索赔是一种未经对方确认的单方行为

索赔是一种单方行为，对对方尚未形成约束力，这种索赔要求能否得到实现，必须要通过确认（如双方协商、谈判、调解或仲裁、诉讼）后才能实现。

二、索赔的原因与分类

（一）索赔的原因

1. 合同风险分担不均

建设工程合同的风险应由双方共同承担，但是由于受"买方市场"规律的制约，合同风险主要落在承包方一方。作为补偿，法律允许它通过索赔来减少风险，所以有经验的承包商在签订建设工程承包合同之前就设定好自己的索赔权力，一旦发生索赔事件，就可根

据合同的约定提出索赔。

2. 工程项目的特殊性

现代工程规模大、技术性强、投资额大、工期长、材料设备价格变化快、综合性强、风险大，工程项目在实施过程中存在许多不确定变化因素，合同的签订是在工程开工之前，它不可能对工程项目所有的问题都能做出合理的预见和规定，这一切使得合同变更将较为频繁，必然导致项目工期和成本的变化。

3. 施工条件的变化

建设工程露天作业，受自然环境影响很大。有些由于业主所提供的勘察资料不完全准确，如出现地质状况与设计采用的不符，或出现气候、地下水、地下文物遗址及一些人为的设计变更都会导致工期的延长和费用的增加，即可出现索赔。

4. 工程项目内外部环境的复杂性和多变性

工程项目的技术环境、经济环境、社会环境、法律环境的变化等都会在工程实施过程中经常发生，使得工程的计划实施过程与实际情况不一致，这些因素同样会导致工程工期和费用的变化引起索赔。

5. 合同缺陷

建设工程合同文件多且复杂，经常会出现措辞不当、合同约定不清、合同文件中出现错误、矛盾、遗漏的情况，承包方应按业主或监理工程师的解释执行，但可对因此而增加的费用和工期提出索赔。

6. 业主违约

当业主未按合同约定提供施工条件及按时支付工程款，监理工程师未按规定时间提交施工图纸、指令及批复意见等违约行为发生时，承包方即可提出索赔。

7. 其他

其他如不可抗力的发生、因业主的原因造成的暂停施工或终止合同等，都可为索赔的起因。

（二）索赔的分类

1. 按索赔的合同依据分类

（1）合同中明示的索赔

合同中明示的索赔是指承包人提出的索赔要求，在该工程项目的合同文件中有文字依据，承包人可据此提出索赔要求，并取得经济补偿。这些在合同文件中有文字规定的合同条款，称为明示条款。

（2）合同中默示的索赔

合同中默示的索赔，即承包人提出的该项索赔要求，虽然在该工程项目的合同条款中没有专门的文字叙述，但可以根据该合同的某些条款含义，推论出承包人有索赔权。这种索赔要求，同样有法律效力，有权得到相应的经济补偿。这种有经济补偿含义的条款，在合同管理工作中被称为"默示条款"或称为"隐含条款"。

2. 按索赔目的分类

（1）工期索赔

由于非承包人责任的原因而导致施工进度延误，要求批准顺延合同工期的索赔，称之为工期索赔。一旦获得批准合同工期顺延后，承包人不仅免除了承担拖延工期违约赔偿的风险，而且可能提前工期得到奖励。

（2）费用索赔

费用索赔的目的是要求经济补偿。当施工的客观条件改变导致承包人增加开支，承包人要求对超出计划成本的附加开支给予补偿，以挽回不应由它承担的经济损失。

3. 按索赔事件的性质分类

（1）工程延误索赔

因发包人未按合同要求提供施工条件（如：设计图纸、施工现场、道路等）或因发包人指令工程暂停或不可抗力事件等原因造成工期拖延的，承包人对此提出的索赔。

（2）工程变更索赔

由于发包人或监理工程师指令增加或减少工程量或增加附加工程、修改设计、变更工程顺序等，造成工期延长和费用增加，承包人对此提出的索赔。

（3）合同被迫终止的索赔

由于发包人或承包人违约以及不可抗力事件等原因造成合同非正常终止，无责任的受害方因其蒙受经济损失而向对方提出的索赔。

（4）工程加速索赔

由于发包人或监理工程师指令承包人加快施工速度，缩短工期，引起承包人的人、财、物的额外开支而提出的索赔。

（5）意外风险和不可预见因素索赔

在工程施工过程中，因人力不可抗拒的自然灾害、特殊风险以及一个有经验的承包人通常不能合理预见的不利施工条件和外界障碍（如地下水、地质断层、溶洞、地下障碍物等）引起的索赔。

（6）其他索赔

如因货币贬值、汇率变化、物价、工资上涨、政策法令变化等原因引起的索赔。

第二节　索赔的依据与程序

一、索赔的依据

索赔事件发生时，要求索赔的一方一定要有充分的索赔依据才能得到另一方给予的赔偿。一般索赔的依据包括以下几方面：

（一）合同和合同文件

工程承包合同是承包方与发包方之间确立，承包方完成约定的工程项目，发包方支付价款与酬金的协议。在合同中，只有当事人双方所接受的写入合同文件中的条款才能作为索赔的依据。

（二）施工文件和有关资料

施工图纸、技术规范等属于合同文件的内容。有些资料虽不属于合同文件，但它是工程施工中索赔的依据，较常见的有下列几类。

1. 施工前与施工过程中编制的施工进度计划；

2. 每周的施工计划和每日的各项施工纪录；

3. 会议纪录。重要事件应根据会议内容写成会议纪要，由双方签字确认；

4. 由承包方提出的各项施工备忘录；

5. 由监理工程师检查签字批准的各类工程检查记录和竣工验收报告；

6. 来往信函；

7. 各类财物单据（工程单据、发票、收据）；

8. 施工录像和照相资料；

9. 施工现场气象资料；

10. 市场行情资料；

11. 其他资料（如会计核算资料等）。

（三）前期索赔文件

前期索赔主要是研究和解决在招标过程中，投标人在投标后至签订承包合同前所发生的索赔问题。包括如下两个方面：

1. 由于建筑市场规律，业主在投标人确定之后可能会提出超出原招标文件范围的要求，或增加不合理的合同条款，使双方无法签订或延期签订工程承包合同，给中标方造成经济损失。

2. 投标人在投标有效期内可能要求撤消投标，或提出严重背离招标文件的要求，拒签合同，单方毁标给招标方造成损失。

以上这两种情况都会构成前期索赔，与之有关的招标与投标文件、投标保证、与招标有关的法律都为前期索赔的依据。

（四）法律法规

与建设工程有关的法律除了建筑法外，还有土地管理法、公司法、劳动法、环境保护法等，这些法律法规都会直接影响工程承包活动，当事人双方如违背了这些法律法规，或在某一规定的某一日期之后发生的法律法规变更时，均可引起索赔。

二、索赔的程序

在工程建设过程中索赔的事件常有发生，有承包方向发包方提出的索赔，也有发包方向承包方提出的索赔。无论哪种索赔都必须有一定的程序。

（一）承包人的索赔

1. 承包人提出索赔要求

（1）发出索赔意向通知

索赔事件发生后，承包人应在索赔事件发生后的 28 天内向工程师递交索赔意向通知，将此事件提出索赔。如果超出这个期限，工程师和发包人有权拒绝承包人的索赔要求。索赔事件发生后，承包人有义务做好现场施工的同期记录，工程师有权随时检查和调阅，以判断索赔事件造成的实际损失。

（2）递交索赔报告

索赔意向通知书提交后的 28 天内，或工程师可能同意的其他合理时间，承包人应递交正式的索赔报告。索赔报告的内容应包括：事件发生的原因、对其权益影响的证据资料、索赔的依据、此项索赔要求补偿的款项、工期顺延天数的详细计算等有关资料。

如果索赔事件的影响持续存在，28 天内还不能算出索赔额和工期顺延天数时，承包人应按工程师合理要求的时间间隔（一般为 28 天），定期陆续报出每一个时间段内的索赔证据资料和索赔要求。

在该项索赔事件的影响结束后的 28 天内，提出最终详细报告，提出索赔论证资料和累计索赔额。

2. 工程师审核索赔报告

（1）工程师审核承包人索赔申请

接到承包人的索赔意向通知后，工程师应建立自己的索赔档案。密切关注事件的影响，检查承包人的同期记录时，随时就记录的内容提出他的不同意见或希望应予增加的记录项目。

在接到正式的索赔报告以后，工程师应认真研究承包人报送的索赔资料。在不确认责任归属的情况下，客观分析事件发生的原因，重温有关合同条款，研究承包人的索赔证据，并且检查他的同期记录；然后通过对事件的分析，工程师在依据合同条款划清责任界限，必要时还可以要求承包人进一步提供补充资料。最后在审查承包人提出的索赔补偿要求，剔除其中的不合理部分，拟定自己计算的合理索赔款项和工期顺延天数。

（2）判定索赔成立的原则

工程师判定承包人索赔成立的条件如下：

1）与合同相对照，事件已造成了承包人施工成本的额外支出或总工期延误；

2）造成费用的增加或工期延误的原因，按合同规定不属于承包人应承担的责任，包括行为责任和风险责任；

3）承包人按合同规定的程序提交了索赔意向通知书和索赔报告；

上述三个条件必须同时具备，没有先后主次之分。只有工程师认定索赔成立后，才处理应给予承包人的补偿额。

（3）对索赔报告的审查

1）事态调查。通过对合同实施的跟踪，分析了解事件经过、前因后果，掌握事件详细情况。

2）损害事件原因分析。即分析索赔事件是有何原因引起，责任应由谁来承担。

3）分析索赔理由。主要依据合同文件判明索赔事件是否属于未履行合同规定义务或未正确履行合同义务导致，是否在合同规定的赔偿范围之内。只有符合合同规定的索赔要求才有合法性，才能成立。

4）实际损失分析。即分析索赔事件的影响，主要表现为工期的延长和费用的增加。损失调查的重点是分析、对比实际和计划的施工进度、工程成本和费用方面的资料，在此基础上核算索赔值。

5）证据资料分析。主要分析资料的有效性、合理性、正确性，这是索赔要求有效的前提条件。如果在索赔报告中提不出证明其索赔理由、索赔事件的影响、索赔值的计算等方面的详细资料，索赔要求是不能成立的。如果工程师认为承包人提出的证据不能足以说明其要求的合理性时，可以要求承包人进一步提交索赔的证据资料。

3. 确定合理的补偿额

（1）工程师与承包人协商补偿

工程师核查后初步确定应予补偿的额度往往与承包人的索赔报告中要求的额度不一致。主要原因大多为对承担事件损害责任的界限划分不一致，赔偿证据不充分，索赔计算的依据和方法分歧较大等，因此双方应就索赔的处理进行协商。

（2）工程师索赔处理决定

在经过认真分析研究，与承包人、发包人广泛讨论之后，工程师应该向发包人和承包人推出自己的"索赔处理决定"。工程师收到承包人送交的索赔报告和有关资料后，于28天内给予答复或要求承包人进一步补充索赔理由和证据。《建筑工程施工合同（示范文本）》规定：工程师收到承包人送交的索赔报告和有关资料后，如果在28天内未予答复，也未对承包人作进一步要求的话，则视为承包人提出的该项索赔要求已经认可。

工程师的处理决定不是终局性的，对发包人和承包人都不具有强制性的约束力。承包人对工程师的决定不满意，可以按合同中的争议条款提交约定的仲裁机构仲裁或诉讼。

4. 发包人审查索赔处理

当工程师确定的索赔额超过其授权范围时，必须报请发包人批准。发包人首先根据事件发生的原因、责任范围、合同条款审核承包人的索赔申请和工程师的处理报告，再依据工程建设的目的、投资控制、竣工投产日期要求以及针对承包人在施工中的缺陷或违反合同规定等的有关情况决定是否同意工程师的处理意见。

索赔报告经发包人同意后，工程师即可签发有关证书。

5. 承包人是否接受最终索赔处理

承包人接受最终的索赔处理决定，索赔事件的处理即告结束。如果承包人不同意，则导致了合同争议。最理想的解决方案是双方互谅互让达到争议的解决，否则承包人有权提交仲裁或诉讼解决。

（二）发包人的索赔

《建筑工程施工合同（示范文本）》规定：承包人未能按合同约定履行自己的各项义务或发生错误而给发包人造成损失时，发包人也应按合同向承包人提出索赔。

1. 工期延误索赔

在项目施工过程中由于多方面的原因，往往是竣工日期拖后，影响到业主对该工程的使用，给业主带来经济损失，业主有权要求承包人索赔，即承包人要支付误期损害赔偿费，但前提条件是工期延误的责任属于承包人的原因。一般要考虑的因素：

（1）业主盈利损失；

（2）由于工期拖延而引起的贷款利息增加；

（3）工期拖延带来的附加监理费；

（4）由于工期拖延而不能使用，继续租用原建筑或租用其他建筑物的租赁费。

一般按每延误1天赔偿一定的款额计算，累计赔偿额一般不超过合同总额的5% ~ 10%。

2. 质量不满足合同要求索赔

当承包人的施工质量不符合合同要求，或使用的设备和材料不符合合同规定，或在责任缺陷期未满以前未完成应该负责修补的工程时，业主有权向承包商追究责任，要求补偿所受的经济损失。

3. 承包人不履行的保险费用索赔

如果承包人未能按照合同条款指定的项目投保，并保证保险有效，业主可以投保并保证保险有效，业主所支付的必要的保险费可在应付给承包人的款项中扣回。

4. 对超额利润的索赔

如果工程量增加很多，使承包人预期的收入增大，因工程量增加承包人并不增加任何成本，合同价应有双方讨论调整，收回部分超额利润。

5．对指定分包人的付款索赔

在承包人未能提供已向指定分包人付款的合理证明时，业主可直接按照监理工程师的证明书，将承包人未付给指定分包人的所有款项（扣除保留金）付给指定分包人，并从应付给承包人的任何款项中如数扣回。

6．业主合理终止合同或承包人不正当地放弃工程的索赔

如果业主合理地终止承包人的承包，或者承包人不合理放弃工程，则业主有权从承包人手中收回由新的承包人完成工程所需要的工程款与原合同未付部分的差额。

第三节　索赔的计算

一、工期索赔的计算

工期索赔的计算依据施工进度计划中的网络图，落实要求索赔工期的工作是否为关键工作，是否影响工期。工期索赔的计算方法主要有网络图分析法和比例计算法两种。

（一）网络图分析法

网络图分析法是利用进度计划的网络图，分析其关键线路。

1．如果延误的工作为关键工作，则总延误的时间为批准顺延的工期；

2．如果延误的工作为非关键工作，当该工作由于延误超过时差限制而成为关键工作时，延顺的工期应为延误时间与时差的差值；

3．若该工作延误后仍为非关键工作，则不存在工期索赔问题。

（二）比例计算法

比例计算法简单方便，但有时不尽符合实际情况，比例计算法不适用于变更施工顺序、加速施工、删减工程量等事件的索赔。

1．已知部分工程的延期的时间：

$$工期索赔值 = \frac{受干扰部分工程的合同价 \times 受干扰部分工期拖延时间}{原合同总价}$$

2．已知额外增加工程量的价格

$$工期索赔值 = \frac{额外增加的工程量的价格 \times 原合同总工期}{原合同总价}$$

二、费用索赔计算

（一）索赔费用的组成

我国现行规定，建安合同价包括直接工程费、间接费、计划利润和税金。按国际惯例，建安合同价一般包括直接费、间接费和利润。直接费包括人工费、材料费、机械使用费；间接费包括工地管理费、保险费、利息、总部管理费等。一般承包人可索赔的费用具体内容有：

1．直接费

（1）人工费

人工费包括：施工人员的基本工资、工资性质的津贴、加班费、奖金以及法定的安全

福利等费用。对于索赔费用中的人工费部分而言，人工费是指完成合同之外的额外工作所花费的人工费；由于非承包人责任的功效降低所增加的人工费用；超过法定时间加班劳动；法定人工费增长以及非承包人责任的工程延误导致的人员窝工费和工资上涨费等。

（2）材料费

材料费的索赔包括：由于索赔事项材料实际用量超过计划用量而增加的材料费；由于客观原因材料价格大幅度上涨；由于非承包人责任工程延误导致的材料价格上涨和超期储存费用。材料费中应包括运输费、仓储费以及合理的损耗费用。如果由于承包人管理不善，造成材料损坏失效，则不能列入索赔计价。

（3）施工机械使用费

施工机械使用费的索赔包括：由于完成合同之外的额外工作所增加的施工机械使用费；非承包商责任工效降低所增加的施工机械使用费；由于业主或监理工程师原因导致机械停工的窝工费。

2．分包费

分包费用索赔是指分包人的索赔费，一般包括人工、材料、机械使用费的索赔。分包人的索赔费应如数列入总承包人的索赔款总额以内。

3．间接费

（1）工地管理费

索赔款中的工地管理费是指承包人完成额外工程、索赔事项工作以及工期延长期间的工地管理费，包括管理人员的工资、办公费、交通费等。但如果对部分工人窝工索赔时，因其他工程仍进行，可能不予计算工地管理费索赔。

（2）包含手续费

（3）保险费

（4）临时设施费

（5）咨询费

（6）交通设施费

（7）代理费

（8）利息

在索赔额的计算中经常包括利息。利息的索赔经常发生下列情况：

1）延期付款的利息；

2）由于工程变更和工程延期增加投资的利息；

3）索赔款的利息；

4）错误扣款的利息；

至于这些利息的具体利率在实践中可采用不同的标准，主要有以下几种：

1）按掌握索赔的概念，索赔的原因，索赔的依据及处理的银行贷款利率；

2）按当时的银行透支利率；

3）按合同双方协议的利率；

4）按中央银行贴现率加 3 个百分点。

（9）税金

（10）总部管理费

总部管理费包括：管理人员工资、通信费、办公费、差旅费、职工福利费。索赔款中的总部管理费主要指的是工程延误期间所增加的管理费。国际工程施工中总部管理费索赔款项的计算有以下几种：

1）按照投标书中总部管理费的比例（3%~8%）计算；

总部管理费=合同中总部管理费比率(%)×（直接费索赔款额 + 工地管理费索赔款额等）

2）按公司总部统一规定的管理费比率计算：

总部管理费=公司管理费比率（%）×（直接费索赔款额 + 工地管理费索赔款额等）

3）以工程延期的总天数为基础，计算总部管理费的索赔款额，计算步骤如下：

$$某工程需提取的管理费 = \frac{同期内公司的总管理费 \times 该工程的合同额}{同期内公司的总合同额}$$

$$该工程的日管理费 = \frac{该工程需交总部的管理费}{合同实际天数}$$

$$索赔的总部管理费 = 该工程的日管理费 \times 工程延期的天数$$

（11）其他

（12）利润

一般来说，由于工程范围的变更、文件有缺陷或技术性错误、业主未能提供现场等原因引起的索赔，承包人可列入利润。索赔的利润计算通常是与原报价单中的利润百分比率保持一致，即在成本的基础上，增加原报价单中的利润率，作为该项索赔款的利润额。

（二）索赔费用的计算

1. 实际费用法

实际费用法的计算原则是，以承包人某项索赔工作所支付的实际开支为依据，向业主要求费用补偿。用此方法计算时，在直接费的额外费用部分的基础上，再加上应得的间接费和利润，即为承包人应得的索赔金额。

2. 总费用法

总费用法也成为总成本法，即当多次索赔事件后，重新计算该工程的实际总费用，实际总费用减去投标报价时的估算总费用即为索赔金额，其公式表达：

索赔金额 = 实际总费用 – 投标报价估算总费用

3. 修正的总费用法

修正的总费用法是对总费用法的改进，即在总费用法的基础上，去掉一些不合理的因素，使其合理。其修正的内容如下：

（1）将计算索赔款的时间段局限于受到外界影响的时间，而不是整个工期；

（2）只计算受到外界影响时段内的所受影响某项工作的损失，而不是计算时段内所有施工工作所受的损失；

（3）与该项工作无关的费用不列入总费用中；

（4）对投标报价费用重新进行核算：按受到外界影响时段内的该项工作的实际单价进行核算，乘以实际完成的该项工作的工程量，得出调整后的报价费用。

按修正的总费用法计算索赔金额的公式：

索赔金额 = 某项工作调整后的实际总费用 – 该项工作的报价费用

第四节 索赔的解决

一、索赔的解决方法

工程建设当中索赔的事件是常发生的，它是在建设工程合同实施过程中，当事人一方因对方违约或非自身的原因而遭到的损失，向对方提出赔偿的要求。

在索赔的事件中有承包方向发包方提出索赔，有发包方向承包方提出索赔。常发生的是承包方向发包方提出索赔，所以习惯把发包方向承包方提出索赔称之为"反索赔"。无论索赔还是反索赔其解决索赔的方法一般有以下四种：

（一）合同条款解决索赔

双方通过所签订的合同条款来解决索赔，即发生索赔事件根据双方事先签订的合同中规定的方法解决索赔事件。

（二）双方协商解决索赔

当合同中没有明确规定解决的方法时则双方通过协商达到互谅互让的解决方案来处理索赔事件。

（三）行政司法解决索赔

当合同中没有明确规定解决索赔的方法及双方通过协商无法解决索赔时，则采用提交仲裁的方法解决索赔事件。

（四）专门司法解决索赔

当前三种方法都不能解决索赔事件时，则采用专门司法解决索赔事件。

二、工程师对索赔的管理

监理工程师是受发包方的委托，对建设项目在质量、投资、进度方面进行控制，以达到承包合同所确定的目标。监理工程师在监理过程中要遵循依法监理的原则、科学公正的原则、参照国际惯例的原则。

尤其在索赔事件的处理和解决过程中，监理工程师是个核心。监理工程师有处理索赔问题的权利，且在索赔问题提交仲裁和诉讼过程中作为见证人提供证据。

（一）工程师对索赔的管理任务

1. 预测和分析导致索赔的原因和可能性

在施工合同的执行过程中，工程师受发包人的委托是对工程项目质量、投资、进度进行管理的管理者，承担了大量的技术、组织和管理工作。如果在这些工作中出现疏漏，对承包人的施工造成干扰产生索赔，则承包人就会提出索赔。所以工程师在工作中应能预测自己行为的后果，堵塞漏洞避免索赔事件的发生。工程师在发布指示和决定时一定要注意到正确性、完备性、严密性。

2. 加强有效的合同管理减少索赔事件发生

工程师应对合同的实施进行有力的控制，这也是工程师的主要工作。通过对合同的监督和跟踪，不仅可以及早地发现干扰事件且及早采取措施降低干扰事件的影响，减少双方损失，还可以及早了解情况，为合理地解决索赔提供条件。

3. 公平合理的处理和解决索赔

合理地解决索赔是指承包人得到按合同规定的合理补偿，而又不使发包人投资失控，合同双方都对索赔解决结果满意，继续保持友好的合作关系。合理地解决索赔不仅符合工程师的工作目标，而且符合工程总目标。

（二）工程师对索赔的管理原则

1. 公平合理地处理索赔

监理工程师是施工管理的核心，要以科学公正的态度处理索赔事件。要以没有偏见的方式解释和履行合同，独立做出判断，行使自己的权利。处理索赔要遵循以下几个方面：

（1）从工程整体效益、工程总目标的角度出发做出判断或采取行动；

（2）按照合同约定行事，准确理解、正确执行合同。在索赔处理和解决过程中应贯穿合同精神；

（3）从事实出发，按照合同的实际实施过程、干扰事件的实情、承包人的实际损失和所提供的证据做出判断。

2. 及时做出决定和处理索赔

在施工过程中，工程师必须及时地行使权利，做出决定，其重要作用如下：

（1）可以减少承包人的索赔几率；

（2）防止干扰事件影响的扩大；

（3）能及时地采取措施降低损失；

（4）掌握干扰事件发生和发展的第一手资料。

3. 尽可能通过协商达成一致

监理工程师在处理和解决索赔问题时，应及时地与发包人和承包人沟通，保持经常性的联系。在做出决定，特别是做出价格、确定工期和费用补偿决定前，应充分地与合同双方协商，最好达成一致，取得共识，是避免索赔争议的最有效办法。

4. 诚实守信

发包人对监理工程师充分信任，承包人期望监理工程师公平执业，所以监理工程师要始终做到诚实守信。

（三）工程师对索赔的审查

1. 审查索赔的证据

工程师对索赔的审查时，首先判断承包人的索赔要求是否有理、有据，承包人可提供施工文件和有关资料等证据材料。

2. 审查工期顺延要求

（1）对索赔报告中要求顺延的工期，在审核中要注意以下几点：

1）划清施工进度拖延的责任。因承包人的原因造成施工进度滞后，属于不可原谅的延期；只有承包人不承担任何责任的延误，才是可原谅的延期。可原谅的延期又分为给补偿费用的延期和不给补偿费用的延期，后者是指非承包人的影响并未导致施工成本的额外支出。

2）被延误的工作应该是处于施工进度计划关键线路上的施工内容。只有在关键线路上的工作才能影响竣工日期。但也要注意，既要看工作是否在关键线路上，又要仔细分析这一延误对后续工作的影响，因为对非关键工作影响时间太长，也会使非关键线路变为关键线路，导致工期拖延。

3）无权要求承包人缩短合同工期。工程师有权指示承包人删减掉某些合同内的工作内容，但不能要求承包人缩短合同工期。

（2）审查工期索赔计算

工期索赔计算主要有网络图分析和比例计算法。

3. 审查费用索赔要求

（1）承包人可索赔的费用

1）人工费。包括增加工作内容的人工费、停工损失费、工作效率降低的损失费等累计，但不能简单地用计日工计算。

2）设备费。可采用机械台班费、机械折旧费、设备租赁费等几种形式。

3）材料费。

4）保函手续费。工程延误时，保函手续费相应增加，反之减少。

5）贷款利息。

6）保险费。

7）利润。

8）管理费。分为现场管理费和公司管理费。

（2）审核索赔取费的合理性

（3）审核索赔计算的正确性

1）所采用的费率是否合理、适度。

工程量表中的单价是综合单价，不仅包含直接费，还包括间接费、风险费、辅助施工机械费、公司管理费和利润项目等摊销成本，在索赔计算中不应有重复取费。

停工损失中，不应以计日工费计算。不应计算闲置人员在此期间的奖金、福利等报酬，通常采取人工单价乘以折减系数计算，停工的机械费补偿，应按机械折旧费或设备租赁费计算，不应包括运转操作费。

2）正确区分停工损失与因工程师临时改变工作内容或作业方法的功效降低损失的区别。

（四）工程师对索赔的反驳

反驳索赔仅仅指的是反驳承包人不合理索赔或者索赔中的不合理部分。反驳措施是指工程师针对一些可能发生的索赔领域，为了今后有充分的证据反驳承包人的不合理要求而采取的监督管理措施。反驳措施实际上是包括在工程师的日常监理工作中。能否有力地反驳索赔，是衡量工程师工作成效的重要尺度。

工程师通常可以对承包人的索赔提出质疑的情况有：

1. 索赔事项不属于发包人或工程师的责任，而是与承包人有关的其他第三方的责任；

2. 发包人和承包人共同负有责任、承包人必须划分和证明双方责任大小；

3. 事实依据不足；

4. 合同依据不足；

5. 承包人未遵守意向通知要求；

6. 承包人以前已经放弃（明示或暗示）了索赔；

7. 承包人没有采取适当措施避免或减少损失；

8. 承包人必须提供进一步的证据；

9. 损失计算夸大等。

（五）工程师对索赔的预防和减少

1. 正确理解合同规定

合同是规定当事人双方权利义务关系的文件。正确理解合同规定，是双方协调一致地合理、完全履行合同的基础。发包人、工程师和承包人都必须认真研究合同文件，以便尽可能在诚信的基础上正确、一致地理解合同的规定，减少索赔的发生。

2. 做好日常监理工作，随时与承包人保持协调

做好日常监理工作，是减少索赔事件的重要手段。工程师应善于预见、发现和解决问题，能够在某些问题对工程产生额外成本或其他不良影响出现以前，采取一定的措施纠正过来，就可以避免发生有关的索赔。

3. 施工过程中尽量为承包人提供力所能及的帮助

承包人在施工过程中会遇到不同的困难。虽然从合同上讲，工程师没有义务向其提供帮助，但为了工程建设达到合同预期的目的，则工程师尽可能向承包人提供力所能及的帮助。这样可以避免或减少损失，从而避免或减少索赔。

4. 建立和维护工程师处理合同的威信

工程师自身必须有公正的立场、良好的合作精神和处理问题的能力，这是建立和维护其威信的基础；发包人应积极支持工程师独立、公平地处理合同事务，不予无理干涉；承包人应该充分尊重工程师，主动接受工程师的协调和监督。如果工程师在处理合同事务中，立场公正，经验知识丰富，则就有较高的威信，从而促使承包人在提出索赔前认真做好准备工作，只要依据充足则索赔成立，减少了承包人提出索赔的数量。

案 例 分 析

【案情简介】

停工损失与质量纠纷案

上诉人：某建筑工程总公司

被上诉人：贵阳市某行政单位

某建筑工程总公司（以下简称建筑公司）为与贵阳市某行政单位（以下简称行政单位）建筑工程承包合同纠纷一案，不服贵州省高级人民法院（1997 年）黔高法民初字第 4 号民事判决，向最高人民法院提起上诉。

经审理查明：

1990 年 3 月 7 日，某建筑工程公司与某行政单位签订《建筑安装工程承包合同》。合同约定行政单位将拟建工程委托给建筑公司施工，建筑面积为 3539m^2，承包方式为包工包料，工程实行预决算制，执行 87 定额，工程造价暂定 200 万元，工期 300 天，付款方法约定为：合同生效后 10 日内，发包方一次拨付 50 万元作为开工备料款，以后按工程进度拨付工程进度款，工程进度款拨到 90% 时停付工程价款。工程竣工交验后 10 天内，发包方以决算额为依据，付清尾款。发包方收到工程竣工结算书 10 日后仍不结算工程款，应按工程结算总额付给对方货款利息。合同另外约定，工程中途停建、缓建或由于设计错误造成的返工，发包方应赔偿对方因此造成的损失，并顺延工期。以后在施工过程中，应行政单位要求，增加了修建行政办公大楼工程，但未签订书面合同。1991 年 7 月，因行

政单位资金不足，工程停工。停工期间，建筑公司在工地留有少量人员和部分设备。1992年10月，工程复工。1993年9月，工程竣工。同年9月28日，工程未经验收，行政单位即搬入使用。此后，行政单位根据需要，对部分工程进行了更改。该项工程经中国建设银行贵阳市分行营业部审定，工程总结算价值为：4,553,935.82元。截止1994年4月14日，行政单位共计向建筑公司支付工程款3,229,529.13元，尚欠工程款1,324,343.69元。建筑公司多次催要未果，遂向贵州省高极人民法院提起诉讼。另查明：工程竣工后，建筑公司陆续向行政单位提交施工结算书，于1993年12月3日全部提交完毕。行政单位迟至1995年3月22日才将双方结算书送交中国建设银行贵阳市分行审核。该行于1995年4月21日作出审定结论。

一审法院认为：

双方当事人签订的《建筑安装工程承包合同》系当事人的真实意思表示，内容合法，已实际履行，合同有效。行政单位未及时给付工程欠款，构成违约，除立即向建筑公司支付工程欠款外，还应支付工程欠款的违约金（从1995年4月22日起计算到给付之日止）。行政单位提出工程质量不好，不支付工程欠款利息的主张，因工程未按程序验收，行政单位即搬入使用，并对该工程部分作了更改，且诉讼中并未提出反诉，故其主张不成立。建筑公司要求行政单位支付迟延给付材料、进度款的违约利息，因合同没有明确约定迟延给付材料、进度款是否承担违约责任，且建筑公司垫付材料、进度款属自愿行为，故建筑公司此主张不应支持。关于建筑公司主张停工损失问题。停工期间，建筑公司虽有相应损失，但复工前后没有向行政单位提出损失的计算和商议赔偿有关事宜，现建筑公司举证不充分，难以查证具体损失，加之建筑公司在法院组织调解时也自愿放弃该项诉讼请求，故此诉请不予支持。一审法院据此判决：

1. 由行政单位支付建筑公司工程欠款1,324,343.69元，并支付所欠工程款的违约金（自1995年4月22日起至1996年5月16日止每日按万分之三计算，1996年5月17日至给付之日止每日按万分之五计算）；

2. 驳回建筑公司其他诉讼请求

案件受理费30,000元，由行政单位负担25,000元，建筑公司负担5,000元。

建筑公司不服一审判决，提出以下上诉请求：

1. 行政单位应依约承担逾期给付进度款的违约金805,719.80元；

2. 行政单位应赔偿停工损失314,474.99元；

3. 某行政单位不支付工程欠款，按合同约定应以工程结算总额为基数支付违约金，自工程竣工之日起10日后起算（即1993年10月8日起）至支付之日止；

4. 原审判决没有判令给付欠款和违约金的时间，请求二审法院予以明确。

行政单位答辩同意一审判决，请求予以维持。

最高人民法院认为：

建筑公司与行政单位签订的《建筑安装工程承包合同》合法有效。行政单位应按合同约定给付工程尾款，逾时不付，应承担违约责任。对于建筑公司提出行政单位应支付迟延给付进度款违约金的请求，合同中迟延给付进度款如何计算违约金约定不明，且建筑公司并未因此造成损失，故此请求不予支持。建筑公司要求行政单位赔偿停工损失的主张，应予支持。由于行政单位未能提供资金，致使工程中途停工，确给建筑公司造成一定的经济损失，应酌情判令行政单位给予适当赔偿。建筑公司提出工程欠款违约金应按合同约定以工程结算总额计算，该项约定显失公平，不应保护。原审判令按工程欠款数额计算违约金是正确的，应于维持。关于违约金的起算日期，考虑到行政单位确有故意拖延审核结算的情节，根据公平原则，以1993年12月3日建筑公司提交完竣工结算书之日扣除建设银行审核结算实际花费的时间（1995年3月22日至4月21日，共计30天），即从1994年1月3日起开始计算。一审判决未判令行政单位给予付工程欠款及违约金的时间，二审中应予明确。

根据《中华人民共和国民事诉讼法》一百五十三条第一款第（二）项之规定，最高人民法院判决如下：

1. 变更贵州省高级人民法院（1997）黔高法民初字第4号民事判决第1项为：行政单位支付建筑公司工程欠款1,324,343.69元，并支付所欠工程款的违约金（从1994年1月3日起至1996年5月16日每日按万分之三计算，1996年5月17日至给付之日止每日按万分之五计算）。

2. 撤销贵州省高级人民法院（1997年）黔高法民初字第4号民事判决第2项。

3. 行政单位赔偿建筑公司停工损失20万元。

4. 驳回建筑公司其他诉讼请求。

上述判决某行政单位应给付的款项于本判决生效后30日内一次付清。

一审、二审案件受理费共60,000元，均由行政单位负担。

【案例评析】

通过本案当事人应当牢记及时主张自己权利或及时提出索赔性要求的重要性。

本项工程1991年7月停工到1992年10月复工，其间15个月，造成承包商，即建筑公司人员和设备闲置损失是明显的。一审法院判决认为："关于建筑公司主张停工损失问题，停工期间，建筑公司虽有相应损失，但复工前后没有向行政单位提出损失的计算和商议赔偿有关事宜，现建筑公司举证不充分，难以查证具体损失，加之建筑公司在法院组织调解时也自愿放弃该贡诉讼请求，故此诉请不予支持。"作者应当指出：一审法院的这一认定绝非罕见，最高人民法院继续坚持这一认定而不给承包商停工赔偿也是说得通的。1992～1998年本案二审，期间已经有6年之久，损失确实难以查证。更重要的是，本项工程的工程款已经由建设银行贵阳市分行于1995年4月审定。在这之前不提出索赔要求，法院完全可以据此认定为承包商弃权，自然，最高人民法院根据承包商提供的证据判决给予赔偿20万元是公平的。但当事人必须充分认识自己不及时主张自己权利或不及时索赔的风险。建筑工程合同是这样一种复杂的合同，技术性强，涉及的当事人多，跨越的时间比较长。当事人应当格外注意保留证据并及时提出索赔请求。

行政单位提出工程质量不好，不支付工程欠款利息的主张没有被法院支持，同样也是没有及时主张权利造成。行政单位提前占有工程就应认定为接受了工程，放弃了质量索赔的请求，这符合国际上建筑工程合同的惯例。

复 习 思 考 题

1. 什么是施工索赔？
2. 为什么施工中会出现索赔？

3. 施工索赔有哪几种分类？

4. 索赔的程序有哪些步骤？

5. 工程师处理索赔应遵循哪些原则？

6. 何谓反索赔？其内容有哪些？

7. 工程师审查索赔应注意哪些问题？

8. 工程师应如何预防和减少索赔？

附录一 建设工程施工合同（示范文本）
（GF—1999—0201）

第一部分 协 议 书

发包人（全称）：＿＿＿＿＿＿＿＿＿＿＿＿＿＿＿＿＿＿＿＿＿＿

承包人（全称）：＿＿＿＿＿＿＿＿＿＿＿＿＿＿＿＿＿＿＿＿＿＿

依照《中华人民共和国合同法》、《中华人民共和国建筑法》及其他有关法律、行政法规、遵循平等、自愿、公平和诚实信用的原则，双方就本建设工程施工项协商一致，订立本合同。

一、工程概况

工程名称：＿＿＿＿＿＿＿＿＿＿＿＿＿＿＿＿＿＿＿＿＿＿＿＿＿

工程地点：＿＿＿＿＿＿＿＿＿＿＿＿＿＿＿＿＿＿＿＿＿＿＿＿＿

工程内容：＿＿＿＿＿＿＿＿＿＿＿＿＿＿＿＿＿＿＿＿＿＿＿＿＿

群体工程应附承包人承揽工程项目一览表（附件1）工程立项批准文号：＿＿＿＿＿＿

资金来源：＿＿＿＿＿＿＿＿＿＿＿＿＿＿＿＿＿＿＿＿＿＿＿＿＿

二、工程承包范围

承包范围：＿＿＿＿＿＿＿＿＿＿＿＿＿＿＿＿＿＿＿＿＿＿＿＿＿

三、合同工期：

开工日期：＿＿＿＿＿＿＿＿＿＿＿＿＿＿＿＿＿＿＿＿＿＿＿＿＿

竣工日期：＿＿＿＿＿＿＿＿＿＿＿＿＿＿＿＿＿＿＿＿＿＿＿＿＿

合同工期总日历天数＿＿＿＿＿＿＿＿＿＿＿＿＿＿＿天

四、质量标准

工程质量标准：＿＿＿＿＿＿＿＿＿＿＿＿＿＿＿＿＿＿＿＿＿＿＿

五、合同价款

金额（大写）：＿＿＿＿＿＿＿＿＿＿＿＿＿＿＿＿元（人民币）

　　　　Ｙ：＿＿＿＿＿＿＿＿＿＿＿＿＿＿＿＿元

六、组成合同的文件

组成本合同的文件包括：

1. 本合同协议书
2. 中标通知书
3. 投标书及其附件
4. 本合同专用条款
5. 本合同通用条款

6. 标准、规范及有关技术文件

7. 图纸

8. 工程量清单

9. 工程报价单或预算书

双方有关工程的洽商、变更等书面协议或文件视为本合同的组成部分。

七、本协议书中有关词语含义本合同第二部分《通用条款》中分别赋予它们的定义相同。

八、承包人向发包人承诺按照合同约定进行施工、竣工并在质量保修期内承担工程质量保修责任。

九、发包人向承包人承诺按照合同约定的期限和方式支付合同价款及其他应当支付的款项。

十、合同生效

合同订立时间：_____年_____月_____日

合同订立地点：_____

本合同双方约定_____后生效。

发包人：（公章）_____ 承包人：（公章）_____

住所：_____ 住所：_____

法定代表人：_____ 法定代表人：_____

委托代表人：_____ 委托代表人：_____

电话：_____ 电话：_____

传真：_____ 传真：_____

开户银行：_____ 开户银行：_____

账号：_____ 账号：_____

邮政编码：_____ 邮政编码：_____

第二部分 通 用 条 款

一、词语定义及合同文件

1. 词语定义

下列词语除专用条款另有约定外，应具有本条所赋予的定义：

1.1 通用条款：是根据法律、行政法规规定及建设工程施工的需要订立，通用于建设工程施工的条款。

1.2 专用条款：是发包人与承包人根据法律、行政法规规定，结合具体工程实际，经协商达成一致意见的条款，是对通用条款的具体化、补充或修改。

1.3 发包人：指在协议书中约定，具有工程发包主体资格和支付工程价款能力的当事人以及取得该当事人资格的合法继承人。

1.4 承包人：指在协议书中约定，被发包人接受的具有工程施工承包主体资格的当事人以及取得该当事人资格的合法继承人。

1.5 项目经理：指承包人在专用条款中指定的负责施工管理和合同履行的代表。

1.6 设计单位：指发包人委托的负责本工程设计并取得相应工程设计资质等级证书的单位。

1.7 监理单位：指发包人委托的负责本工程监理并取得相应工程监理资质等级证书的单位。

1.8 工程师：指本工程监理单位委派的总监理工程师或发包人指定的履行本合同的代表，其具体身份和职权由发包人承包人在专用条款中约定。

1.9 工程造价管理部门：指国务院有关部门、县级以上人民政府建设行政主管部门或其委托的工程造价管理机构。

1.10 工程：指发包人承包人在协议书中约定的承包范围内的工程。

1.11 合同价款：指发包人承包人在协议书中约定，发包人用以支付承包人按照合同约定完成承包范围内全部工程并承担质量保修责任的款项。

1.12 追加合同价款：指在合同履行中发生需要增加合同价款的情况，经发包人确认后按计算合同价款的方法增加的合同价款。

1.13 费用：指不包含在合同价款之内的应当由发包人或承包人承担的经济支出。

1.14 工期：指发包人承包人在协议书中约定，按总日历天数（包括法定节假日）计算的承包天数。

1.15 开工日期：指发包人承包人在协议书中约定，承包人开始施工的绝对或相对的日期。

1.16 竣工日期：指发包人承包人在协议书约定，承包人完成承包范围内工程的绝对或相对的日期。

1.17 图纸：指由发包人提供或由承包人提供并经发包人批准，满足承包人施工需要的所有图纸（包括配套说明和有关资料）。

1.18 施工场地：指由发包人提供的用于工程施工的场所以及发包人在图纸中具体指定的供施工使用的任何其他场所。

1.19 书面形式：指合同书、信件和数据电文（包括电报、电传、传真、电子数据交换和电子邮件）等可以有形地表现所载内容的形式。

1.20 违约责任：指合同一方不履行合同义务或履行合同义务不符合约定所应承担的责任。

1.21 索赔：指在合同履行过程中，对于并非自己的过错，而是应由对方承担责任的情况造成的实际损失，向对方提出经济补偿和（或）工期顺延的要求。

1.22 不可抗力：指不能预见、不能避免并不能克服的客观情况。

1.23 小时或天：本合同中规定按小时计算时间的，从事件有效开始时计算（不扣除休息时间）；规定按天计算时间的，开始当天不计入，从次日开始计算。时限的最后一天是休息日或者其他法定节假日的，以节假日次日为时限的最后一天，但竣工日期除外。时限的最后一天的截止时间为当日 24 时。

2. 合同文件及解释顺序

2.1 合同文件应能相互解释，互为说明。除专用条款另有约定外，组成本合同的文件及优先解释顺序如下：

（1）本合同协议书

（2）中标通知书

（3）投标书及其附件

（4）本合同专用条款

（5）本合同通用条款

（6）标准、规范及有关技术文件

（7）图纸

（8）工程量清单

（9）工程报价单或预算书

合同履行中，发包人、承包人有关工程的洽商、变更等书面协议或文件视为本合同的组成部分。

2.2 当合同文件内容含糊不清或不相一致时，在不影响工程正常进行的情况下，由发包人、承包人协商解决。双方也可以提请负责监理的工程师作出解释。双方协商不成或不同意负责监理的工程师作出解释。双方协商不成或不同意负责监理的工程师的解释时，按本通用条款第 37 条关于争议的约定处理。

3. 语言文字和适用法律、标准及规范

3.1 语言文字

本合同文件使用汉语语言文字书写、解释和说明。如专用条款约定使用两种以上（含两种）语言文字时，汉语应为解释和说明本合同的标准语言文字。

在少数民族地区，双方可以约定使用少数民族语言文字书写和解释、说明本合同。

3.2 适用法律和法规

本合同文件适用国家的法律和行政法规。需要明示的法律、行政法规，由双方在专用条款中约定。

3.3 适用标准、规范

双方在专用条款内约定适用国家标准、规范的名称；没有国家标准、规范但有行业标准、规范的，约定适用行业标准、规范的名称；没有国家和行业标准、规范的，约定适用工程所在地地方标准、规范的名称。发包人应按专用条款约定的时间向承包人提供一式两份约定的标准、规范。

国内没有相应标准、规范的，由发包人按专用条款约定的时间向承包人提出施工技术要求，承包人按约定的时间和要求提出施工工艺，经发包人认可后执行。发包人要求使用国外标准、规范的，应负责提供中文译本。

本条所发生的购买、翻译标准、规范或制定施工工艺的费用，由发包人承担。

4. 图纸

4.1 发包人应按专用条款约定的日期和套数，向承包人提供图纸。承包人需要增加图纸套数的，发包人应代为复制，复制费用由承包人承担。发包人对工程有保密要求的，应在专用条款中提出保密要求，保密措施费用由发包人承担，承包人在约定保密期限内履行保密义务。

4.2 承包人未经发包人同意，不得将本工程图纸转给第三人。工程质量保修期满后，除承包人存档需要的图纸外，应将全部图纸退还给发包人。

4.3 承包人应在施工现场保留一套完整图纸，供工程师及有关人员进行工程检查时使用。

二、双方一般权利和义务

5．工程师

5.1 实行工程监理的，发包人应在实施监理前将委托的监理单位名称、监理内容及监理权限以书面形式通知承包人。

5.2 监理单位委派的总监理工程师在本合同中称工程师，其姓名、职务、职权由发包人承包人在专用条款内写明。工程师按合同约定行使职权，发包人在专用条款内要求工程师在行使某些职权前需要征得发包人批准的，工程师应征得发包人批准。

5.3 发包人派驻施工场地履行合同的代表在本合同中也称工程师，其姓名、职务、职权由发包人在专用条款内写明，但职权不得与监理单位委派的总监理工程师职权相互交叉。双方职权发生交叉或不明确时，由发包人予以明确，并以书面形式通知承包人。

5.4 合同履行中，发生影响发包人、承包人双方权利或义务的事件时，负责监理的工程师应依据合同在其职权范围内客观公正地进行处理。一方对工程师的处理有异议时，按本通用条款第37条关于争议的约定处理。

5.5 除合同内有明确约定或经发包人同意外，负责监理的工程师无权解除本合同约定的承包人的任何权利与义务。

5.6 不实行工程监理的，本合同中工程师专指发包人派驻施工场地履行合同的代表，其具体职权由发包人在专用条款内写明。

6．工程师的委派和指令

6.1 工程师可委派工程师代表，行使合同约定的自己的职权，并可在认为必要时撤回委派。委派和撤回均应提前7天以书面形式通知承包人，负责监理的工程师还应将委派和撤回通知发包人。委派书和撤回通知作为本合同附件。

工程师代表在工程师授权范围内向承包人发出的任何书面形式的函件，与工程师发出的函件具有同等效力。承包人对工程师代表向其发出的任何书面形式的函件有疑问时，可将此函件提交工程师，工程师应进行确认。工程师代表发出指令有失误时，工程师应进行纠正。

除工程师或工程师代表外，发包人派驻工地的其他人员均无权向承包人发出任何指令。

6.2 工程师的指令、通知由其本人签字后，以书面形式交给项目经理，项目经理在回执上签署姓名和收到时间后生效。确有必要时，工程师可发出口头指令，并在48小时内给予书面确认，承包人对工程师的指令应予执行。工程师不能及时给予书面确认的，承包人应于工程师发出口头指令后7天内提出书面确认要求。工程师在承包人提出确认要求后48小时内不予答复的，视为口头指令已被确认。

承包人认为工程师指令不合理，应在收到指令后24小时内向工程师提出修改指令的书面报告，工程师在收到承包人报告后24小时内作出修改指令或继续执行原指令的决定，并以书面形式通知承包人。紧急情况下，工程师要求承包人立即执行的指令或承包人虽有异议，但工程师决定仍继续执行的指令，承包人应予执行。因指令错误发生的追加合同价款和给承包人造成的损失由发包人承担，延误的工期相应顺延。

本款规定同样适用于由工程师代表发出的指令、通知。

6.3 工程师应按合同约定，及时向承包人提供所需指令、批准并履行约定的其他义务。由于工程师未能按合同约定履行义务造成工期延误，发包人应承担延误造成的追加合同价款，并赔偿承包人有关损失，顺延延误的工期。

6.4 如需更换工程师，发包人应至少提前7天以书面形式通知承包人，后任继续行使合同文件约定的前任的职权，履行前任的义务。

7. 项目经理

7.1 项目经理的姓名、职务在专用条款内写明。

7.2 承包人依据合同发出的通知，以书面形式由项目经理签字后送交工程师，工程师在回执上签署姓名和收到时间后生效。

7.3 项目经理按发包人认可的施工组织设计（施工方案）和工程师依据合同发出的指令组织施工。在情况紧急且无法与工程师联系时，项目经理应当采取保证人员生命和工程、财产安全的紧急措施，并在采取措施后48小时内向工程师送交报告。责任在发包人或第三人，由发包人承担由此发生的追加合同价款，相应顺延工期；责任在承包人，由承包人承担费用，不顺延工期。

7.4 承包人如需要更换项目经理，应至少提前7天以书面形式通知发包人，并征得发包人同意。后任继续行使合同文件约定的前任的职权，履行前任的义务。

7.5 发包人可以与承包人协商，建议更换其认为不称职的项目经理。

8. 发包人工作

8.1 发包人按专用条款约定的内容和时间完成以下工作：

（1）办理土地征用、拆迁补偿、平整施工场地等工作，使施工场地具备施工条件，在开工后继续负责解决以上事项遗留问题；

（2）将施工所需水、电、电讯线路从施工场地外部接至专用条款约定地点，保证施工期间的需要；

（3）开通施工场地与城乡公共道路的通道，以及专用条款约定的施工场地内的主要道路，满足施工运输的需要，保证施工期间的畅通；

（4）向承包人提供施工场地的工程地质和地下管线资料，对资料的真实准确性负责；

（5）办理施工许可证及其他施工所需证件、批件和临时用地、停水、停电、中断道路交通、爆破作业等的申请批准手续（证明承包人自身资质的证件除外）；

（6）确定水准点与坐标控制点，以书面形式交给承包人，进行现场交验；

（7）组织承包人和设计单位进行图纸会审和设计交底；

（8）协调处理施工场地周围地下管线和邻近建筑物、构筑物（包括文物保护建筑）、古树名木的保护工作，承担有关费用；

（9）发包人应做的其他工作，双方在专用条款内约定。

8.2 发包人可以将8.1款部分工作委托承包人办理，双方在专用条款内约定，其费用由发包人承担。

8.3 发包人未能履行8.1款各项义务，导致工期延误或给承包人造成损失的，发包人赔偿承包人有关损失，顺延延误的工期。

9. 承包人工作

9.1 承包人按专用条款约定的内容和时间完成以下工作：

（1）根据发包人委托，在其设计资质等级和业务允许的范围内，完成施工图设计或与工程配套的设计，经工程师确认后使用，发包人承担由此发生的费用；

（2）向工程师提供年、季、月度工程进度计划及相应进度统计报表；

（3）根据工程需要，提供和维修非夜间施工使用的照明、围栏设施，并负责安全保卫；

（4）按专用条款约定的数量和要求，向发包人提供施工场地办公和生活的房屋及设施，发包人承担由此发生的费用；

（5）遵守政府有关主管部门对施工场地交通、施工噪音以及环境保护和安全生产等的管理规定，按规定办理有关手续，并以书面形式通知发包人，发包人承担由此发生的费用，因承包人责任造成的罚款除外；

（6）已竣工工程未交付发包人之前，承包人按专用条款约定负责已完工程的保护工作，保护期间发生损坏，承包人自费予以修复；发包人要求承包人采取特殊措施保护的工程部位和相应的追加合同价款，双方在专用条款内约定；

（7）按专用条款约定做好施工场地地下管线和邻近建筑物、构筑物（包括文物保护建筑）、古树名木的保护工作；

（8）保证施工场地清洁符合环境卫生管理的有关规定，交工前清理现场达到专用条款约定的要求，承担因自身原因违反有关规定造成的损失和罚款；

（9）承包人应做的其他工作，双方在专用条款内约定。

9.2　承包人未能履行9.1款各项义务，造成发包人损失的，承包人赔偿发包人有关损失。

三、施工组织设计和工期

10. 进度计划

10.1　承包人应按专用条款约定的日期，将施工组织设计和工程进度计划提交修改意见，逾期不确认也不提出书面意见的，视为同意。

10.2　群体工程中单位工程分期进行施工的，承包人应按照发包人提供图纸及有关资料的时间，按单位工程编制进度计划，其具体内容双方在专用条款中约定。

10.3　承包人必须按工程师确认的进度计划组织施工，接受工程师对进度的检查、监督。工程实际进度与经确认的进度计划不符时，承包人应按工程师的要求提出改进措施，经工程师确认后执行。因承包人的原因导致实际进度与进度计划不符，承包人无权就改进措施提出追加合同价款。

11. 开工及延期开工

11.1　承包人应当按照协议书约定的开工日期开工。承包人不能按时开工，应当不迟于协议书约定的开工日期前7天，以书面形式向工程师提出延期开工的理由和要求。工程师应当在接到延期开工申请后的48小时内以书面形式答复承包人。工程师在接到延期开工申请后48小时内不答复，视为同意承包人要求，工期相应顺延。工程师不同意延期要求或承包人未在规定时间内提出延期开工要求，工期不予顺延。

11.2　因发包人原因不能按照协议书约定的开工日期开工，工程师应以书面形式通知承包人，推迟开工日期。发包人赔偿承包人因延期开工造成的损失，并相应顺延工期。

12. 暂停施工

工程师认为确有必要暂停施工时，应当以书面形式要求承包人暂停施工，并在提出要求后48小时内提出书面处理意见。承包人应当按工程师要求停止施工，并妥善保护已完工程。承包人实施工程师作出的处理意见后，可以书面形式提出复工要求，工程师作出的处理意见后，可以书面形式提出复工要求，工程师应当在48小时内给予答复。工程师未能在规定时间内提出处理意见，或收到承包人复工要求后48小时内未予答复，承包人可自行复工。因发包人原因造成停工的，由发包人承担所发生的追加合同价款，赔偿承包人由此造成的损失，相应顺延工期；因承包人原因造成停工的，由承包人承担发生的费用，工期不予顺延。

13. 工期延误

13.1 因以下原因造成工期延误，经工程师确认，工期相应顺延：

（1）发包人未能按专用条款的约定提供图纸及开工条件；

（2）发包人未能按约定日期支付工程预付款、进度款，致使施工不能正常进行；

（3）工程师未按合同约定提供所需指令、批准等，致使施工不能正常进行；

（4）设计变更和工程量增加；

（5）一周内非承包人原因停水、停电、停气造成停工累计超过8小时；

（6）不可抗力；

（7）专用条款中约定或工程师同意工期顺延的其他情况。

13.2 承包人在13.1款情况发生后14天内，就延误的工期以书面形式向工程师提出报告。工程师在收到报告后14天内予以确认，逾期不予确认也不提出修改意见，视为同意顺延工期。

14. 工程竣工

14.1 承包人必须按照协议书约定的竣工日期或工程师同意顺延的工期竣工。

14.2 因承包人原因不能按照协议书约定的竣工日期或工程师同意顺延的工期竣工的，承包人承担违约责任。

14.3 施工中发包人如需提前竣工，双方协商一致后应签订提前竣工协议，作为合同文件组成部分。提前竣工协议应包括承包人为保证工程质量和安全采取的措施、发包人为提前竣工提供的条件以及提前竣工所需的追加合同价款等内容。

四、质量与检验

15. 工程质量

15.1 工程质量应当达到协议书约定的质量标准，质量标准的评定以国家或行业的质量检验评定标准为依据。因承包人原因工程质量达不到约定的质量标准，承包人承担违约责任。

15.2 双方对工程质量有争议，由双方同意的工程质量检测机构鉴定，所需费用及因此造成的损失，由责任方承担。双方均有责任，由双方根据其责任分别承担。

16. 检查和返工

16.1 承包人应认真按照标准、规范和设计图纸要求以及工程师依据合同发出的指令施工，随时接受工程师的检查检验，为检查检验提供便利条件。

16.2 工程质量达不到约定标准的部分，工程师一经发现，应要求承包人拆除和重新施工，承包人应按工程师的要求拆除和重新施工，直到符合约定标准。因承包人原因达不到约定标准，由承包人承担拆除和重新施工的费用，工期不予顺延。

16.3 工程师的检查检验不应影响施工正常进行。如影响施工正常进行，检查检验不合格时，影响正常施工的费用由承包人承担。除此之外影响正常施工的追加合同价款由发包人承担，相应顺延工期。

16.4 因工程师指令失误或其他非承包人原因发生的追加合同价款，由发包人承担。

17. 隐蔽工程和中间验收

17.1 工程具备隐蔽条件或达到专用条款约定的中间验收部位，承包人进行自检，并在隐蔽或中间验收前48小时以书面形式通知工程师验收。通知包括隐蔽和中间验收的内容、验收时间和地点。承包人准备验收记录，验收合格，工程师在验收记录上签字后，承包人可进行隐蔽和继续施工。验收不合格，承包人在工程师限定的时间内修改后重新验收。

17.2 工程师不能按时进行验收，应在验收前24小时以书面形式向承包人提出延期要求，延期不能超过48小时。工程师未能按以上时间提出延期要求，不进行验收，承包人可自行组织验收，工程师应承认验收记录。

17.3 经工程师验收，工程质量符合标准、规范和设计图纸等要求，验收24小时后，工程师不在验收记录上签字，视为工程师已经认可验收记录，承包人可进行隐蔽或继续施工。

18. 重新检验

无论工程师是否进行验收，当其要求对已经隐蔽的工程重新检验时，承包人应按要求进行剥离或开孔，并在检验后重新覆盖或修复。检验合格，发包人承担由此发生的全部追加合同价款，赔偿承包人损失，并相应顺延工期。检验不合格，承包人承担发生的全部费用，工期不予顺延。

19. 工程试车

19.1 双方约定需要试车的，试车内容应与承包人承包的安装范围相一致。

19.2 设备安装工程具备单机无负荷试车条件，承包人组织试车，并在试车前48小时以书面形式通知工程师。通知包括试车内容、时间、地点。承包人准备试车记录，发包人根据承包人要求为试车提供必要条件。试车合格，工程师在试车记录上签字。

19.3 工程师不能按时参加试车，须在开始试车前24小时以书面形式向承包人提出延期要求，不参加试车，应承认试车记录。

19.4 设备安装工程具备无负荷联动试车条件，发包人组织试车，并在试车内容、时间、地点和对承包人提出要求，承包人按要求做好准备工作。试车合格，双方在试车记录上签字。

19.5 双方责任

（1）由于设计原因试车达不到验收要求，发包人应要求设计单位修改设计，承包人按修改后的设计重新安装。发包人承担修改设计、拆除及重新安装的全部费用和追加合同价款，工期相应顺延。

（2）由于设备制造原因试车达不到验收要求，由该设备采购一方负责重新购置或修理，承包人负责拆除和重新安装。设备由承包人采购的，由承包人承担修理或重新购置、拆除及重新安装的费用，工期不予顺延；设备由发包人采购的，发包人承担上述各项追加合同价款，工期相应顺延。

（3）由于承包人施工原因试车不到验收要求，承包人按工程师要求重新安装和试车，并承担重新安装和试车的费用，工期不予顺延。

（4）试车费用除已包括在合同价款之内或专用条款另有约定外，均由发包人承担。

（5）工程师在试车合格后不在试车记录上签字，试车结束24小时后，视为工程师已经认可试车记录，承包人可继续施工或办理竣工手续。

19.6 投料试车应在工程竣工验收后由发包人负责，如发包人要求在工程竣工验收前进行或需要承包人配合时，应征得承包人同意，另行签订补充协议。

五、安全施工

20．安全施工与检查

20.1 承包人应遵守工程建设安全生产有关管理规定，严格按安全标准组织施工，并随时接受行业安全检查人员依法实施的监督检查，采取必要的安全防护措施，消除事故隐患。由于承包人安全措施不力造成事故的责任和因此发生的费用，由承包人承担。

20.2 发包人应对其在施工场地的工作人员进行安全教育，并对他们的安全负责。发包人不得要求承包人违反安全管理的规定进行施工。因发包人原因导致的安全事故，由发包人承担相应责任及发生的费用。

21．安全防护

21.1 承包人在动力设备、输电线路、地下管道、密封防震车间、易燃易爆地段以及临街交通要道附近施工时，施工开始前应向工程师提出安全防护措施，经工程师认可后实施，防护措施费用由发包人承担。

21.2 实施爆破作业，在放射、毒害性环境中施工（含储存、运输、使用）及使用毒害性、腐蚀性物品施工时，承包人应在施工前14天以书面通知工程师，并提出相应的安全防护措施，经工程师认可后实施，由发包人承担安全防护措施费用。

22．事故处理

22.1 发生重大伤亡及其他安全事故，承包人应按有关规定立即上报有关部门并通知工程师，同时按政府有关部门要求处理，由事故责任方承担发生的费用。

22.2 发包人、承包人对事故责任有争议时，应按政府有关部门的认定处理。

六、合同价款与支付

23．合同价款及调整

23.1 招标工程的合同价款由发包人、承包人依据中标通知书中的中标价格在协议书内约定。非招标工程的合同价款由发包人、承包人依据工程预算书在协议书内约定。

23.2 合同价款在协议书内约定后，任何一方不得擅自改变。下列三种确定合同价款的方式，双方可在专用条款内约定采用其中一种：

（1）固定价格合同。双方在专用条款内约定合同价款包含的风险范围和风险费用的计算方法，在约定的风险范围内合同价款不再调整。风险范围以外的合同价款调整方法。应当在专用条款内约定。

（2）可调价格合同。合同价款可根据双方的约定而调整，双方在专用条款内约定合同价款调整方法。

（3）成本加酬金合同。合同价款包括成本和酬金两部分，双方在专用条款内约定成本构成和酬金的计算方法。

23.3 可调价格合同中合同价款的调整因素包括：

（1）法律、行政法规和国家有关政策变化影响合同价款；

（2）工程造价管理部门公布的价格调整；

（3）一周内非承包人原因停水、停电、停气造成停工累计超过 8 小时；

（4）双方约定的其他因素。

23.4 承包人应当在 23.3 款情况发生后 14 天内，将调整原因、金额以书面形式通知工程师，工程师确认调整金额后作为追加合同价款，与工程款同期支付。工程师收到承包人通知后 14 天内不予确认也不提出修改意见，视为已经同意该项调整。

24. 工程预付款

实行工程预付款的，双方应当在专用条款内约定发包人向承包人预付工程款的时间和数额，开工后按约定的时间和比例逐次扣回。预付时间应不迟于约定的开工日期前 7 天。发包人不按约定预付，承包人在约定预付时间 7 天后向发包人发出要求预付的通知，发包人收到通知后仍不能按要求预付，承包人可在发出通知后 7 天停止施工，发包人应从约定应付之日起向承包人支付应付款的贷款利息，并承担违约责任。

25. 工程量的确认

25.1 承包人应按专用条款约定的时间，向工程师提交已完工程量的报告。工程师接到报告后 7 天内按设计图纸核实已完工程量（以下称计量），并在计量前 24 小时通知承包人，承包人为计量提供便利条件并派人参加。承包人收到通知后不参加计量，计量结果有效，作为工程价款支付的依据。

25.2 工程师收到承包人报告后 7 天内未进行计量，从第 8 天起，承包人报告中开列的工程量即视为被确认，作为工程价款支付的依据。工程师不按约定时间通知承包人，致使承包人未能参加计量，计量结果无效。

25.3 对承包人超出设计图纸范围和因承包人原因造成返工的工程量，工程师不予计量。

26. 工程款（进度款）支付

26.1 在确认计量结果后 14 天内，发包人应向承包人支付工程款（进度款）。按约定时间发包人应扣回的预付款，与工程款（进度款）同期结算。

26.2 本通用条款第 23 条确定调整的合同价款，第 31 条工程变更调整的合同价款及其他条款中约定的追加合同价款，应与工程款（进度款）同期调整支付。

26.3 发包人超过约定的支付时间不支付工程款（进度款），承包人可向发包人发出要求付款的通知，发包人收到承包人通知后仍不能按要求付款，可与承包人协商签订延期付款协议，经承包人同意后可延期支付。协议应明确延期支付的时间和从计量结果确认后第 15 天起应付款的贷款利息。

26.4 发包人不按合同约定支付工程款（进度款），双方又未达成延期付款协议，导致施工无法进行，承包人可停止施工，由发包人承担违约责任。

七、材料设备供应

27. 发包人供应材料设备

27.1 实行发包人供应材料设备的，双方应当约定发包人供应材料设备的一览表，作为本合同附件（附件 2）。一览表包括发包人供应材料设备的品种、规格、型号、数量、单价、质量等级、提供时间和地点。

27.2 发包人按一览表约定的内容提供材料设备，并向承包人提供产品合格证明，对其质量负责。发包人在所供材料设备到货前 24 小时，以书面形式通知承包人，由承包人派人与发包人共同清点。

27.3 发包人供应的材料设备，承包人派人参加清点后由承包人妥善保管，发包人支付相应保管费用。因承包人原因发生丢失损坏，由承包人负责赔偿。

发包人未通知承包人清点，承包人不负责材料设备的保管，丢失损坏由发包人负责。

27.4 发包人供应的材料设备与一览表不符时，发包人承担有关责任。发包人应承担责任的具体内容，双方根据下列情况在专用条款内约定：

（1）材料设备单价与一览表不符，由发包人承担所有价差；

（2）材料设备的品种、规格、型号、质量等级与一览表不符，承包人可拒绝接收保管，由发包人运出施工场地并重新采购；

（3）发包人供应的材料规格、型号与一览表不符，经发包人同意，承包人可代为调剂串换，由发包人承担相应费用；

（4）到货地点与一览表不符，由发包人负责运至一览表指定地点；

（5）供应数量少于一览表约定的数量时，由发包人补齐，多于一览表约定数量时，发包人负责将多出部分运出施工场地；

（6）到货时间早于一览表约定时间，由发包人承担因此发生的保管费用；到货时间迟于一览表约定的供应时间，发包人赔偿由此造成的承包人损失，造成工期延误的，相应顺延工期；

27.5 发包人供应的材料设备使用前，由承包人负责检验或试验，不合格的不得使用，检验或试验费用由发包人承担。

27.6 发包人供应材料设备的结算方法，双方在专用条款内约定。

28. 承包人采购材料设备

28.1 承包人负责采购材料设备的，应按照专用条款约定及设计和有关标准要求采购，并提供产品合格证明，对材料设备质量负责。承包人在材料设备到货前 24 小时通知工程师清点。

28.2 承包人采购的材料设备与设计标准要求不符时，承包人应按工程师要求的时间运出施工场地，重新采购符合要求的产品，承担由此发生的费用，由此延误的工期不予顺延。

28.3 承包人采购的材料设备在使用前，承包人应按工程师的要求进行检验或试验，不合格的不得使用，检验或试验费用由承包人承担。

28.4 工程师发现承包人采购并使用不符合设计和标准要求的材料设备时，应要求承包人负责修复、拆除或重新采购，由承包人承担发生的费用，由此延误的工期不予顺延。

28.5 承包人需要使用代用材料时，应经工程师认可后才能使用，由此增减的合同价款双方以书面形式议定。

28.6 由承包人采购的材料设备，发包人不得指定生产厂或供应商。

八、工程变更

29. 工程设计变更

29.1 施工中发包人需对原工程设计变更，应提前 14 天以书面形式向承包人发出变更通知。变更超过原设计标准或批准的建设规模时，发包人应报规划管理部门和其他有关部门重新审查批准，并由原设计单位提供变更的相应图纸和说明。承包人按照工程师发出的变更通知及有关要求，进行下列需要的变更：

（1）更改工程有关部分的标高、基线、位置和尺寸；

（2）增减合同中约定的工程量；

（3）改变有关工程的施工时间和顺序；

（4）其他有关工程变更需要的附加工作。

因变更导致合同价款的增减及造成的承包人损失，由发包人承担，延误的工期相应顺延。

29.2 施工中承包人不得对原工程设计进行变更。因承包人擅自变更设计发生的费用和由此导致发包人的直接损失，由承包人承担，延误的工期不予顺延。

29.3 承包人在施工中提出的合理化建议涉及到对设计图纸或施工组织设计的更改及对材料、设备的换用，须经工程师同意。未经同意擅自更改或换用时，承包人承担由此发生的费用，并赔偿发包人的有关损失，延误的工期不予顺延。

工程师同意采用承包人合理化建议，所发生的费用和获得的收益，发包人承包人另行约定分担或分享。

30. 其他变更

合同履行中发包人要求变更工程质量标准及发生其他实质性变更，由双方协商解决。

31. 确定变更价款

31.1 承包人在工程变更确定后 14 天内，提出变更工程价款的报告，经工程师确认后调整合同价款。变更合同价款按下列方法进行：

（1）合同中已有适用于变更工程的价格，按合同已有的价格变更合同价款；

（2）合同中只有类似于变更工程的价格，可以参照类似价格变更合同价款；

（3）合同中没有适用或类似于变更工程的价格，由承包人提出适当的变更价格，经工程师确认后执行。

31.2 承包人在双方确定变更后 14 天内不向工程师提出变更工程价款报告时，视为该项变更不涉及合同价款的变更。

31.3 工程师应在收到变更工程价款报告之日起 14 天内予以确认，工程师无正当理由不确认时，自变更工程价款报告送达之日起 14 天后视为变更工程价款报告已被确认。

31.4 工程师不同意承包人提出的变更价款，按本通用条款第 37 条关于争议的约定处理。

31.5 工程师确认增加的工程变更价款作为追加合同价款，与工程款同期支付。

31.6 因承包人自身原因导致的工程变更，承包人无权要求追加合同价款。

九、竣工验收与结算

32. 竣工验收

32.1 工程具备竣工验收条件，承包人按国家工程竣工验收有关规定，向发包人提供完整竣工资料及竣工验收报告。双方约定由承包人提供竣工图的，应当在专用条款内约定提供的日期和份数。

32.2　发包人收到竣工验收报告后 28 天内组织有关单位验收，并在验收后 14 天内给予认可或提出修改意见。承包人按要求修改，并承担由自身原因造成修改的费用。

32.3　发包人收到承包人送交的竣工验收报告后 28 天内不组织验收，或验收后 14 天内不提出修改意见，视为竣工验收报告已被认可。

32.4　工程竣工验收通过，承包人送交竣工验收报告的日期为实际竣工日期。工程按发包人要求修改后通过竣工验收的，实际竣工日期为承包人修改后提请发包人验收的日期。

32.5　发包人收到承包人竣工验收报告后 28 天内不组织验收，从第 29 天起承担工程保管及一切意外责任。

32.6　中间交工工程的范围和竣工时间，双方在专用条款内约定，其验收程序按本通用条款 32.1～32.4 款办理。

32.7　因特殊原因，发包人要求部分单位工程或工程部位甩项竣工的，双方另行签订甩项竣工协议，明确双方责任和工程价款的支付方法。

32.8　工程未经竣工验收或竣工验收未通过的，发包人不得使用。发包人强行使用时，由此发生的质量问题及其他问题，由发包人承担责任。

33. 竣工结算

33.1　工程竣工验收报告经发包人认可后 28 天内，承包人向发包人递交竣工结算报告及完整的结算资料，双方按照协议书约定的合同价款及专用条款约定的合同价款调整内容，进行工程竣工结算。

33.2　发包人收到承包人递交的竣工结算报告及结算资料后 28 天内进行核实，给予确认或者提出修改意见。发包人确认竣工结算报告通知经办银行向承包人支付工程竣工结算价款。承包人收到竣工结算价款后 14 天内将竣工工程交付发包人。

33.3　发包人收到竣工结算报告及结算资料后 28 天内无正当理由不支付工程竣工结算价款，从第 29 天起按承包人同期按银行贷款利率支付拖欠工程价款的利息，并承担违约责任。

33.4　发包人收到竣工结算报告及结算资料后 28 天内不支付工程竣工结算价款，承包人可以催告发包人支付结算价款。发包人在收到竣工结算报告及结算资料后 56 天内仍不支付的，承包人可以与发包人协议将该工程折价，也可以由承包人申请人民法院将该工程依法拍卖，承包人就该工程折价或者拍卖的价款优先受偿。

33.5　工程竣工验收报告经发包人认可后 28 天内，承包人未能向发包人递交竣工结算报告及完整的结算资料，造成工程竣工结算不能正常进行或工程竣工结算价款不能及时支付，发包人要求交付工程的，承包人应当交付；发包人不要求交付工程的，承包人承担保管责任。

33.6　发包人承包人对工程竣工结算价款发生争议时，按本通用条款第 37 条关于争议的约定处理。

34. 质量保修

34.1　承包人应按法律、行政法规或国家关于工程质量保修的在关规定，对交付发包人使用的工程在质量保修期内承担质量保修责任。

34.2　质量保修工作的实施。承包人应在工程竣工验收之前，与发包人签订质量保修书，作为本合同附件（附件3）。

　　34.3　质量保修书的主要内容包括：

　　（1）质量保修项目内容及范围；

　　（2）质量保修期；

　　（3）质量保修责任；

　　（4）质量保修金的支付方法。

十、违约、索赔和争议

35．违约

　　35.1　发包人违约。当发生下列情况时：

　　（1）本通用条款第24条提到的发包人不按时支付工程预付款；

　　（2）本通用条款第26.4款提到的发包人不按合同约定支付工程款，导致施工无法进行；

　　（3）本通用条款第33.3款提到的发包人无正当理由不支付工程竣工结算价款；

　　（4）发包人不履行合同义务或不按合同约定履行义务的其他情况。

　　发包人承担违约责任，赔偿因其违约给承包人造成的经济损失，顺延延误的工期。双方在专用条款内约定发包人赔偿承包人损失的计算方法或者发包人应当支付违约金的数额或计算方法。

　　35.2　承包人违约。当发生下列情况时：

　　（1）本通用条款第14.2款提到的因承包人原因不能按照协议书约定的竣工日期或工程师同意顺延的工期竣工；

　　（2）本通用条款第15.1款提到的因承包人原因工程质量达不到协议书约定的质量标准；

　　（3）承包人不履行合同义务或不按合同约定履行义务的其他情况。

　　承包人承担违约责任，赔偿因其违约给发包人造成的损失。双方在专用条款内约定承包人赔偿发包人损失的计算方法或者承包人应当支付违约金的数额可计算方法。

　　35.3　一方违约后，另一方要求违约方继续履行合同时，违约方承担上述违约责任后仍应继续履行合同。

36．索赔

　　36.1　当一方向另一方提出索赔时，要有正当索赔理由，且有索赔事件发生时的有效证据。

　　36.2　发包人未能按合同约定履行自己的各项义务或发生错误以及应由发包人承担责任的其他情况，造成工期延误和（或）承包人不能及时得到合同价款及承包人的其他经济损失，承包人可按下列程序以书面形式向发包人索赔：

　　（1）索赔事件发生后28天内，向工程师发出索赔意向通知；

　　（2）发出索赔意向通知后28天内，向工程师提出延长工期和（或）补偿经济损失的索赔报告及有关资料；

　　（3）工程师在收到承包人送交的索赔报告和有关资料后，于28天内给予答复，或要求承包人进一步补充索赔理由和证据；

　　（4）工程师在收到承包人送交的索赔报告和有关资料后28天内未予答复或未对承包

218

人作进一步要求，视为该项索赔已经认可；

（5）当该索赔事件持续进行时，承包人应当阶段性向工程师发出索赔意向，在索赔事件终了后28天内，向工程师送交索赔的有关资料和最终索赔报告。索赔答复程序与（3）、（4）规定相同。

36.3 承包人未能按合同约定履行自己的各项义务或发生错误，给发包人造成经济损失，发包人可按36.2款确定的时限向承包人提出索赔。

37. 争议

37.1 发包人、承包人在履行合同时发生争议，可以和解或者要求有关主管部门调解。当事人不愿和解、调解或者和解、调解不成的，双方可以在专用条款内约定以下一种方式解决争议：

第一种解决方式：双方达成仲裁协议，向约定的仲裁委员会申请仲裁；

第二种解决方式：向有管辖权的人民法院起诉。

37.2 发生争议后，除非出现下列情况的，双方都应继续履行合同，保持施工连续，保护好已完工程：

（1）单方违约导致合同确已无法履行，双方协议停止施工；

（2）调解要求停止施工，且为双方接受；

（3）仲裁机构要求停止施工；

（4）法院要求停止施工。

十一、其他

38. 工程分包

38.1 承包人按专用条款的约定分包所承包的部分工程，并与分包单位签订分包合同。除非经发包人同意，承包人不得将承包工程的任何部分分包。

38.2 承包人不得将其承包的全部工程转包给他人，也不得将其承包的全部工程肢解以后以分包的名义分别转包给他人。

38.3 工程分包不能解除承包人任何责任与义务。承包人应在分包场地派驻相应管理人员，保证本合同的履行。分包单位的任何违约行为或疏忽导致工程损害或给发包人造成其他损失，承包人承担连带责任。

38.4 分包工程价款由承包人与分包单位结算。发包人未经承包人同意不得以任何形式向分包单位支付各种工程款项。

39. 不可抗力

39.1 不可抗力包括因战争、动乱、空中飞行物体坠落或其他非发包人、承包人责任造成的爆炸、火灾，以及专用条款约定的风雨、雪、洪、震等自然灾害。

39.2 不可抗力事件发生后，承包人应立即通知工程师，并在力所能及的条件下迅速采取措施，尽力减少损失，发包人应协助承包人采取措施。不可抗力事件结束后48小时内承包人向工程师通报受害情况和损失情况，及预计清理和修复的费用。不可抗事件持续发生，承包人应每隔7天向工程师报告一次受害情况。不可抗力事件结束后14天内，承包人向工程师提交清理和修复费用的正式报告及有关资料。

39.3 因不可抗力事件导致的费用及延误的工期由双方按以下方法分别承担：

（1）工程本身的损害、因工程损害导致第三方人员伤亡和财产损失以及运至施工场地用于施工的材料和待安装的设备的损害，由发包人承担；

（2）发包人、承包人人员伤亡由其所在单位负责，并承担相应费用；

（3）承包人机械设备损坏及停工损失，由承包人承担；

（4）停工期间，承包人应工程师要求留在施工场地的必要的管理人员及保卫人员的费用由发包人承担；

（5）工程所需清理、修复费用，由发包人承担；

（6）延误的工期相应顺延。

39.4　因合同一方迟延履行合同后发生不可抗力的，不能免除迟延履行方的相应责任。

40. 保险

40.1　工程开工前，发包人为建设工程和施工场地内的自有人员及第三人人员生命财产办理保险，支付保险费用。

40.2　运至施工场地内用于工程的材料和待安装设备，由发包人办理保险，并支付保险费用。

40.3　发包人可以将有关保险事项委托承包人办理，费用由发包人承担。

40.4　承包人必须为从事危险作业的职工办理意外伤害保险，并为施工场地内自有人员生命财产和施工机械设备办理保险，支付保险费用。

40.5　保险事故发生时，发包人、承包人有责任尽力采取必要的措施，防止或者减少损失。

40.6　具体投保内容和相关责任，发包人、承包人在专用条款中约定。

41. 担保

41.1　发包人、承包人为了全面履行合同，应互相提供以下担保：

（1）发包人向承包人提供履约担保，按合同约定支付工程价款及履行合同约定的其他义务。

（2）承包人向发包人提供履约担保，按合同约定履行自己的各项义务。

41.2　一方违约后，另一方可要求提供担保的第三人承担相应责任。

41.3　提供担保的内容、方式和相关责任，发包人、承包人除在专用条款中约定外，被担保方与担保方还应签订担保合同，作为本合同附件。

42. 专利技术及特殊工艺

42.1　发包人要求使用专利技术或特殊工艺，就负责办理相应的申报手续，承担申报、试验、使用等费用；承包人提出使用专利技术或特殊工艺，应取得工程师认可，承包人负责办理申报手续并承担有关费用。

42.2　擅自使用专利技术侵犯他人专利权的，责任者依法承担相应责任。

43. 文物和地下障碍物

43.1　在施工中发现古墓、古建筑遗址等文物及化石或其他有考古、地质研究等价值的物品时，承包人应立即保护好现场并于4小时内以书面形式通知工程师，工程师应于收到书面通知后24小时内报告当地文物管理部门，发包人、承包人按文物管理部门的要求采取妥善保护措施。发包人承担由此发生的费用，顺延延误的工期。

如发现后隐瞒不报，致使文物遭受破坏，责任者依法承担相应责任。

43.2　施工中发现影响施工的地下障碍物时，承包人应于8小时内以书面形式通知工程师，同时提出处置方案，工程师收到处置方案后24小时内予以认可或提出修正方案。

发包人承担由此发生的费用，顺延延误的工期。

所发现的地下障碍物有归属单位时，发包人应报请有关部门协同处置。

44. 合同解除

44.1 发包人、承包人协商一致，可以解除合同。

44.2 发生本通用条款第 26.4 款情况，停止施工超过 56 天，发包人仍不支付工程款（进度款），承包人有权解除合同。

44.3 发生本通用条款第 38.2 款禁止的情况，承包人将其承包的全部工程转包给他人或者肢解以后以分包的名义发别转包给他人，发包人有权解除合同。

44.4 有下列情形之一的，发包人、承包人可以解除合同：

(1) 因不可抗力致使合同无法履行；

(2) 因一方违约（包括因发包人原因造成工程停建或缓建）致使合同无法履行。

44.5 一方依据 44.2、44.3、44.4 款约定要求解除合同的，应以书面形式向对方发出解除合同的通知，并在发出通知前 7 天告知对方，通知到达对方时合同解除。对解除合同有争议的，按本通用条款第 37 条关于争议的约定处理。

44.6 合同解除后，承包人应妥善做好已完工程和已购材料、设备的保护和移交工作，按发包人要求将自有机械设备和人员撤出施工场地。发包人应为承包人撤出提供必要条件，支付以上所发生的费用，并按合同约定支付已完工程价款。已经订货的材料、设备由订货方负责退货或解除订货合同，不能退还的货款和因退货、解除订货合同发生的费用，由发包人承担，因未及时退货造成的损失由责任方承担。除此之外，有过错的一方应当赔偿因合同解除给对方造成的损失。

44.7 合同解除后，不影响双方在合同中约定的结算和清理条款的效力。

45. 合同生效与终止

45.1 双方在协议书中约定合同生效方式。

45.2 除本通用条款第 34 条外，发包人、承包人履行合同全部义务，竣工结算价款支付完毕，承包人向发包人交付竣工工程后，本合同即告终止。

45.3 合同的权利义务终止后，发包人、承包人应当遵循诚实信用原则，履行通知、协助、保密等义务。

46. 合同份数

46.1 本合同正本两份，具有同等效力，由发包人、承包人分别保存一份。

46.2 本合同副本份数，由双方根据需要在专用条款内约定。

47. 补充条款

双方根据有关法律、行政法规规定，结合工程实际经协商一致后，可对本通用条款内容具体化、补充或修改，在专用条款内约定。

第三部分 专 用 条 款

一、词语定义及合同文件

1. 词语定义及合同条件

2. 合同文件及解释顺序

合同文件组成及解释顺序 _____

3. 语言文字和适用法律、标准及规范

3.1 本合同除使用汉语外，还使用_____语言文字。

3.2 适用法律和法规需要明示的法律、行政法规：_____

3.3 适用标准、规范

适用标准、规范的名称：_____

发包人提供标准、规范的时间：_____

国内没有相应标准、规范时的约定：_____

4. 图纸

4.1 发包人向承包人提供图纸日期和套数：_____

发包人对图纸的保密要求：_____

使用国外图纸的要求及费用承担：_____

二、双方一般权利和义务

5. 工程师

5.2 监理单位委派的工程师

姓名：_____ 职务：_____

发包人委托的职权：_____

需要取得发包人批准才能行使的职权：_____

5.3 发包人派驻的工程师

姓名：_____ 职务：_____

职权：_____

5.6 不实行监理的，工程师的职权：_____

7. 项目经理

姓名：_____ 职务：_____

8. 发包人工作

8.1 发包人应按约定的时间和要求完成以下工作：

(1) 施工场地具备施工条件的要求及完成的时间：_____

(2) 将施工所需的水、电、电讯线路接至施工场地的时间、地点和供应要求：

_____

(3) 施工场地与公共道路的通道开通时间和要求：_____

(4) 工程地质和地下管线资料的提供时间：_____

(5) 由发包人办理的施工所需证件、批件的名称和完成时间：_____

(6) 水准点与坐标控制点交验要求：_____

(7) 图纸会审和设计交底时间：_____

(8) 协调处理施工场地周围地下管线和邻近建筑物、构筑物（含文物保护建筑）、古树名木的保护工作：_____

(9) 双方约定发包人应做的其他工作：_____

8.2 发包人委托承包人办理的工作：_____

9. 承包人工作

9.1 承包人应按约定时间和要求，完成以下工作：

（1）需由设计资质等级和业务范围允许的承包人完成的设计文件提交时间：_____

（2）应提供计划、报表的名称及完成时间：_____

（3）承担施工安全保卫工作及非夜间施工照明的责任和要求：_____

（4）向发包人提供的办公和生活房屋及设施的要求：_____

（5）需承包人办理的有关施工场地交通、环卫和施工噪音管理等手续：_____

（6）已完工程成品保护的特殊要求及费用承担：_____

（7）施工场地周围地下管线和邻近建筑物、构筑物（含文物保护建筑）、古树名木的保护要求及费用承担：_____

（8）施工场地清洁卫生的要求：_____

（9）双方约定承包人应做的其他工作：_____

三、施工组织设计和工期

10.进度计划

10.1 承包人提供施工组织设计（施工方案）和进度计划的时间：_____

工程师确认的时间：_____

10.2 群体工程中有关进度计划的要求：_____

13.工期延误

13.1 双方约定工期顺延的其他情况：_____

四、质量与验收

17.隐蔽工程和中间验收

17.1 双方约定中间验收部位：_____

19.工程试车

19.5 试车费用的承担：_____

五、安全施工

六、合同价款与支付

23.合同价款及调整

23.2 本合同价款采用_____方式确定。

（1）采用固定价格合同，合同价款中包括的风险范围：_____

风险费用的计算方法：_____

风险范围以外合同价款调整方法：_____

（2）采用可调价格合同，合同价款调整方法：_____

（3）采用成本加酬金合同，有关成本和酬金的约定：_____

23.3 双方约定合同价款的其他调整因素：_____

24.工程预付款

发包人向承包人预付工程款的时间和金额或占合同价款总额的比例：_____

扣回工程款的时间、比例：_____

25.工程量确认

25.1 承包人向工程师提交已完工程量报告的时间：_____

26.工程款（进度款）支付

双方约定的工程款（进度款）支付的方式和时间：_____

七、材料设备供应

27．发包人供应

27.4　发包人供应的材料设备与一览表不符时，双方约定发包人承担责任如下：

（1）材料设备单价与一览表不符：_____

（2）材料设备的品种、规格、型号、质量等级与一览表不符：_____

（3）承包人可代为调剂串换的材料：_____

（4）到货地点与一览表不符：_____

（5）供应数量与一览表不符：_____

（6）到货时间与一览表不符：_____

27.6　发包人供应材料设备的结算方法：_____

28．承包人采购材料设备

28.1　承包人采购材料设备的约定：_____

八、工程变更

九、竣工验收与结算

32．竣工验收

32.1　承包人提供竣工图的约定：_____

32.6　中间交工工程的范围和竣工时间：_____

十、违约、索赔和争议

35．违约

35.1　本合同中关于发包人违约的具体责任如下：

本合同通用条款第24条约定发包人违约应承担的违约责任：_____

本合同通用条款第26.4款约定发包人违约应承担的违约责任：_____

本合同通用条款第33.3款约定发包人违约应承担的违约责任：_____

双方约定的发包人其他违约责任：_____

35.2　本合同中关于承包人违约的具体责任如下：

本合同通用条款第14.2款约定承包人违约承担的违约责任：_____

本合同通用条款第15.1款约定承包人违约应承担的违约责任：_____

双方约定的承包人其他违约责任：_____

37．争议

37.1　双方约定，在履行合同过程中产生争议时：

（1）请_____调解；

（2）采取第_____种方式解决，并约定向_____仲裁委员会提请仲裁或向_____人民法院提起诉讼。

十一、其他

38．工程分包

38.1　本工程发包人同意承包人分包的工程：_____

分包施工单位为：_____

39．不可抗力

39.1 双方关于不可抗力的约定：_____

40. 保险

40.6 本工程双方约定投保内容如下：

(1) 发包人投保内容：_____

发包人委托承包人办理的保险事项：_____

(2) 承包人投保内容：_____

41. 担保

41.3 本工程双方约定担保事项如下：_____

(1) 发包人向承包人提供履约担保，担保方式为：担保合同作为本合同附件。

(2) 承包人向发包人提供履约担保，担保方式为：担保合同作为本合同附件。

(3) 双方约定的其他担保事项：_____

46. 合同份数

46.1 双方约定合同副本份数：_____

47. 补充条款 _____

附件 1：承包人承揽工程项目一览表（略）

附件 2：发包人供应材料设备一览表（略）

附件 3：工程质量保修书（略）

附录二　建设工程委托监理合同（示范文本）（GF—2000—0202）

第一部分　建设工程委托监理合同

委托人＿＿＿＿＿＿＿＿＿＿＿与监理人＿＿＿＿＿＿＿＿＿＿＿经双方协商一致，签订本合同。

一、委托人委托监理人监理的工程（以下简称"本工程"）概况如下：

工程名称：＿＿＿＿＿＿＿＿＿＿＿＿＿＿＿＿＿＿＿＿＿＿＿＿＿＿＿＿＿＿＿

工程地点：＿＿＿＿＿＿＿＿＿＿＿＿＿＿＿＿＿＿＿＿＿＿＿＿＿＿＿＿＿＿＿

工程规模：＿＿＿＿＿＿＿＿＿＿＿＿＿＿＿＿＿＿＿＿＿＿＿＿＿＿＿＿＿＿＿

总投资：＿＿＿＿＿＿＿＿＿＿＿＿＿＿＿＿＿＿＿＿＿＿＿＿＿＿＿＿＿＿＿＿

二、本合同中的有关词语含义与本合同第二部分《标准条件》中赋予它们的定义相同。

三、下列文件均为本合同的组成部分：

①监理投标书或中标通知书；

②本合同标准条件；

③本合同专用条件；

④在实施过程中双方共同签署的补充与修正文件。

四、监理人向委托人承诺，按照本合同的规定，承担本合同专用条件中议定范围内的监理业务。

五、委托人向监理人承诺按照本合同注明的期限、方式、币种，向监理人支付报酬。

本合同自＿＿＿＿＿＿年＿＿＿＿＿＿月＿＿＿＿＿＿日开始实施，至＿＿＿＿＿＿年＿＿＿＿＿＿月＿＿＿＿＿＿日完成。

本合同一式＿＿＿＿＿＿份，具有同等法律效力，双方各执＿＿＿＿＿＿份。

委托人：（签章）　　　　　　　　监理人：（签章）

住所：　　　　　　　　　　　　　住所：

法定代表人：（签章）　　　　　　法定代表人：（签章）

开户银行：　　　　　　　　　　　开户银行：

账号：　　　　　　　　　　　　　账号：

邮编：　　　　　　　　　　　　　邮编：

电话：　　　　　　　　　　　　　电话：

本合同签订于：＿＿＿＿＿＿年＿＿＿＿＿月＿＿＿＿＿日

第二部分 标 准 条 件

词语定义、适用范围和法规

第一条 下列名词和用语，除上下文另有规定外，有如下含义：

(1)"工程"是指委托人委托实施监理的工程。

(2)"委托人"是指承担直接投资责任和委托监理业务的一方以及其合法继承人。

(3)"监理人"是指承担监理业务和监理责任的一方，以及其合法继承人。

(4)"监理机构"是指监理人派驻本工程现场实施监理业务的组织。

(5)"总监理工程师"是指经委托人同意，监理人派到监理机构全面履行本合同的全权负责人。

(6)"承包人"是指除监理人以外，委托人就工程建设有关事宜签订合同的当事人。

(7)"工程监理的正常工作"是指双方在专用条件中约定，委托人委托的监理工作范围和内容。

(8)"工程监理的附加工作"是指：①委托人委托监理范围以外，通过双方书面协议另外增加的工作内容；②由于委托人或承包人原因，使监理工作受到阻碍或延误，因增加工作量或持续时间而增加的工作。

(9)"工程监理的额外工作"是指正常工作和附加工作以外，根据第三十八条规定监理人必须完成的工作，或非监理人自己的原因而暂停或终止监理业务，其善后工作及恢复监理业务的工作。

(10)"日"是指任何一天零时至第二天零时的时间段。

(11)"月"是指根据公历从一个月份中任何一天开始到下一个月相应日期的前一天的时间段。

第二条 建设工程委托监理合同适用的法律是指国家的法律、行政法规，以及专用条件中议定的部门规章或工程所在地的地方法规、地方规章。

第三条 本合同文件使用汉语语言文字书写、解释和说明。如专用条件约定使用两种以上（含两种）语言文字时，汉语应为解释和说明本合同的标准语言文字。

监 理 人 义 务

第四条 监理人按合同约定派出监理工作需要的监理机构及监理人员，向委托人报送委派的总监理工程师及其监理机构主要成员名单、监理规划，完成监理合同专用条件中约定的监理工程范围内的监理业务。在履行合同义务期间，应按合同约定定期向委托人报告监理工作。

第五条 监理人在履行本合同的义务期间，应认真、勤奋地工作，为委托人提供与其水平相适应的咨询意见，公正维护各方面的合法权益。

第六条 监理人使用委托人提供的设施和物品属委托人的财产。在监理工作完成或中止时，应将其设施和剩余的物品按合同约定的时间和方式移交给委托人。

第七条 在合同期内或合同终止后，未征得有关方同意，不得泄露与本工程、本合同业务有关的保密资料。

委 托 人 义 务

第八条 委托人在监理人开展监理业务之前应向监理人支付预付款。

第九条 委托人应当负责工程建设的所有外部关系的协调，为监理工作提供外部条件。根据需要，如将部分或全部协调工作委托监理人承担，则应在专用条件中明确委托的工作和相应的报酬。

第十条 委托人应当在双方约定的时间内免费向监理人提供与工程有关的为监理工作所需要的工程资料。

第十一条 委托人应当在专用条款约定的时间内就监理人书面提交并要求作出决定的一切事宜作出书面决定。

第十二条 委托人应当授权一名熟悉工程情况、能在规定时间内作出决定的常驻代表（在专用条款中约定），负责与监理人联系。更换常驻代表，要提前通知监理人。

第十三条 委托人应当将授予监理人的监理权利，以及监理人主要成员的职能分工、监理权限及时书面通知已选定的承包合同的承包人，并在与第三人签订的合同中予以明确。

第十四条 委托人应在不影响监理人开展监理工作的时间内提供如下资料：

（1）与本工程合作的原材料、构配件、机械设备等生产厂家名录。

（2）提供与本工程有关的协作单位、配合单位的名录。

第十五条 委托人应免费向监理人提供办公用房、通讯设施、监理人员工地住房及合同专用条件约定的设施，对监理人自备的设施给予合理的经济补偿（补偿金额＝设施在工程使用时间占折旧年限的比例×设施原值＋管理费）。

第十六条 根据情况需要，如果双方约定，由委托人免费向监理人提供其他人员，应在监理合同专用条件中予以明确。

监 理 人 权 利

第十七条 监理人在委托人委托的工程范围内，享有以下权利：

（1）选择工程总承包人的建议权。

（2）选择工程分包人的认可权。

（3）对工程建设有关事项包括工程规模、设计标准、规划设计、生产工艺设计和使用功能要求，向委托人的建议权。

（4）对工程设计中的技术问题，按照安全和优化的原则，向设计人提出建议；如果拟提出的建议可能会提高工程造价，或延长工期，应当事先征得委托人的同意。当发现工程设计不符合国家颁布的建设工程质量标准或设计合同约定的质量标准时，监理人应当书面报告委托人并要求设计人更正。

（5）审批工程施工组织设计和技术方案，按照保质量、保工期和降低成本的原则，向承包人提出建议，并向委托人提出书面报告。

（6）主持工程建设有关协作单位的组织协调，重要协调事项应当事先向委托人报告。

（7）征得委托人同意，监理人有权发布开工令、停工令、复工令，但应当事先向委托人报告。如在紧急情况下未能事先报告时，则应在24小时内向委托人作出书面报告。

（8）工程上使用的材料和施工质量的检验权。对于不符合设计要求和合同约定及国家质量标准的材料、构配件、设备，有权通知承包人停止使用；对于不符合规范和质量标准的工序、分部分项工程和不安全施工作业，有权通知承包人停工整改、返工。承包人得到监理机构复工令后才能复工。

（9）工程施工进度的检查、监督权，以及工程实际竣工日期提前或超过工程施工合同规定的竣工期限的签认权。

（10）在工程施工合同约定的工程价格范围内，工程款支付的审核和签认权，以及工程结算的复核确认权与否决权。未经总监理工程师签字确认，委托人不支付工程款。

第十八条　监理人在委托人授权下，可对任何承包人合同规定的义务提出变更。如果由此严重影响了工程费用或质量、或进度，则这种变更须经委托人事先批准。在紧急情况下未能事先报委托人批准时，监理人所做的变更也应尽快通知委托人。在监理过程中如发现工程承包人人员工作不力，监理机构可要求承包人调换有关人员。

第十九条　在委托的工程范围内，委托人或承包人对对方的任何意见和要求（包括索赔要求），均必须首先向监理机构提出，由监理机构研究处置意见，再同双方协商确定。当委托人和承包人发生争议时，监理机构应根据自己的职能，以独立的身份判断，公正地进行调解。当双方的争议由政府建设行政主管部门调解或仲裁机关仲裁时，应当提供作证的事实材料。

委 托 人 权 利

第二十条　委托人有选定工程总承包人，以及与其订立合同的权利。

第二十一条　委托人有对工程规模、设计标准、规划设计、生产工艺设计和设计使用功能要求的认定权，以及对工程设计变更的审批权。

第二十二条　监理人调换总监理工程师须事先经委托人同意。

第二十三条　委托人有权要求监理人提交监理工作月报及监理业务范围内的专项报告。

第二十四条　当委托人发现监理人员不按监理合同履行监理职责，或与承包人串通给委托人或工程造成损失的，委托人有权要求监理人更换监理人员，直到终止合同并要求监理人承担相应的赔偿责任或连带赔偿责任。

监 理 人 责 任

第二十五条　监理人的责任期即委托监理合同有效期。在监理过程中，如果因工程建设进度的推迟或延误而超过书面约定的日期，双方应进一步约定相应延长的合同期。

第二十六条　监理人在责任期内，应当履行约定的义务，如果因监理人过失而造成了委托人的经济损失，应当向委托人赔偿。累计赔偿总额（除本合同第二十四条规定以外）不应超过监理报酬总额（除去税金）。

第二十七条　监理人对承包人违反合同规定的质量要求和完工（交图、交货）时限，不承担责任。因不可抗力导致委托监理合同不能全部或部分履行，监理人不承担责任。但对违反第五条规定引起的与之有关的事宜，向委托人承担赔偿责任。

第二十八条　监理人向委托人提出赔偿要求不能成立时，监理人应当补偿由于该索赔所导致委托人的各种费用支出。

委 托 人 责 任

第二十九条　委托人应当履行委托监理合同约定的义务，如有违反则应当承担违约责任，赔偿给监理人造成的经济损失。

监理人处理委托业务时，因非监理人原因的事由受到损失的，可以向委托人要求补偿损失。

第三十条 委托人如果向监理人提出赔偿的要求不能成立，则应当补偿由该索赔所引起的监理人的各种费用支出。

合同生效、变更与终止

第三十一条 由于委托人或承包人的原因使监理工作受到阻碍或延误，以致发生了附加工作或延长了持续时间，则监理人应当将此情况与可能产生的影响及时通知委托人。完成监理业务的时间相应延长，并得到附加工作的报酬。

第三十二条 在委托监理合同签订后，实际情况发生变化，使得监理人不能全部或部分执行监理业务时，监理人应当立即通知委托人。该监理业务的完成时间应予延长。当恢复执行监理业务时，应当增加不超过 42 日的时间用于恢复执行监理业务，并按双方约定的数量支付监理报酬。

第三十三条 监理人向委托人办理完竣工验收或工程移交手续，承包人和委托人已签订工程保修责任书，监理人收到监理报酬尾款，本合同即终止。保修期间的责任，双方在专用条款中约定。

第三十四条 当事人一方要求变更或解除合同时，应当在 42 日前通知对方，因解除合同使一方遭受损失的，除依法可以免除责任的外，应由责任方负责赔偿。

变更或解除合同的通知或协议必须采取书面形式，协议未达成之前，原合同仍然有效。

第三十五条 监理人在应当获得监理报酬之日起 30 日内仍未收到支付单据，而委托人又未对监理人提出任何书面解释时，或根据第三十三条及第三十四条已暂停执行监理业务时限超过六个月的，监理人可向委托人发出终止合同的通知，发出通知后 14 日内仍未得到委托人答复，可进一步发出终止合同的通知，如果第二份通知发出后 42 日内仍未得到委托人答复，可终止合同或自行暂停或继续暂停执行全部或部分监理业务。委托人承担违约责任。

第三十六条 监理人由于非自己的原因而暂停或终止执行监理业务，其善后工作以及恢复执行监理业务的工作，应当视为额外工作，有权得到额外的报酬。

第三十七条 当委托人认为监理人无正当理由而又未履行监理义务时，可向监理人发出指明其未履行义务的通知。若委托人发出通知后 21 日内没有收到答复，可在第一个通知发出后 35 日内发出终止委托监理合同的通知，合同即行终止。监理人承担违约责任。

第三十八条 合同协议的终止并不影响各方应有的权利和应当承担的责任。

监 理 报 酬

第三十九条 正常的监理工作、附加工作和额外工作的报酬，按照监理合同专用条件中第四十条的方法计算，并按约定的时间和数额支付。

第四十条 如果委托人在规定的支付期限内未支付监理报酬，自规定之日起，还应向监理人支付滞纳金。滞纳金从规定支付期限最后一日起计算。

第四十一条 支付监理报酬所采取的货币币种、汇率由合同专用条件约定。

第四十二条 如果委托人对监理人提交的支付通知中报酬或部分报酬项目提出异议，应当在收到支付通知书 24 小时内向监理人发出表示异议的通知，但委托人不得拖延其他无异议报酬项目的支付。

其　他

第四十三条　委托的建设工程监理所必要的监理人员出外考察、材料设备复试，其费用支出经委托人同意的，在预算范围内向委托人实报实销。

第四十四条　在监理业务范围内，如需聘用专家咨询或协助，由监理人聘用的，其费用由监理人承担；由委托人聘用的，其费用由委托人承担。

第四十五条　监理人在监理工作过程中提出的合理化建议，使委托人得到了经济效益，委托人应按专用条件中的约定给予经济奖励。

第四十六条　监理人驻地监理机构及其职员不得接受监理工程项目施工承包人的任何报酬或者经济利益。

监理人不得参与可能与合同规定的与委托人的利益相冲突的任何活动。

第四十七条　监理人在监理过程中，不得泄露委托人申明的秘密，监理人亦不得泄露设计人、承包人等提供并申明的秘密。

第四十八条　监理人对于由其编制的所有文件拥有版权，委托人仅有权为本工程使用或复制此类文件。

争议的解决

第四十九条　因违反或终止合同而引起的对对方损失和损害的赔偿，双方应当协商解决，如未能达成一致，可提交主管部门协调，如仍未能达成一致时，根据双方约定提交仲裁机关仲裁，或向人民法院起诉。

第三部分　专　用　条　件

第二条　本合同适用的法律及监理依据：_____。

第四条　监理范围和监理工作内容：_____。

第九条　外部条件包括：_____。

第十条　委托人应提供的工程资料及提供时间：_____。

第十一条　委托人应在____天内对监理人书面提交并要求作出决定的事宜作出书面答复。

第十二条　委托人的常驻代表为_____。

第十五条　委托人免费向监理机构提供如下设施：_____。

监理人自备的、委托人给予补偿的设施如下：_____。

补偿金额 = _____。

第十六条　在监理期间，委托人免费向监理机构提供____名工作人员，由总监理工程师安排其工作，凡涉及服务时，此类职员只应从总监理工程师处接受指示。并免费提供_____名服务人员。监理机构应与此类服务的提供者合作，但不对此类人员及其行为负责。

第二十六条　监理人在责任期内如果失职，同意按以下办法承担责任，赔偿损失［累计赔偿额不超过监理报酬总数（扣税）］：_____。

赔偿金 = 直接经济损失 × 报酬比率（扣除税金）

第三十九条 委托人同意按以下的计算方法、支付时间与金额，支付监理人的报酬：

委托人同意按以下的计算方法、支付时间与金额，支付附加工作报酬：（报酬＝附加工作日数×合同报酬/监理服务日）

委托人同意按以下的计算方法、支付时间与金额，支付额外工作报酬：

第四十一条 双方同意用_____支付报酬，按_____汇率计付。

第四十五条 奖励办法：

奖励金额＝工程费用节省额×报酬比率

第四十九条 本合同在履行过程中发生争议时，当事人双方应及时协商解决。协商不成时，双方同意由仲裁委员会仲裁（当事人双方不在本合同中约定仲裁机构，事后又未达成书面仲裁协议的，可向人民法院起诉）。

附加协议条款：_____。

参 考 文 献

1.生青杰.工程建设法规.北京：科学出版社,2004

2.刘伊生.建设工程招投标与合同管理.北京：北方交通大学出版社,2002

3.建设部组织编写.建设法规教程.北京：中国建筑工业出版社,2002

4.中国机械工业教育协会.建设法规与案例分析.北京：机械工业出版社,2002

5.史商于等.工程招投标与合同管理.北京：科学出版社,2004

6.叶胜川等.工程建设法规.武汉：武汉理工大学出版社,2004

7.程国政.建设工程招投标与合同管理.武汉：武汉理工大学出版社,2005

8.中国建设监理协会.建设工程监理相关法规文件汇编.北京：知识产权出版社,2005

9.何伯森.国际工程合同与合同管理.北京：中国建筑工业出版社,1999

10.张毅.工程建设合同文本.上海：同济大学出版社,2001

11.刘钦.工程招投标与合同管理.北京：高等教育出版社,2003

12.中国建设监理协会.建设工程合同管理.北京：知识产权出版社,2003

13.中国建设监理协会.建设工程监理概论.北京：知识产权出版社,2003

14.王长永.工程建设监理概论.北京：科学出版社,2005

15.黄景瑷.土木工程施工招投标与合同管理.北京：知识产权出版社,中国水利水电出版社2002

16.田恒久.工程招投标与合同管理.北京：中国电力出版社,2004

17.林密.工程项目招投标与合同管理.北京：中国建筑工业出版社,2004

18.苟伯让.建筑工程工合同管理与索赔.北京：机械工业出版社,2003

19.本丛书编审委员会.建筑工程施工项目招投标与合同管理.北京：机械工业出版社,2003

20.梁鑑.建筑工程合同管理与案例分析.北京：中国建筑工业出版社,2004

21.国务院法制局、建设部编著.《中华人民共和国建筑法》释义.北京：中国建筑工业出版社,1999

22.朱宏亮.建设法规.武汉：武汉工业大学出版社,2003

23.张培新.工程建设法律基础.北京：中国建筑工业出版社,2003

24.陈东佐.建设法规概论.北京：中国建筑工业出版社,2002

25.中国法制出版社组织编写.建筑法一本通.北京：中国法制出版社,2005

26.王天翊.建筑合同与索赔法律事务.北京：人民法院出版社,2003

27.王天翊.建筑法案例分析.北京：人民法院出版社,2003

28.菲迪克(FIDIC)文献译丛：施工合同条件(Conditions of Contract Construction).中国工程咨询协会编译.北京：机械工业出版社,2002

29.张能宝.2006年国家司法考试应试指导.北京：清华大学出版社,1996

30.秦华伦.案例分析专题例解.北京：清华大学出版社,2001

31.佘立中.建设法律制度.北京：水利电力出版社,1997

32.汤礼智.货物采购.北京：清华大学出版社,1997

33.张建英.法规实例精选.北京：清华大学出版社,2002